经典语境 义理发微

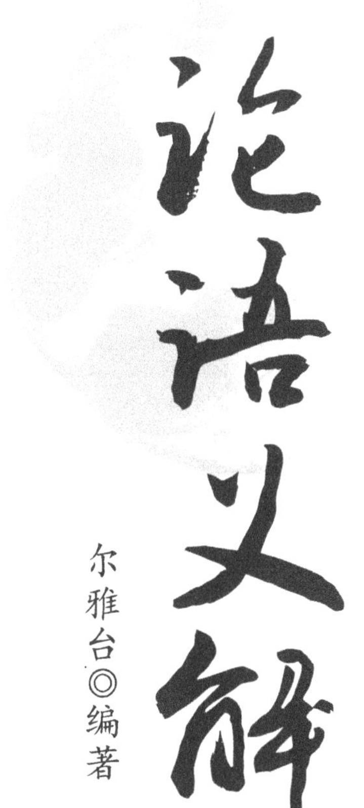

尔雅台◎编著

经济日报出版社

图书在版编目（CIP）数据

论语义解 / 尔雅台编著 . -- 北京 : 经济日报出版社 , 2022.11

ISBN 978-7-5196-1021-0

Ⅰ . ①论… Ⅱ . ①尔… Ⅲ . ①儒家②《论语》—研究
Ⅳ . ① B222.25

中国版本图书馆 CIP 数据核字 (2021) 第 279101 号

论语义解

作　　者	尔雅台
责任编辑	王浩宇
责任校对	王明明
出版发行	经济日报出版社
地　　址	北京市西城区白纸坊东街 2 号 A 座综合楼 710（邮政编码 : 100054）
电　　话	010-63567684 （总编室）
	010-63584556 （财经编辑部）
	010-63567687（企业与企业家史编辑部）
	010-63567683（经济与管理学术编辑部）
	010-63538621 63567692（发行部）
网　　址	www.edpbook.com.cn
E - mail	edpbook@126.com
经　　销	全国新华书店
印　　刷	北京虎彩文化传播有限公司
开　　本	710mm×1000mm　1/16
印　　张	24.5
字　　数	300 千字
版　　次	2022 年 11 月第 1 版
印　　次	2022 年 11 月第 1 次印刷
书　　号	ISBN 978-7-5196-1021-0
定　　价	42.00 元

自序

《论语》乃孔门圣经。惜时下注本杂乱，圣人血脉难接，迫切需要正本清源。本书以疏通义理为主，以朱子《论语集注》为底本编著，特色有三：其一是以黑体突出经文，略加音注，以利诵读；其二是参考最新的文字训诂成果，力图回归经典所处时代的语境，体贴圣人的本来意思；其三是义理发微，本于朱子《集注》之血脉和精神，兼容汉学与宋学的精义，并在此基础上进行发挥。编者之意，不在一时之时髦，而在能历久弥新，以接引时人，优入圣域。

尔雅台

目录

朱子论语序说

《史记·世家》曰："孔子名丘，字仲尼。其先宋人。父叔梁纥，母颜氏。以鲁襄公二十二年，庚戌之岁，十一月庚子，生孔子于鲁昌平乡陬邑。为儿嬉戏，常陈俎豆，设礼容。及长，为委吏，料量平；委吏，本作季氏史，《索隐》云："一本作委吏，与《孟子》合。"今从之。为司职吏，畜蕃息。职，见《周礼·牛人》，读为樴，义与杙同，盖系养牺牲之所。此官即《孟子》所谓乘田。适周，问礼于老子，既反，而弟子益进。昭公二十五年甲申，孔子年三十五，而昭公奔齐，鲁乱。于是适齐，为高昭子家臣，以通乎景公。有闻《韶》、问政二事。公欲封以尼溪之田，晏婴不可，公惑之。有季孟吾老之语。孔子遂行，反乎鲁。定公元年壬辰，孔子年四十三，而季氏强僭，其臣阳虎作乱专政。故孔子不仕，而退修《诗》《书》《礼》《乐》，弟子弥众。九年庚子，孔子年五十一。公山不狃以费畔季氏，召，孔子欲往，而卒不行。有答子路东周语。定公以孔子为中都宰，一年，四方则之，遂为司空，又为大司寇。十年辛丑，相定公会齐侯于夹谷，齐人归鲁侵地。十二年癸卯，使仲由为季氏宰，堕三都，收其甲兵。孟氏不肯堕成，围之不克。十四年乙巳，孔子年五十六，摄行相事，诛少正卯，与闻国政。三月，鲁国大治。齐人归女乐以沮之，季桓子受之。郊又不致膰俎于大夫，孔子行。《鲁世家》以此以上皆为十二年事。适卫，主于子路妻兄颜浊邹家。《孟子》作颜雠由。适陈，过匡，匡人以为阳虎而拘之。有颜渊后及文王既没之语。既解，还卫，主蘧伯玉家，见南子。有矢子路及未见好德之语。去，适宋，司马桓魋欲杀之。有天生德语及微服过宋事。又去，适陈，主司城贞子家。居三岁而反于卫，灵公不能用。有三年有成之语。晋赵氏家臣佛肸以中牟畔，召孔子，孔子欲往，亦不果。有答子路坚白语及荷蒉过门事。将西见赵简子，至河而反，又主蘧伯玉家。灵公问陈，不对而行，复如陈。据《论语》则绝粮当在此时。季桓子卒，遗言谓康子必召孔子，其臣止之，康子乃召冉求。《史记》以《论语》归与之叹为在此时，又以《孟子》所记叹辞为主司城贞子时语，疑不然。盖《语》《孟》所记，本皆此一时语，而所记有异同耳。孔子如蔡及叶。有叶公问答子路不对、沮溺耦耕、荷蓧丈人等事。《史记》云："于是楚昭王使人聘孔子，孔子将往拜礼，而陈蔡大夫发徒围之，故孔子绝粮于陈蔡之间。"有愠见及告子贡一贯之语。按是时陈蔡臣服于楚，若楚王来聘孔子，陈蔡大夫安敢围之。且据《论语》，绝粮当在去卫如陈之时。楚昭王将以书社地封孔子，令尹子西不可，乃止。《史记》云"书社地七百里"，恐无此理，时则有接舆之歌。又反乎卫，时灵公已卒，卫君辄欲得孔子为政。有鲁卫兄弟及答子贡夷齐、子路正名之语。而冉求为季氏将，与齐战有功，康子乃召孔子，而孔子归鲁，实哀公之十一年丁巳，而孔子年六十八矣。有对哀公及康子语。然鲁终不能用孔子，孔子亦不求仕，乃叙《书》，传《礼记》，有杞宋、损益、从周等语。删《诗》，正《乐》，有语大师及乐正之语。序《易》《彖》《系》《象》《说卦》《文言》。有假我数年之语。弟子盖三千焉，身通六艺者七十二人。弟子颜回最贤，蚤死，后惟曾参得传孔子之道。十四年庚申，鲁西狩获麟，有莫我知之叹。孔子作《春秋》。有知我罪我等语，《论语》请讨陈恒事，亦在是年。明年辛酉，子路死于卫。十六年壬戌，四月己丑，孔子卒，年七十三，葬鲁城北泗上。弟子皆服心丧三年而去，惟子贡庐于冢上，凡六年。孔子生鲤，字伯鱼，先卒。伯鱼生急，字子思，作《中庸》。”子思学于曾子，而孟子受业子思之门人。

何氏曰：“《鲁论语》二十篇。《齐论语》别有《问王》《知道》，凡二十二篇，其二十篇中章句，颇多于《鲁论》。《古论》出孔氏壁中，分《尧曰》下章子张问以为一篇，有两《子张》，凡二十一篇，篇次不与齐、鲁《论》同。”

程子曰：“《论语》之书，成于有子曾子之门人，故其书独二子以子称。”

程子曰：“读《论语》，有读了全然无事者，有读了后其中得一两句喜者，有读了后知好之者，有读了后直有不知手之舞之足之蹈之者。”

程子曰：“今人不会读书。如读《论语》，未读时是此等人，读了后又只是此等人，便是不曾读。”

程子曰：“颐自十七八读《论语》，当时已晓文义。读之愈久，但觉意味深长。”

朱子读论语孟子法

据清仿宋大字本补

程子曰："学者当以《论语》《孟子》为本。《论语》《孟子》既治，则六经可不治而明矣。读书者当观圣人所以作经之意，与圣人所以用心，圣人之所以至于圣人，而吾之所以未至者，所以未得者。句句而求之，昼诵而味之，中夜而思之，平其心，易其气，阙其疑，则圣人之意可见矣。"

程子曰："凡看文字须先晓其文义，然后可以求其意，未有不晓文义而见意者也。"

程子曰："学者须将《论语》中诸弟子问处便作自己问，圣人答处便作今日耳闻，自然有得。虽孔孟复生不过以此教人，若能于《语》《孟》中深求玩味，将来涵养成甚生气质！"

程子曰："凡看《语》《孟》，且须熟读玩味，须将圣人言语切己，不可只作一场话说。人只看得二书切己，终身尽多也。"

程子曰："《论》《孟》只剩读着便自意足，学者须是玩味。若以语言解着，意便不足。"

或问："且将《论》《孟》紧要处看，如何？"程子曰："固是好，但终是不浃洽耳。”

程子曰：“孔子言语句句是自然，孟子言语句句是事实。”

程子曰：“学者先读《论语》《孟子》，如尺度权衡相似，以此去量度事物，自然见得长短轻重。”

程子曰：“读《论语》《孟子》而不知道，所谓‘虽多，亦奚以为’。”

学而第一

此为书之首篇，论君子、孝弟、仁人、忠信、道国之法、主友之规，由礼贵于用和，无求安饱以好学，能自切磋而乐道，皆人行之大者，故为诸篇之先，学者之先务也。凡十六章。

1.1 子曰：“学而时习之，不亦说悦**乎？有朋自远方来，不亦乐**（lè）**乎？人不知而不愠**（yùn）**，不亦君子乎？”**

〇子者孔子也，古之尊人者称之曰子，美其不负所生也。子曰，即先生说。时，按时。所谓诵习以时，学无废业，故悦。朋，同类也。君子以朋友讲习，虽千里而能应之，今远人且至，能不乐吗？然朋知我者也，知我者稀，苟吾自知也。愠，恼怒。惟人不知而无一毫含怒之意，心中旷旷然无累，这不就是君子吗。简朝亮

〇此章是孔子教人勤学之意。所学者何？进德修业以成君子也。君子之道，学圣人以全其性也。子以四教“文行忠信”，教在斯，则学在斯矣。学是致知，时习是功夫，朋来是效验，一之于修身也。身修则心安，悦可知矣。一身果修，多身化之，故朋自远来，与人同乐。悦是自受用，乐是他受用，自他一体，善与人同。有未化者，是吾心之诚未至也，但当反求诸己，故人不知而不愠，遁世不见，知而不悔也。非己私已尽不能到此地步，圣人之词缓，故下个不亦字，下个乎字。学至于

此，可谓安且成矣，故名为君子。君子是成德之名。乾象曰：天行健，君子以自强不息。坤象曰：地势坤，君子以厚德载物。易为君子谋，不为小人谋。君子修之吉，小人悖之凶。故孔子教人，首重学。学者，立志做君子也。蕅益师曰："《论语》开篇以学字为宗主，以时习二字为旨趣，以悦字为血脉。朋来及人不知，皆是时习之时；乐及不愠，皆是悦之血脉无间断处。"孔子之学至矣哉，学之正、习之熟、悦之深而不已，则臻乎圣贤之域矣。*马一浮、蕅益*

1.2 有子曰："其为人也孝弟悌，而好（hào）犯上者，鲜（xiǎn）矣。不好犯上，而好作乱者，未之有也。君子务本，本立而道生。孝弟也者，其为仁之本与欤？"

〇有子，名若，孔子弟子。《论语》中孔子弟子一般称字，有子称子者，其门人记之也，曾子例同。人之犯上作乱，出于所好，有二等：一由于性情之桀骜，一由于习气之浮嚣。能孝悌，则和气可以消戾气，自无此二弊。务，专力也。木着于地谓之本，离地即槁，人子之依于父母亦犹是也。本立道生，根本固则枝叶自然畅茂也。孝悌乃"为仁"之本者，《后汉书》论仁孝，曰："仁人之有孝，犹四体之有心腹，枝叶之有本根也"。*唐文治*

〇此章是有子重本之意。言孝悌是"为仁"之根本，是"行仁"之首目。君子修齐治平，当以孝悌为万行之原。盖仁是性德，孝悌是发用。孝悌乃仁之一事，论性以"仁"为孝悌之本，而论修则"孝悌"乃"为仁"之本也。程子曰："知尽性至命，必本于孝弟。"又曰："德有本，本立则其道充大；孝弟行于家，而后仁爱及于物，所谓亲亲而仁民也。"《大学》曰："上老老而民兴孝，上长长而民兴弟，上恤孤而民不倍。"王者欲致太平，成仁道，当由孝悌始。盖孝悌，其天良真切处，天下善恶之几也。孟子曰："尧舜之道，孝弟而已矣。"藕益

1.3 子曰："巧言令色，鲜矣仁。"

○巧言，谓巧其言无情实也。令色，谓令美颜色无本质也。巧言令色者，外貌如实、内心为虚而已。仁者之行不然，文质彬彬，内外相合而行也。鲜矣者，绝无之也，圣人词不迫切，缓其言也。程子曰："知巧言令色之非仁，则知仁矣。"《论语象义》

○此章是孔子论观人之法。好其言，善其色，必有阴机在内，而后致饰于外，故鲜矣有仁。盖仁是心上工夫，若向言色处下手，则愈似而愈非。是言贵乎诚也，法与巽未尝不善，乃有巧其言者，逢人之意以为顺，欲人喜其顺，讦人之私以为直，欲人夸其直；色贵乎正也，俨与温未尝不善，乃有令其色者，曲为柔色以媚人，欲人悦其可亲，故为厉色以欺人，欲人悦其可敬；此等人纯是私意，私意胜则天理亡，鲜矣仁。《书·立政》言九德者，所以克知吉士，不谋面而宅心也。《书》云"知人则哲"，即言色之间而理辨焉。《日讲四书解义》

1.4 曾子曰："吾日三省（xǐng）吾身：为人谋而不忠乎，于朋友交而不信乎，传不习乎？"

○曾子，名参（shēn），孔子晚年弟子。三省者，省察三事也，所谓忠也信也传也。尽己之谓忠，尽物之谓信，行也。传者，所传圣人之学

也，文也。习谓熟之于己，文以明行也。忠信则行之本也。简朝亮

〇此章曾子毋自欺之学也。可与孝悌章相启发，皆是于人伦处修身行仁。盖人伦发用处，于事亲谓之孝悌，处朋友谓之信，于事君谓之忠。孟子讲亲亲、仁民、爱物，次第有序，爱有差等。故言孝悌乃行仁之本，言忠信则行仁之方也。忠是尽己，信却是于人无所不尽。合言之，只是一个不自欺也。传者传此，习者习此，传习之根本在是焉。朱子曰："曾子以此三者日省其身，有则改之，无则加勉。"朱注极得省字精神，盖三者非尚机巧，乃于日用之间求心安也。《书》云"君子所其无逸"，亦言省身也。《日讲四书解义》

1.5 子曰："道导千乘（shèng）之国，敬事而信，节用而爱人，使民以时。"

〇以道治人曰导，独言千乘，以齐晋大国言也。谓为政教以治国者，举事必敬慎，与民必诚信，要爱惜民财，不违农时。程子曰：此言至浅，然当时诸侯果能此，亦足以治其国矣；圣人言虽至近，上下皆通，此三言者，若推其极，尧舜之治亦不过此。刘沅

〇此章是孔子论治国之要，实千古治天下之本务也。千乘之国，事繁人众，治要有五：曰敬事、曰守信、曰节用、曰爱人、曰惠民。古之言敬者，凡事皆其主焉。《书·尧典》云"钦明"，盖首言尧之事，以敬而明也。上不敬则下慢，不信则下疑；下慢而疑，事不立矣。故曰民无信不立。此敬事而信以成之，又渐推开去也。节用者，《曲礼》所谓"君子撙节以明礼"也。礼以节之，而爱人岂未达乎？《易》曰"节以制度，不伤财，不害民"，此其节之美也。盖侈用则伤财，伤财必至于害民，

故爱人必先节财用。力役之征最为民病，故又就爱人下抽出言之。倘使之不以其时，虽有爱人之心，而人不被其泽矣。凡此数者，自敬事推至使民，其究以敬为主。《易·系辞传》云“一致而百虑”，夫虑事者之一致也，非由敬乎？尧舜以来，治道皆此兢兢业业之心为之也。苟无是心，则虽有政，不行焉。孟子后来倡导的“仁政”“民本”思想亦大抵不外乎此。朱子

1.6 子曰：“弟子入则孝出则弟悌，谨而信泛爱众而亲仁，行有余力则以学文。”

〇弟子，后生小子。出入者，谓在家在外也。谨而信者，兼出入，言恭谨而诚信也。泛爱众者，尊贤而容众也。而亲仁者，谓有仁德者则亲而友之。能行以上诸事，仍有闲暇余力，可以学六艺之文。《论语注疏》

〇此章是孔子教弟子为学，以躬行为本。孝悌谨信，力行者也，忠存于心，谓之德行。而教必先文以导行，学六艺而力行之，所谓身通也。故曰行有余力者，精进之也。盖德行本也，文艺末也。穷其本末，知所先后，可以入德矣。故先行后文，当有次第。未有余力而学文，则文灭其质；有余力而不学文，则质胜而野。

〇或曰：“子以四教：文行忠信，其文先行后，何也？”盖四教章为大成之学，故先文后行；此章为小成之学，故先行后文。直教一切时文行合一而修，德行文艺内外交养，则爱敬日生，醇厚日积，聪明日广，文质彬彬然后君子也。由是，则文乃道统所寄，孝悌忠信等即是文之实处。故曰：“文王既没，文不在兹乎！”朱子、唐文治、蕅益

1.7 子夏曰：“贤贤易色，事父母能竭其力，事君能致其身，与朋友交言而有信，虽曰未学，吾必谓之学矣。”

〇子夏，姓卜名商，孔子晚年弟子，与子游同为文学科高弟。上贤，贤之也。下贤，贤人也。易色，变易容色。谓亲近贤者而使自己具有贤者之德容。竭，尽力也。致，忘身也。谓事亲事君交友而皆行尽其诚，此三者贤贤易色之表现也。有此表现，虽说未得到贤者亲授，但也得其精髓了。盖学者，以贤者为范，行而诚之也。有德行便是有学问，行得好，便是学得好。刘沅

〇此章是子夏勉人以躬行实践之学。盖人之为学，于纲常伦理上见得明白，方是根本切要功夫。如见人之贤真知笃信，见道分明践履笃实，于躬行之外还能有何讲究？故必谓之学矣。色者，旧说谓以好色之心好贤，义过褊狭。皇侃《义疏》言：“若欲尊重此贤人，则当改易其平常之色，更起庄敬之容。”然为之改容者，诚于中而著于外，不徒貌悦也。而贤贤，不仅仅是好贤，乃步步趋趋之意。盖自置其身于圣贤之列，此即为学之本也。事亲事君交友，皆躬行实践，克到圣贤自期待处，所以名为实学。刘沅、蕅益

1.8 子曰：“君子不重则不威，学则不固。主忠信，无毋友不如己者，过则勿惮（dàn）**改。”**

〇重，敦厚。固，坚固。君子不敦厚则无威严，所学亦不坚固。学要坚固，须以忠信为主。友，友之，与某为伍也。不如己者，无以辅仁，故毋与之为伍。惮，畏难。过则当勇改，不可畏难苟安。朱子

〇此章是孔子勉人以进德修业之功也。君子之道，以威重为质，而学以成之。昔颜子视听言动无非礼，则重矣。得一善则拳拳服膺而不失之则固矣。固学之道，必以忠信主于内，而以胜己者正于外。上章之“贤贤”，即是要与胜己者为伍，盖求友之道，固当见贤思齐也。而不如己者，与众人同，盖所谓“泛爱众而亲仁”也。故重以固其学，友以辅其德，可谓善学矣。然或吝于改过，则终无以入德，故以过勿惮改终焉。朱子

1.9 曾子曰：“慎终追远，民德归厚矣。”

〇死者人之终也，远者其岁月久也。执亲之丧，当既尽哀泣之情，又慎丧死之礼；祭亲之远，当既尽孝敬之意，又致追慕之情。故慎终者，丧尽其礼；追远者，祭尽其诚。能行此二者，民化其德，皆归于厚也。朱子

〇本章言敦本以起化之意。盖丧祭之事，不能尽礼者多矣，此皆民德之薄也。故圣贤论学，惓惓以孝弟为本，养生而加之以慎终，事近而加之以追远，皆厚之也。盖生之人，相处之间易杂功利计较之心，人与人之间所应有之深情厚谊，常掩抑不易见。惟对死者，始是仅有情意，而淡薄了计较，乃益见其情意深厚矣。故丧祭之礼能尽其哀与诚，可以激发人心，使各念所生咸敦天性，而人道民德日趋于敦厚矣。此教化之本也。钱穆

1.10 子禽问于子贡曰：“夫子至于是邦也，必闻其政。求之与欤？抑与之与欤？”子贡曰：“夫子温、良、恭、俭、让以得之。夫子之求之也，

其诸异乎人之求之与欤？”

〇子禽，姓陈名亢（gāng），孔子门人。子贡，姓端木名赐，孔子弟子，善辞令，又善货殖，为孔门首富。邦，邦国。闻，望闻问切之闻，闻诊、诊断之意。求之，主动追求。与之，他人给予。其诸，大概。言孔子以盛德光辉而接于人，故虽未刻意求之，却总是自然而然地与闻国政。这与其他人必求之而后得很不一样。

〇本章是明孔子盛德感人，自然闻政之验。其旨要有三：进德，接人，闻政。温，和厚也；良，易直也；恭，庄敬也；俭，节制也；让，谦逊也。五者，就其表露在外之态度，可以想见其蕴蓄在心之德养。故学者观于圣人威仪之间，亦可以进德。此其一也。温则人亲之，良则人信之，恭则人敬之，俭则人便之，让则人与之。君子求诸己，直是自然接人耳。故时君闻孔子德容而敬信而问政，亦知人间自有不求自得之道，与巧言令色之所为，相去远矣。此其二也。夫子所至之国，入其境，观察风俗以知其政教，其民温良，则其君政教之温良也；其民恭俭让，则政教之恭俭让也。孔子但见其民，则知其君政教之得失也。故至于是邦，必能闻其政。此其三也。三者相次递进，温良恭俭让五字血脉通贯，分明画出一个圣人须知从何处得来。子禽、子贡一问一答，圣人过化存神之德，万世而下可想见焉。程树德

1.11 子曰：“父在观其志，父没观其行。三年无改于父之道，可谓孝矣。”

〇观其志，观父之志向也；观其行，观父之事迹也。父之志向与事迹，

即是父之道。《中庸》曰："夫孝者，善继人之志，善述人之事者也。"善继、善述即是"三年无改"。程树德

〇此章是孔子言为人子者，不可须臾有忘亲之心也。盖事亲乃终身之事，而人子之孝亦不只在旦夕之间。是故父在之时，子当观父志之所在而曲礼之；父殁则父之志不可见，而其生平行事尚有可记者，则即其行事而取法。如此，则下"三年无改"句正是足此句之义，直接而下，自然贯注。至于三年之久，犹不忍有亡其亲之心，而无改于父之道，则终始不渝，存没无间，方可谓之孝矣。可见父子之间原属一体，其父已善之规当恪遵之，未竟之业当缵承之。即使偶有缺陷，须盖愆亦止，可有变化之方，不可彰一改革之迹。如此则善继善述，丕显丕承，而后可传美于无穷。为人子者不可不知也。《日讲四书解义》

1.12 有子曰："礼之用，和为贵，先王之道斯为美。小大由之，有所不行，知和而和，不以礼节之，亦不可行也。"

〇斯，此也。谓先王之道此其所以为美也。由，用也。言每事大小皆用礼，而不以乐和之，则于事有所不行也。知和，知礼贵和也。倘走极端，而每事从和，不以礼为节，亦不可行。《论语注疏》

〇此章是有子言用礼者当探其原，而不可直任其情也。礼主敬，而其用则以和为贵。敬者，礼之所以立也；和者，乐之所由生也。故严而泰，和而节，此理之自然，礼之全体也。而"小大由之"为专于礼，"知和而和"为专于乐，皆偏颇也，《乐记》谓"礼胜则离，乐胜则流"是也。和而不流，则礼以节之，则礼之中也。礼贵得中，此《中庸》

“致中和”之意也。朱子

1.13 有子曰：“信近于义，言可复也。恭近于礼，远耻辱也。因不失其亲，亦可宗也。”

〇有物立于内，一定不渝，彼此相符，则谓之信也，所谓以脐下立者也。义者宜也，裁私情引之于道，则谓之义也。近者，孟子云“强恕而行，求仁莫近焉”，盖知而勉行之也。可复，可践言也。盖信合其宜，则言可践矣。恭，致敬也。礼，节文也。致恭而中其节，则能远耻辱矣。因，犹依也，信恭所暂依之者必有因也，故谓依之者曰因。所依者不失其可亲之人，则亦可以宗而主之矣。《论语象义》、简朝亮

〇本章是有子教人以谨始之学也。朱注谓人之言行交际皆当谨之于始而虑其所终，语极警切。欲慎终者，全在谋始，在信不失义，恭不悖礼，方无失之悔矣。盖信恭之本在礼义也，而礼义之本在亲亲也。因其近礼义而不失其亲，亦可宗也，况于尽礼义者乎。两近一不失，必先有穷理之功，不然则以非义者为义，非礼者为礼，不当亲者为可亲矣。曰可复曰远耻辱曰可宗，皆有一再审慎而后践履之意。故此章当与三省章参读，乃战战兢兢之义，非泛论也。唐文治

1.14 子曰：“君子食无求饱居无求安，敏于事而慎于言，就有道而正焉，可谓好学也已。”

〇不求安饱，志在学而无暇顾及也。敏，疾，勤勉也。慎，慎言，不妄说也。言做人做事勤奋且靠谱。有道，有道德或道艺之人。言经常向有

道之人问以辨之，匡正其是非也。

〇此章明君子笃学之心也。君子不求安饱，盖乐道忘饥，箪瓢陋巷之家风也。这是好学之表现。心逐于外物，不足言好也。好学之根本，则在“敏事慎言”，一言一行当合于道。道者，事物当行之理。大而伦常，小而日用，莫不各有其理，犹行者各有其路，故名之曰道。君子之道，其要在谨言慎行以修身，以成己安人，其于言行岂可不慎乎。倘害于其事，蔽于其言，致异学泛滥，中道不行，此孟子所以忧天下无学也。故君子不敢自是，而必就有道之人以正其是非，然后可以上达不已。生命便因此有了方向，有了自觉，有了在学中的持续提升。“好学”由是成为君子修身之不二法门。程树德

1.15 子贡曰：“贫而无谄（chǎn）。富而无骄，何如?”子曰：“可也，未若贫而乐（lè），富而好（hào）礼者也。”子贡曰：“《诗》云‘如切如磋，如琢如磨’，其斯之谓与欤?”子曰：“赐也，始可与言《诗》已矣，告诸往而知来者。”

〇无谄，不谄媚，自尊也。无骄，不傲慢，自律也。人溺于贫富之中，常有谄骄二病，故子贡以自尊自律守之。在夫子，则有超脱贫富的更高要求，乐与好礼是也。《大学》云：“如切如磋者，道学也；如琢如磨者，自修也。”无谄无骄赖自守，乐与好礼则靠道学自修也。斯之谓，此之谓也，说的是这个意思吧。子贡反应快，立刻举一反三，故孔子大赞可以与其讨论诗教了。

〇本章论修德，自有境界，自成高格。盖贫富者，境遇也，而随贫富以

迁流者多矣。而在子贡，无谄亦可以处贫，志不卑而人莫能辱之也；无骄亦可以处富，气不淫而人莫有忮之也。此随贫富而志不移者，贤也，而处贫富之道则未尽于此也。故在夫子，吾乐吾乐，欣然有自得于贫之外，不知有可谄，亦不知有不当谄也；吾好吾礼，而尽富之当为者亦大矣，故其不敢骄，亦不自谓不骄也。此以礼乐相形也，则心量之大小，志行之高卑，由此打开。礼者天地之序，乐者天地之和，道旷无涯也。其高明笃实之境，非可以贫富得也；而切磋琢磨之功，亦非为贫富言也。盖超乎贫富之外，唯能尽其道也，乃进于乐天知命之学矣。以此言诗，三百篇皆身心之要矣。王夫之

1.16 子曰："不患人之不己知，患不知人也。"

〇不己知，倒装句，不知己也。知者，知其美也。美者何？进德修业也，贤能也。不担心他人不知我之贤能，而担心我不知他人之贤能也。

〇本章言学在为己。凡人之情，多轻易于知人，而怨人不知己，实则未学也。盖此所谓知人，往往是一孔之见，非真知也。而怨人不知己，亦不过是有求而不得，私心旷怨，郁抑而不能自安也。自君子而思之，己有德而人不知所尊，己有才而人不知所用，不足患也。盖能夺我名而不能夺我志，能困我于境遇而不能困我于天人无愧之中。吾心可对天地，何患之有。乃若所患者，有贤者在前而不知为贤，则出而无所可任用，处而无所可效法，而失固学之道，不能与胜己者为伍也。也就不能置其身于圣贤之列而躬行实践，岂不患乎。故君子之学无非为己也。人伦名教之地，所恃以进德修业者，惟此本心之明照，以收益于亲贤取善之际而已矣。孟子曰："行有不得，反求诸己。"王夫之

为政第二

此篇所论孝敬信勇皆为政之德也，圣贤君子乃为政之人也。《左传》曰“学而后入政”，故次前篇也。凡二十四章。

2.1 子曰：“为政以德，譬如北辰，居其所而众星共拱之。”

〇北辰，北极，天之枢也，众星四面旋绕而归向之也。夫子以此象譬喻，言为政之善，莫若以德。淳德不散，好比北辰居其所而不移，凡政事莫不以德为尊，则政善矣。《论语注疏》

〇此章是孔子言人君尚德之化也。德，直心也，直道而行故得之也。物得以生，故《易》曰：“天地之大德曰生。”得于心而不失，则圣人与天地合其德也。程子曰：“心具天德，心有不尽处，便是天德处未能尽。”以德备天之道于身，而推以成人成物也。故马一浮先生云：“《论语》‘为政以德’一章，是书教要义……《书》以道政事，尧、舜、禹、汤、文、武、周公所以治无下之道在是焉。”蔡九峰《书集传》序云：“精一执中，尧、舜、禹相授之心法也；建中立极，汤、武相传之心法也；曰德、曰仁、曰敬、曰诚，言虽殊而理则一，无非所以明此心之妙也。”又云：“礼乐教化，心之发也；典章文物，心之著也；家齐国治而天下平，心之推也。心之德至矣乎，其本也，政则其迹也。”故孔子祖述尧舜，宪章文武，梦见周公，告颜渊以四代之礼乐，答子张以殷周损益百世可知，皆明从本垂迹，由迹显本之大端也。是尧、舜、禹、汤、文、武、周公、孔子之心，一也。有以得其用心，则施于有政，迹虽不同，不害其本也。故后世有志于二帝三王之治者，不可不求其道；有志于二帝三王之道者，不可不求其心。存此心则治，亡此心则乱，治乱之分，顾其心之存不存如何耳。马一浮

○为政亦有二重境界。哀公问为政，夫子答曰："政者正也。"君为政则百姓从政矣，君之所为百姓之所从矣，君所不为百姓何从。此有为之政也，制乱升平之治法也。夫子又曰："无为而治者，其舜也与？"朱注引范氏言曰："为政以德，则不动而化、不言而信、无为而成；所守者至简而能御烦，所处者至静而能制动，所务者至寡而能服众。"此无为之政也，太平之治法也。惜后世太平之日短，如舜之无为而治可望而不可即，故弥足珍贵也。

2.2 子曰："《诗》三百，一言以蔽之，曰'思无邪'。"

○邪，不正，邪去则合于正。《诗》三百余篇，举一言以断之，在得其性情之正也。程子曰："'思无邪'者，诚也。"夫子盖言《诗》三百篇，无论孝子、忠臣、怨男、愁女皆出于至情流溢，直写衷曲，毫无伪托虚徐之意，即所谓诗言志者也。程树德

○《诗》教主仁。盖《诗》以道性情，读之易收感兴之效，兴便有仁的意思。诗以感为体，令人感发兴起，必假言说，故一切言语之足以感人者，皆诗也。此心之所以能感者，便是仁。仁是心之全德，亦曰仁德、性德、天德，一也。天地感而万物化生，仁之功也；圣人感人心而天下

和平，诗之效也。程子曰："鸡雏可以观仁，满腔都是生意，满腔都是恻隐，斯可与识仁，可与言诗矣。"故圣人始教以诗为先。马一浮

2.3 子曰："道之以政，齐之以刑，民免而无耻；道之以德，齐之以礼，有耻且格。"

○道，同导，引导、治理。齐，齐整，齐一，划底线不可触碰之意。谓以政令治理国家，道之而不从者，则齐整之以刑罚也。免，免罪、免祸。言民畏刑而巧诈苟免，无愧耻之心也。格，同革，训为正，革面洗心以归于正之意。谓以德教治理国家，民或未从化，则制礼以齐整，使民知有礼则安，失礼则耻。如此则有廉耻而不犯礼，且能自修以归正也。《论语注疏》

○此总述治道。言圣人治化，必政刑与德礼相参焉。政，法制禁令。立政以制物，用刑以齐物，乃从制而外正，内心未服也。德者，德其性者也；礼者，体其情者也。若道之以德，使物各得其性，则皆用心。齐之以礼，不矫其真，各体其情，则皆知耻而自正也。故政刑，治标者也；德礼，治本者也。标本兼治，方是善政。朱子曰："政者，为治之具；刑者，辅治之法；德礼则所以出治之本，而德又礼之本也。"又曰："此其相为终始，虽不可以偏废，然政刑能使民远罪而已，德礼之效，则有以使民日迁善而不自知；故治民者不可徒恃其末，又当深探其本也。"程树德

2.4 子曰："吾十有五而志于学，三十而立，四十而不惑，五十而知天命，六十而耳顺，七十而从心所欲、不逾矩。"

○学，进德修业也。志，笃之于心也。立，立于礼也。不惑，知者不惑，智也。天命，谓致命之道，德命也。耳顺，入耳即辨其精，故从人之则，莫逆于心，心与耳相从，故曰耳顺。从心即顺心，矩即天则，心之所之便是矩，从容中道也。

○此章乃夫子一生年谱，亦是千古成圣妙诀。学即君子之学，超凡入圣之道也。古者十五而志乎此，而为生命开出一条德性之进路。三十而壮，《曲礼》谓之有室。君子惟明礼，而后可以居室。盖风俗之衰与人伦之变，未有不自居室始者，故曰“人有礼则安，无礼则危”，夫子谓“不知礼，无以立”也。四十强而仕，经明行修，自知知人，智慧通达，可与权矣。夫子谓可与立未可与权者，盖“而立”能守经立道，“不惑”方能通变达权也。及至五十而衰，则自审己分之可否，而知天命之始终也。君子知命之原于天，必亦则天而行。故盛德之至，期于同天。及至六十，旷然而释，怡然而顺。耳顺者，废听之理也。闻其言而知其微旨，隐恶扬善而舍己从人也。从人而莫逆于心，不言而教，仁德周遍矣。年至七十，习与性成，犹蓬生麻中，不扶自直。昔者心之所之惟是学，今也心之所之便是矩矣。矩即尧舜以来相传之中，以其范围天下而不过，则为矩。是圣人随心自在，不勉而中也。程树德

○道备于天，圣人法之。学者学为圣，实学以法天也。故学者，觉也，悟觉天命之性，而期生命之圆成也。一心以圣人为期，念念在兹以悟觉，谓之志。觉不被迷情所动，而固之以节文有度，谓之立。觉能破细微疑网，于万变纷纭中精义守一，谓之不惑。觉能知立之于己，而受之于天，谓之知天命。觉能知声入心通，逆随缘之流，顺不动之性，谓之耳顺。觉能以所欲为矩法，曲成万物而不遗，谓之从心。故进学之次

第，曰志曰立曰不惑，修境也；曰知天命，悟境也；曰耳顺曰从心，证境也。可见圣人之学血脉准绳一齐俱到，夫子所以范围万世于无穷也。刘沅、蕅益

2.5 孟懿子问孝，子曰："无违。"樊迟御，子告之曰："孟孙问孝于我，我对曰'无违'。"樊迟曰："何谓也？"子曰："生事之以礼，死葬之以礼，祭之以礼。"

○孟懿子，鲁大夫仲孙氏，名何忌，其父遗命其学礼于孔子。故适其问孝，孔子教以无违，无违父志，无违于礼也。又恐人不明此意，适弟子樊迟驾车时语之，谓生事葬祭，一之于礼，则孝子事亲之始终具矣。

○此章明孝子事亲当无违于礼也。《礼记·祭统》曰："孝子之事亲也，有三道焉，生则养，没则丧，丧毕则祭。"然孝行当有节度，或失之于过，或失之于不及，皆不孝也。子曰："夫礼，所以制中也。"人之事亲，自始至终一于礼而不苟，其尊亲也至矣。此夫子无违之旨，盖古人凡背礼者谓之违也。无违即是尽孝。无违者求之于心，礼者求之于事，此亦内外交相省察之意。因无违而自中礼者，由内达外，诚而明者也；必以礼而得无违者，以外治内，明而诚者也；则无违其纲，而礼其目也。圣人之孝，精义入微如此。朱子曰："是时三家僭礼，故夫子以是警之，然语意浑然，又不若专为三家发者，所以为圣人之言也。"王夫之

2.6 孟武伯问孝，子曰："父母唯其疾之忧。"

○孟武伯，即仲孙彘，孟懿子之子。唯其疾之忧，前置句，即唯忧其

疾。言孝子最担心的是父母的身体，担心其得病。夫子此等点示，能令有人心者痛哭。盖事亲之道，唯父母之致疾最让孝子割心。

〇此章明致疾之忧，言孝子当以父母之心为心也。盖疾者非仅言身病，推而广之，心疾亦是。父母爱子之心无所不至，则常以为忧，身心之疾是也，非药石可疗。孝子之心当推之于忧父母之所犹，而竭诚尽敬，谨身以行，以顺父母，以此解忧。故朱子解为守身之道，以父母之心为心，推之甚善。或曰孝子不妄为非，故父母仅以其疾为忧，亦是推广义。《孝经·纪孝行章》引夫子之言曰："孝子之事亲也，居则致其敬，养即致其乐，病则致其忧，丧则致其哀，祭则致其严；五者备矣，然后能事亲。"上章言丧与祭，下二章言居敬与养乐，义相骈联，故此章言致疾之忧当无疑也。程树德

2.7 子游问孝，子曰："今之孝者是谓能养，至于犬马皆能有养，不敬何以别乎？"

〇子游，姓言名偃，孔子晚年弟子，文学科高弟。犬马皆能有养者，犬以守御，马以代劳，虽下至于犬马，皆能养人也。世俗事亲，徒养口体而敬不至，则与犬马之养何异。明非敬养，将何以别于禽兽乎。唐文治

〇此章明致居之敬，言人子当以敬亲为孝也。孟子曰："食而弗爱，豕交之也；爱而不敬，兽畜之也。"是犬马之养也。而犬马喻子之不肖者也。《礼记·坊记》云："小人皆能养其亲，君子不敬何以辨。"《礼记·内则》记曾子之语曰："孝子之养老也，乐其心不违其志，乐其耳目安其寝处，以其饮食忠养之。"盖问安视膳都是养边事，敬则真心之

自致于养者，非严威俨格之谓也。《大戴礼记·曾子立孝》云“君子之孝也忠爱以敬”，又云“尽力无礼小人也”，盖敬者礼之敬也。仁人之事亲如事天，故以礼敬为大也。简朝亮

2.8 子夏问孝，子曰：“色难，有事弟子服其劳，有酒食先生馔，曾(céng) **是以为孝乎？”**

〇夫气色和则情志通，善养亲之志者必先和其色。事亲者到此，有着力不得处，故难。馔，饮食之也。服劳奉养，凡弟子事尊长皆然，事师事亲同一左右就养也。然师者道之所在，严肃之意较多，事父母更当柔色以温之。夫子言此，乃弟子事先生之礼不足以为孝也。程树德

〇此章明致养之乐，见人子以深爱为孝也。色是心精之注于外者，不但一心而已，并一身肢体血脉皆毕露于此，打合在父母身上，便是一体之爱。真有此深爱笃孝之心，方能见此和婉愉悦之色诚于中形于外，全要内求之心，不在容色上做工夫也。《礼记·祭义》曰：“孝子之有深爱者必有和气，有和气者必有愉色，有愉色者必有婉容。”盖根心而生色，则形着动变达于天下矣。此养即致其乐也。由上几章下来，孝亲之五事备焉。程子曰：“告懿子，告众人者也。告武伯者，以其人多可忧之事。子游能养而或失于敬，子夏能直义而或少温润之色。各因其材之高下，与其所失而告之，故不同也。”刘宗周

2.9 子曰：“吾与回言终日，不违如愚。退而省其私，亦足以发，回也不愚。”

〇回，孔子弟子，姓颜，字子渊。不违者，意不相背，有听受而无问难也。私，谓燕居独处，非进见请问之时。发，谓发明所言之理。朱子

〇此章美颜回悟道之妙，大智若愚也。大凡聪明自用者，必不足以入道。回之如愚，正回之聪明绝人、受教有地、入道有机处。盖回之听言而悟，超语言文字之外，而人多听言而识，囿于语言文字之中，反有以障道也。《先进第十一》称孔子云："回也非助我者也，于吾言无所不说。"若夫无所不说者，如孟子云"有如时雨化之"，喻颜子得夫子之教而足以发明也。夫孔子集大成以为教，其始终条理，皆有以充其用之所必显，而回之明睿也，实有以彻其变化之妙。故周子曰："发圣人之蕴，教万世无穷者，颜子也。"朱子闻之师曰："颜子深潜纯粹，其于圣人体段已具。其闻夫子之言，默识心融，触处洞然，自有条理。故终日言，但见其不违如愚人而已。及退省其私，则见其日用动静语默之间，皆足以发明夫子之道，坦然由之而无疑，然后知其不愚也。"程树德

2.10 子曰："视其所以，观其所由，察其所安，人焉廋哉？人焉廋哉？"

〇视，直视也。观，广瞻也。察，沉吟用心忖度之也。所以者，所行用也，事也迹也。皆日用所见，故云视。所安者，本也，本心所主定止之处也。其最为深隐，故云察。所由者，从本显迹之来历从由也。而来历从由难知，故言观。焉，何也。廋，匿也。"人焉廋哉"二句须要看得好，不是夸张其效，言人虽善匿，至此却无处躲避，犹之权度设而人不可欺以轻重长短。程树德

〇此章是孔子告万世以知人之术也。《大戴礼记・文王官人》云："考其

所为，观其所由，察其所安，此之谓视中也。”盖自其外而知其中也，此为官人之大要矣，今孔子述焉。《书·皋陶谟》云：“亦言其人有德，乃言曰载采采。”采者事也，谓总言其人有德，必言其行某事某事为可信也。今言所以所由者，即于行事而视之观之也。《皋陶谟》云：“宽而栗，柔而立，愿而恭，乱而敬，扰而毅，直而温，简而廉，刚而塞，强而义；彰厥有常，吉哉。万世人才，九德尽之矣，不彰九德，非人才也。”九德著其有常，则吉士贤人也。今言所安者，即于有常而察之也。《书·立政》云：“迪知忱恂于九德之行。”迪，道也，犹导也。忱，与谌通，诚也。恂，信也。周公言有夏之臣导其君知之者，知九德非徒信于其所言，而诚信于其所行也。今言所以所由至所安者，皆诚信于其所行也。故知人者，当先视其行事明其善恶之分途也。事虽为善，而意之所从来者有未善焉，则亦不得为君子矣。所由虽善，而心之所乐者不在于是，则亦伪耳，岂能久而不变哉。凡人乐于斯者必常于斯，所谓“彰厥有常”，于是乎知其心矣。心之所发，并此而观，诚于中形于外也，则视之观之察之者备矣。故孔子之言，知人之术也，皆经术也。简朝亮

〇圣人待人必忠厚，而观人必精详。程子曰：“在己者能知言穷理，则能以此察人如圣人也。”倘不见此理，但讲视观察，恐后人蹉入自私用智之术，流为机权作用，失却圣人所以观人之本也。盖知人是性之德，智之用。须将圣人观人之法先去自观，痛自洗涤，彻内彻外，诚至明生，方有可用。己之所以所由所安，千停百当，则人之所以所由所安，不难视观察矣。故君子但求诸己，如磨镜然。蕅益

2.11 子曰：“温故而知新，可以为师矣。”

〇故，古也，六经皆述古昔称先王者也。知新谓通其大义，以斟酌后世之制作，汉初经师皆是。温，物将寒而重热之，笃厚为一团生气，千红万紫都向此中酝酿而出，所谓新也。是知新在温故中焉，下一而字，明乎二者以分而合也。温故而不知新者，迂拘之士；知新而不温故者，浅俗之徒。可以为三字当重读，言必通达古今，兼该体用，而后可以为师也。程树德、唐文治

〇此章言为师之法。温故知新，贵乎理明。天地间只一道理，更无新故。温故者，明由迹显本也。古之人已逝，古之迹鲜有存，故谓知古者，知其道而已矣。知新者，明从本垂迹也。功夫只在温故，温故则能自得，自得则日新。是天下之义理无穷，人心之浚发亦无穷也。温故者明其不变之体，知新者妙其随缘之用，心之推如是也。有以得其用心，则施于有政，迹虽不同，不害其本也。此温故知新之大者。学者以是为的而深求之，时习之，则先知先觉之任庶几在我，而后人之知觉亦于是乎有赖矣。此亦夫子自道也。程树德

2.12 子曰："君子不器。"

〇人之可以器言者，必拘于才之有限，譬如形器，虽各适其用，而终不能相通。惟成德之君子，其心能具众理应万事，大之任经纶匡济之业，小之理兵刑钱谷之事，件件周到，无往不宜，不为一才一艺所囿也，故曰君子不器。《日讲四书解义》

〇此章是明君子当行大道，欲人以德备才之意。《易》曰"形而上者谓之道，形而下者谓之器"，盖大道分则为器焉。《礼记·学记》曰"大

道不器”，故君子之学，学大道也。君子大道被于躬，是以体无不具，用无不周。体无不具，谓明尽事物之理以全吾心之所具；用无不周，则事物之来皆有以应之，而无纤毫之差失。颜子视听言动之间，曾子容貌辞气颜色之际，而皋、夔、稷、契、伊传周、召之功勋德业在焉，此即是也。故所谓不器者，下学而上达，精于道者也。若以无所不知无所不能为不器，是犹未离乎器者矣。《论语稽》云：“人之材质或可小知，或可大受，各成一器，惟君子无可无不可；《周官》三百六十，皆各有所治，惟冢宰无所不统，则不器岂易言哉。”故若论用人，则全才不可多得，即一材一艺亦必因人器使，无求备于一人，则天下之寸长足录者皆得効用于圣世矣。程树德、简朝亮

2.13 子贡问君子。子曰：“先行其言，而后从之。”

〇其言，非泛指辞说，即所知之事理也。其未体诸身也曰“其言”，举而见之实事曰“行其言”，及其明为物楷曰“而后从之”。明君子之道，言必可则，并率先垂范，以令后人从而法之。皇侃

〇此章明君子之行在以身作则，以躬行践履为实也。盖其言非有声之言，言孝之道事之理也。如四子问孝，云无违，云疾忧，云敬，云色难，答教虽殊，而孝子此心相与贯通之理一也。明乎此，则同条共贯，殊途同归。此即是“其言”，圣人之垂言也。圣人垂一训，立一教，必先实体诸身，未有行不逮而空言之者，故曰先行其言。而行其言亦非专指行，践其事理之实也，总是此理显藏，次第分名。若行处全无义理，直谓不曾有所行也。究之，只要完得此理，实有诸己，以喻诸人耳。《礼记·表记》篇曰：天下有道则行有枝叶，天下无道则辞有枝叶。政

治学问皆以力行为先，君子先行其言者所以倡率乎天下，而后从之者所以表明其径途。吕留良、唐文治

2.14 子曰："君子周而不比，小人比而不周。"

〇周，普遍，其心公。比，偏党，其心私。君子小人所为不同，如阴阳昼夜，每每相反，然究其所以分，则在公私之际，毫厘之差耳。朱子

〇此章夫子拈出公私分界，为千古立之防制也。周与比皆与人亲厚之意，但周公而比私耳。以义合者周也，以利合者比也。周是博遍之法，故谓为忠信；比是亲狎之法，故谓为偏党。比是知器者，智效一官，行效一能；周是不器者，德充塞周遍，无有限量。故君子者，成德之名也。小人则唯知徇物，不知有性，通体是欲也。君子是仁，小人是不仁。君子喻于义，小人喻于利。君子和而不同，小人同而不和。君子成人之美，不成人之恶，小人反是。君子求诸己，小人求诸人。君子坦荡荡，小人长戚戚。君子与小人迥然不同也。君子从天下起见，其心常公，公则自有民胞物与之度。小人只从一身起见，其心常私，私则因势附利，伐异党同。周则不比，比则不周，天理人欲不并立也。人臣以身许国，若无一念营私，自可告天地质鬼神，稍有偏向不能见谅于天下后世矣，存心可不慎哉。程树德、《日讲四书解义》

〇成德之道，乃在心术。心术，隐微之地，人所不及知。蔽之久者，习熟而不自知其非也。故念虑之间，毫忽之际，一有不存，则徇物而忘己，见利而忘义也。此一念为君子，一念为小人也。世间只有此二途，不入于此，则入于彼，其间更无中立之地。学者果能有志于孔子

之学，当知此学即圣人之道，即君子之道，亟须在日用间自家严密勘验，反复省察也。人苟非甚不肖，必不肯甘于为小人。故圣人于周比、和同、骄泰之属，常对举而互言之，欲学者察乎两间，而审其取舍之几也。马一浮

2.15 子曰："学而不思则罔，思而不学则殆。"

〇学，效法也，师从也。思，心之体认也。罔，迷惘，纷杂而昧也。殆，危殆，困而难行也。学而不求诸心，自然罔罔无知。困于心而不得明师提点，必然危殆难行。

〇此章言教学法也。礼乐法度圣人所垂，一一实践于身心，此学也。见乎外者本乎中，为其事者思其故，此思也。学而不思，则其理不明，无法使学问上达。思而不学，则性道空疏，礼乐无著，无以为政也。是思学不可偏废，一偏废则罔殆之弊乘之矣。程子曰："博学、审问、慎思、明辨、笃行五者，废其一，非学也。"盖古人为学，皆身心性命日用伦常之道，当得周洽矣。刘沅

2.16 子曰："攻乎异端，斯害也已。"

〇攻，专治也，他山之石可以攻玉之也。异端，一事必有两头，一线必有两端，彼此端视则别为一端也。专治而唯精一端，为害甚矣。

〇此章明辨学术，以维持世道人心也。夫子言学，常兼举两端，如言仁常兼言礼，或兼言知。又如言质与文，学与思，皆兼举两端。兼举两

端，则于全体之中自见有一“中”道，用“中”而能经纶天下之大经也。故《中庸》曰：“执其两端，用其中于民。”盖民受天地之中以生，所谓命也。是以有动作、礼义、威仪之则以定命也。执其两端而用中，而能立天下之民本也。而所治或过或不及，即谓之异端。攻乎异端，即不能用中于民，而有害于定命，有害于用中之道也。钱穆

〇异端者，偏之于中也。旧注有谓之小道者，器之理也。凡器物各有其用，各有其理，故有器用分科之学。是兵、法、政、农、医、工、商、名、礼、术、地理、文学、艺术者，一言之，器集学也。今之所谓专才者，皆从器学、从小道也。小道必有可观，然致远则泥。囿于小道而治则必异化。专务小道而致失大道，则失生命之整全也。然亦有貌似大道而偏者，释老是也。故宋儒力辟之。程子曰：“佛氏之言，比之杨墨，尤为近理，所以其害为尤甚。”耶、回等一神教亦如是也。今之所谓宗教自由者，皆别子为宗，非夫子之中道大经也。当明辨之。或有解攻为伐者，谓如攻城般攻去异端，此与神教裁判所何异，非圣人之旨也。夫子之教和而不同，辨异端者，以理正之，以德化之也。正化之途，诉之于史。夫子传六经，皆史也。盖以事言谓之史，以道言则谓之经。史者，通贯道与器，史迁谓“究天人之际，通古今之变”是也。故所谓正史，正之于史，使异端无所遁形也。统而言之，经史子集，自有其脉络，正道之经从，学问之大端也。程树德

2.17 子曰：“由，诲女汝知之乎？知之为知之，不知为不知，是知也。”

〇由，仲由，字子路，孔子早年弟子。子路刚勇，好以不知为知，故夫子点拨之。首句起个“知之”之道；中句“知之”“不知”是就事理上

说，“为知”“为不知”则是就当下心上能不自欺说；末句就是指不自欺处，即是首句“知之”之道也。吕留良

〇此章是孔子示子路以本体之知也。人之入道全在乎知，真知之本体须从自知自觉处体验。故朱注谓“无自欺之蔽”，一语点睛矣。自欺之蔽，一则蒙昧不自察，一则虽觉而强盖过去。知己之不知，则能自察矣。能为知为不知，则不强盖矣。如此则虽不能尽知天下之理，而本心之灵毫无自欺之蔽，即是真知之本体，是知也。吾人之所以博学审问慎思明辨笃行者，唯求此知。此知未明学问无主，此知既明则本性灵以主闻见也。然良知家谓知则专指心体，于本体有碍也。圣学说知便指义理，不指心体。但心有自欺之蔽，则义理障拒而不明，所见皆成谬妄。能去此蔽，则义理易明，是非见得分明，义理与心体圆融无二，一体通透，知即智矣。故曰：“是非之心，智之端也。”程树德、《日讲四书解义》

2.18 子张学干禄。子曰：“多闻阙疑慎言其余，则寡尤；多见阙殆慎行其余，则寡悔；言寡尤行寡悔，禄在其中矣。”

〇子张，姓颛孙名师，孔子晚年弟子。干，求也。禄，禄位也。学干禄，谓学仕者之事也，故孔子教告之。阙，缺也，搁置之义。疑者，所未信也。殆者，所未安也。谓闻见不患不多也，患不能阙疑殆，慎言行耳。尤，罪过，由外来。悔，悔恨，由心生。外则寡尤内则寡悔，践履之平实也。言行如此，虽不得禄，得禄之道也。蕅益

〇此章言出仕之道。学而优则仕，以道为服躬之则也。夫子作《春秋》，于所传闻世所闻世阙疑之，盖望远者察其貌而不察其形也。于所

见世阙殆之，盖托诸微辞以远危害也。疑之阙则可谨于言，于古不谬，于心不欺，而可以信天下之心也，其于尤也寡矣。殆之阙则可以慎行，于物得情于事得理，而可以信彼此之心也，其于悔也寡矣。故寡尤寡悔即是得禄之道。学者干禄当不失其道，则立乎人之朝，而不失春秋之义也。朱子曰：多闻见者学之博，阙疑殆者择之精，慎言行者守之约。则禄不须干而自得焉，禄原不是学问分外事，所误在干耳。孔子教子张以言行寡尤悔而禄即在其中，言似迂而实确，洵万古处世之津梁、治生之秘诀也。程树德

〇福禄者，德位之洽也。先王治世，设位以待天下之士，以求德位相配。然世之不古，遂有饰其言行以求合于时之所尚者，利禄是也。其立心之始已不正，而与先王以禄奖君子之盛心相戾，故夫子深恶其非。孟子曰："有天爵者，有人爵者。仁义忠信乐善不倦，此天爵也；公卿大夫此人爵也。古之人修其天爵而人爵从之。"程子曰："修天爵则人爵至，君子言行能谨，得禄之道也。"圣人教人，使定其心而不为利禄拘矣。故干禄之学，及后世之征辟、科举，要在笃行此道而不失其本也。《中庸章句》曰："笃行，所以固执而为仁，利而行也。"程树德

2.19 哀公问曰："何为则民服？"孔子对曰："举直错措诸枉，则民服；举枉错诸直，则民不服。"

〇哀公，鲁君，名蒋。凡君问，皆称孔子对曰者，尊之也。直谓正直者，枉谓曲直者，相对之义。错诸，措之于，安置于其上之意。谓举正直之人措之于枉曲之上，则民服，反之则民不服。服，服从，进而诚服，有递进之意。程子曰："举错得义，则人心服。"

〇此章言举贤以服民也。夫人之遵道而行，而是非无所曲挠者，直也。其委屈徇世，言行不由于轨则者，枉也。直者居于上，而枉者置之下位，使其贤者得尽其才，而不肖者有所受治。故后篇告樊迟曰："举直错诸枉，能使枉者直。"夫子发乎此言，欲使举贤以服民也。盖民之服与不服，全在人主之公私，举措之当与不当。当则君子进而小人退，众正盈朝，拨乱反治，世运自泰。否则小人进而君子退，群小用事，醸治为乱，世运日否。诸葛武侯谓"亲贤臣远小人"，言辞痛切，可作此章翼注，人君当揭座右也。程树德

2.20 季康子问："使民敬忠以劝，如之何？"子曰："临之以庄则敬，孝慈则忠，举善而教不能则劝。"

〇季康子，鲁大夫季孙氏，名肥。去姓单称子，内而亲之，是礼也。敬忠民致于上者，劝在民身上者，故曰以。临，自上莅下也。言临民以庄严，则民敬其上。能上孝于亲，下慈于民，则民作忠。能举用善人，教诲不能之人，则民相劝勉为善也。夫子之意，此皆在我所当为，非欲使民也。程树德

〇此章言以身化民之意。盖帅民之道，在道民以善。民不敬，则无礼而上下乱；民不忠，则无心而国以危；民不劝，则苟且偷薄而风俗坏。然季康子为政，将以敬忠成俗而使民，非道民也。圣人点破康子私心，谓人君当躬行于上而教施于下，不以使民而以礼教也。临之以庄，齐明盛服，非礼不动也。孝慈，《礼记·文王世子》养老幼于东序，所谓老吾老以及人之老，幼吾幼以及人之幼也。善者不屑为逢迎，不能者更易于废弃，举之教之，公之至也。为政之道，治人必先治己。庄所以自为敬

也，孝慈所以自为忠也，举教所以自劝于善也。初非求民之敬忠与劝，而表正景端，效自随之。《礼记·表记》言："仁者天下之表也；义者天下之制也；报者天下之利也。"庄者义也，孝慈仁也，举善教不能，仁义兼尽也。如是则民尊之亲之，报岂有不至哉。唐文治

○上几章皆言为政之人，盖为政重在得人也。得人必由迹以观本，而不可徒滞其迹以求之也。干禄是迹，福禄是本。举直错枉是迹，君子在朝小人在野是本。人君躬行施教是迹，明德亲民止至善是本。故选贤举能，亦当明从本垂迹，由迹显本之大端也。本者，德也；迹者，才也。德是总相，是事情的总体仁效；才是事功，是经世之行迹。才者德之资也，德者才之帅也。故所谓才，非单言智术也，乃夺势任术而全仁心之能力也。智术有优劣，但不能济之以德者不可谓之才。司马光言"德胜才谓之君子，才胜德谓之小人"，语有偏，然其意在德才与位相洽也。为人臣，干禄而失福，无干禄之才也；为人君，不能举直错枉，不能躬行施教，无为君之才也。才不具，故德不得也。修身齐家之才，致知诚意耳；治国平天下之才，经世济民也。君子安其位，各有其才方各有所得，而其道一以贯之矣。是夫子论政，贵德化也。然后世贵德而不重才，舍迹而言本，失之矣，遂有所谓"人治"之弊。又有所谓"法治"者，斤斤于制度为文，舍本而言迹，亦不是。盖在夫子，道之以德，还须齐之以礼，德礼又须政刑之迹相参焉。应迹不同，其致是一，是谓"礼治"。

2.21 或谓孔子曰："子奚不为政？"子曰："《书》云：'孝乎惟孝，友于兄弟，施于有政。'是亦为政，奚其为为政？"

〇定公初年，孔子不仕，故或人疑其不为政也。孝乎惟孝，同醇乎其醇句式，美大孝之辞。友，善义，孝于父母，自亦善于兄弟。施，行也。所行有政道焉，此即是为政，不然什么是为政呢？钱穆

〇此章明为政之本也。春秋时，父子兄弟之祸亟矣。欲治其国者先齐其家，故夫子痛切言之，欲以救人伦之变，而明推恩之义。由是，夫子定六经以张治本，而首重孝友焉。孝友者，齐家之要，政之所莫先焉者也。有子言孝弟为为仁之本是也。马一浮先生曰："一言而可该性德之全者曰仁，一言而可该行仁之道者曰孝。"是夫子谓行在《孝经》，明一切行门皆从孝起，大用无尽，会其宗趣，皆摄归于孝也。孟子曰："尧舜之道，孝弟而已矣。"摄一切政也。唐文治

〇政者，正也，正己而正人也。朱子曰："孔子之不仕，有难以语或人者，故托此以告之，要之至理亦不外是。"盖定公为逐其君兄者所立，非正始也，孔子耻为之臣，而托孝友之言以讥其失为政之本矣。适夫子返鲁而不仕在定公元年，至定公十年而时势异，孔子方仕，乃可以止而止，可以仕而仕也。大学修齐治平，修齐是内圣，家政也；治平乃外王，国政也。家政国政，皆迹也，一以修身为本。此身不仅在家庭私域处修，亦须在家国天下之公域处修也。在其位则须修其政，念念为君子圣贤矣。圣人用之则行，舍之则藏也。程树德

2.22 子曰："人而无信不知其可也，大车无輗（ní）**小车无軏**（yuè），**其何以行之哉？"**

〇大车，乃笨重载货之牛车。輗，辕端横木缚轭以驾牛者。小车，谓田

车、乘车等轻车。軏，辕端上曲钩衡以驾马者。輗軏与轭衡交，此车之所以行也，故喻信焉。盖信之在人，亦交接相持之关键也。简朝亮

〇此章明人之立心，不可不诚实也。《吕氏春秋·贵信》曰：“君臣不信，则百姓诽谤，社稷不宁；处官不信，则少不畏长，贵贱相轻；赏罚不信，则民易犯法，不可使令；交友不信，则离散郁怨，不能相亲；百工不信，则器械苦伪，丹漆染色不贞。”无信则百事不满也。盖己与人交，其情本异也，其事本各有所趋而不能合也。信之以维系人己而使我之意喻乎人，人之用效乎我，譬如輗軏与轭衡交而维系车与马牛相合为一而利用者也。无信者欺人而人亦欺之，疑人而人亦疑之，众且叛、亲且离矣，虽有智力，亦将何用哉。故信者，尽人之所必务，愚不肖者不可违，而贤智者亦所必据也。《正义》曰：人有五常，仁义礼智，皆须信以成之；若人而无信，其余四德终无可行。王夫之、程树德

2.23 子张问：“十世可知也？”子曰：“殷因于夏礼，所损益可知也；周因于殷礼，所损益可知也；其或继周者，虽百世可知也。”

〇王者易姓受命为一世，子张问其制度变易如何耳。因，因袭也；损益，有所革也。夫子以三代相继为典范，明礼制因袭损益之极，极于三王也。故夫子尤重因从之义，谓后之继周者，得周礼则盛，失周礼则衰也。因往推来，虽百世之远，不过如此而已矣。

〇此章言礼制沿革。礼制者，礼乐刑政之法式耳。其沿革要旨，通三统是也。盖周之治天下，使已之新统通于夏殷之二统，博采旧制而择其善，以成新一代之治法，蔚然大观也。故王者通三统乃最佳治理经验，

而无治道偏而不举之弊也，且亦警示天下非一家一姓之私，唯有德者居之。通三统，其要首在存二王之后，即善待前两朝之后人，使旧礼制与旧传统能以恰当的方式延续传承，对待历史保持温情和敬意。其次，文质礼变，要因革得宜。盖前人创制本极乎无敝，流及后世而积弊丛生，时势异也。有治定功成之主出，必矫前代之偏以自立风尚，所以善其因而为一代典章焉。裁前代之所已有余者而节去之曰损，补前代之所不及防者而加密焉曰益。自其损益者而知之，必拨乱反治而复前王之所修明者，而以返人心于大正焉。故夫子祖述尧舜，宪章文武，所以治天下之道在是焉。程树德

〇何以百世可知，知相大、用大、体大也。圣人治世，立三纲五常之规模，相大也；著文质三统之异尚，用大也；止乱升平而开盛世，体大也。盖纲常者，常即仁义礼智信，天地之性也；纲即纲纪，三纲六纪，天地之四梁八柱也。纲常乃天下秩序之基因与密码，为治之端也。故圣人谨其心之所发，鼎纲立常也。蔡九峰《书集传·序》云："礼乐教化，心之发也；典章文物，心之著也；家齐国治而天下平，心之推也；心之德其盛矣乎。"此相大也。五常者，初乃未发之中，而纲纪寓焉，是为种子。种子孕育而流为五行，万物循五行而化生，遂有根繁叶茂，天地和序。故五行乃万物演化之则也。其于人群总体之演化效果，则忠质文递兴，五德三统相禅也。忠质文者，夏尚忠，殷尚质，周尚文是也。夏尚忠者，忠以用性，其礼法重人道焉。殷尚质者，质以用才，其礼法重地道焉。周尚文者，文以用情，其礼法重天道焉。三王之道，若循连环，周而复始，穷则反本，天地人三才备焉。王道通三也。故孔子作《春秋》，损周之文益夏之忠，变周之文从殷之质，兼三王之礼以彰王道，以治百世。此用大也。孟子曰："天下之生久矣，一治一乱。"

据衰乱之世，篡弑杀戮，恩衰义缺。由乱而治，政刑得张，见治升平，然民免无耻。及至王化大被，风俗纯良，道德齐礼，有耻且格，太平大同之治也。夫子曰："齐一变至于鲁，鲁一变至于道。"此托齐鲁为据乱升平，道则为太平世矣。太平不是幻想的乌托邦，乃是实有是理。如尧之光被四表格于上下，文王之自西自东自南自北无思不服，都是事实。二帝三王，其应迹不同，然导天下太平之圣心可见。此夫子之所以推崇三代之治也。程子曰："王者以道治天下，后世只是以法把持天下。"又曰："三代而下，只是架漏牵补。"盖三代者，既本于心性义理之著微幽明，又见诸政制礼法之深切著明也。其以心性为本礼法为用，不显唯德，百辟其刑之，君子笃恭而天下平矣。此体大也。故立纲常以正德相，著文质以彰其用，开太平以致盛世，虽百世不易其道也。简朝亮

2.24 子曰："非其鬼而祭之谄也，见义不为无勇也。"

○ 祭非其鬼，淫祀也。谄，求媚也。言非其鬼而祭，有求媚邀福之心也。见义不为，无勇敢直前之志也。钱穆

○此章言正民心也。盖务民之义，敬鬼神而远之。故祭祀自有常典，若非其祖考而祭之，则是于所薄者厚，将使人人为索隐行怪之事，墨氏明鬼之说是也。其实始于谄也。民之义者，人事之实也。见义，则急先务而为矣。若明知其义而不为，将使人人为洁身乱伦之行，杨氏为我之学是也。其实始于无勇也。二者皆攻乎异端，越乎礼教也。《易·系辞传》云："人谋鬼谋，百姓与能。"今鬼谋不能正耶，其人谋不能竞耶？其谄也，由无勇也。故并言之者，皆由一心病痛中来也。简朝亮、唐文治

八佾第三

《正义》曰："前篇论为政。为政之善，莫善礼乐。礼以安上治民，乐以移风易俗，得之则安，失之则危，故此篇论礼乐得失也。"凡二十六章。

3.1 孔子谓季氏："八佾（yì）舞于庭，是可忍也，孰不可忍也？"

〇季氏，鲁大夫季孙氏。佾，舞列也，每佾八人。天子八佾，诸侯六，大夫四，士二。季氏以大夫而僭用天子礼乐，故孔子讥之。忍，有敢忍、容忍二义。此处当为敢忍，决绝之也，且合义谓坚忍，犯义谓残忍。谓季氏于家庙而强忍犯义，则何事不会强忍犯义。诛其心也。唐文治

〇孔子为政，先正礼乐。礼乐者，非由天降非由地设，由人心生者也。礼本于人心之仁，非礼违礼之事，皆从人心之不仁来。忍，从刃从心，亦其一端也。忍心，则心地薄凉而觊觎而抢夺，破坏人群一切相处之常道。周之礼乐秩序走向崩塌，即缘于卿大夫群体之忍心也，故夫子痛心疾首而诛之。后来孟子论仁政，即立基于不忍人之心。《孟子·公孙丑上》曰："以不忍人之心，行不忍人之政，治天下可运之掌上。"钱穆

3.2 三家者以《雍》彻。子曰："'相维辟公，天子穆穆'，奚取于三家之堂？"

〇三家，谓鲁大夫孟孙、叔孙、季孙。《雍》，《周颂》篇名。彻，同撤，撤祭也。天子宗庙之祭，则歌《雍》以撤，是时三家僭而用之。相，助也，助祭。辟公，谓诸侯及二王之后。穆穆，深远之意，天子之容也。此《雍》诗之辞，孔子引之，言三家之堂非有此事，亦何取于此义而歌之乎。朱子

〇前章怒骂，此章嘻笑，讥其无知妄作也。不说三家僭窃，只说何取，语愈婉旨愈严也。鲁僭天子礼乐，而炫以为美。然不知礼乐之内涵，只羡慕在上位者礼乐之浩大奢华，而闹笑话。夫子即歌雍一事喝破其愚，尚其俛而思之乎。盖对礼之无知，乃是导致僭越礼制的重要原因。礼制无一可假，知礼才能相礼也。吕留良

3.3 子曰："人而不仁如礼何？人而不仁如乐何？"

〇而，转折词，却。作为人却不仁，奈此礼乐何。此于八佾、《雍》彻之后，叹鲁君臣僭用天子礼乐，乃徒有其表，而失礼乐之根本。

〇仁为礼乐之原。《儒行》云："礼节者仁之貌也，歌乐者仁之和也。"孟子云："仁，人心也。"礼序而乐和，皆发于人心之理也。人心之理，天地之性也。礼者天地之序，乐者天地之和。圣人法之而贵礼乐，以安上治民移风易俗也。不仁者而用礼乐焉，则仁者之属无所施之，是背天地而失其理矣。程子曰："仁者天下之正理，失正理则无序而不和。"简朝亮

3.4 林放问礼之本。子曰："大哉问，礼与其奢也宁俭，丧与其易也宁戚。"

〇林放，鲁人，季氏家臣。礼，礼仪。见世之礼仪繁文奢华，而疑失其本也。与其，如其也。言礼仪之本意不在排场，奢不如俭也。冠婚祭祀之礼皆当如是，惟丧礼独不可以奢俭言也。易，治也，仪文周到也。言丧礼徒守仪文之节，则是乐于丧而哀戚之情怠弛也。

〇礼仪之本，在质不在文。奢易过于文，俭戚则近质。周衰之世，以文灭质，故夫子告以损文以就质也。盖志为质，仪物为文，文著于质。《礼记·礼器》言："忠信礼之本也，义理礼之文也，无本不立无文不行。"质文两备，然后其礼成。文质偏行，不能俱备而遍行之，宁有质而无文也。朱注引范氏言曰："夫祭与其敬不足而礼有余也，不若礼不足而敬有余也；丧与其哀不足而礼有余也，不若礼不足而哀有余也。礼失之奢，丧失之易，皆不能反本，而随其末故也。"程树德

〇有以初终为本末者，以人事言之也；有以体用为本末者，以天理言之也。林放问本，而夫子姑取初为礼者，使有所循以见本，而非直指之辞也。若求其实，则上章所云"人而不仁如礼何"者乃为径遂。夫礼贵在其志，故夫子尤重返质之义。然恶其泰而渐至于僭，则又损质以就文也。孔子之道，先质而后文，右志而左物，变通趋时，所谓"裁成天地之道辅相天地之宜"是也。又礼贵得中，文质得宜，用皆显仁而天下之大本立矣。是仁也中也诚也，礼之大本也。

3.5 子曰："夷狄之有君，不如诸夏之亡无也。"

〇夷狄，谓蛮夷戎狄等野蛮部落。诸夏，谓周所分封之诸侯各国。夷狄无礼义，虽有君，不及中国之无君也，明不当弃夏即夷也。《论语注疏》

〇此章明夷夏之辨。君者，善群者也，群下之所归心也。《春秋繁露·王道》曰“五帝三王之治天下，不敢有君民之心”，言敬畏也。故君为德称。夷狄之君，春秋所不君，盖无礼义也。此见夷夏不唯种族国别之谓，而以有礼义与无礼义为断，夷即野蛮，夏即文明也。诸夏虽暂无有道之君，而礼失可求诸野，言中国礼义之盛矣。故曰：有礼乐文章之美谓之华，有礼义之大谓之夏。是夫子作《春秋》，内诸夏而外夷狄，不与无礼义者制治有礼义也。

〇夷夏进退，治乱之机也。春秋时，孔子知其微矣。若秦若楚若吴，夷狄也。《春秋》书其君，盖秦乐有夏声，故渐进之也。迨其后，周衰而秦兴矣。此孟子所谓用夏变夷也。《春秋繁露》曰：“晋变而为夷狄，楚变而为君子，故移其辞以从其事。”《春秋》不予夷狄而予中国为礼，夷狄有德者可进而为中国，诸夏无德者则退而为夷狄也。诸夏而不能夏者，亦可知矣。《通鉴·齐纪》称李元凯对魏主云：“江南多好臣，岁一易主；江北无好臣，百年一易主。”斯言不亦伤乎。故程子曰：“夷狄且有君长，不如诸夏之僭乱，反无上下之分也。”盖僭乱者，臣有亡君之心，又君失其道犹亡君也。程朱之说，唱尊王之义以进也。然此义迂曲，乃持进退义而引而申之也。简朝亮

3.6 季氏旅于泰山。子谓冉有曰：“女汝弗能救与欤？”对曰：“不能。”子曰：“呜呼，曾（céng）谓泰山不如林放乎？”

〇旅，天子祭山之名，季氏僭之也。冉有，孔子弟子，名求，时为季氏宰。救，补救，止其僭也。曾谓，犹今云难道。言林放尚知问礼，况泰山之神乎？盖神不享非礼，讥季氏欲诬罔而祭之也。

〇上章明不当弃夏即夷，季氏旅于泰山即是弃夏即夷也。《周官·大宗伯》云："国有大故，则旅上帝及四望。"旅，陈也，陈其祭祀以祈焉，非常祭也。季氏欲依王者因名山升中于天之事，故于泰山行旅上帝之礼。此季氏媚神，托于有故之旅而致僭也。孔子以旅泰山合之八佾歌雍，尤非常之事，故迫切其辞，欲救季氏之失，使知修德而循礼也。盖当是之时，僭滥而不能止，诸夏蔑弃君命，亡其君而就夷狄也。夷狄之君，贵力而寡德，有君而无礼，故春秋不君之也，泰山之神不顺之也。上天有好生之德，岂顺逆僭。所顺之者，尧之为君，唯天为大，唯尧则之也。故孟子曰："吾闻用夏变夷者，未闻变于夷者。"简朝亮

3.7 子曰："君子无所争，必也射乎，揖让而升下而饮，其争也君子。"

〇礼之言射者，曰大射曰宾射曰燕射曰乡射，而大射为大焉，以其将祭而择士也。揖让而升下，盖大射礼行于堂上，以二人为一耦，互揖上堂，互揖下堂也。而饮，众耦相比皆毕，群胜者各揖不胜者，再登堂取酒，相对立饮，礼毕。言君子恭逊不与人争，惟射必争胜。然其争也，雍容揖逊乃如此，则其争也君子，而非若小人之争矣。钱穆

〇此章论君子风度。夫子以射礼为例言之也。盖礼乐射御书数是当时士君子的基本功课，又称小六艺。揖让，打躬作揖，互相谦让。春秋时，天下动以智力相争，夫子欲以礼让化争，故此章重在揖让二字。《礼记·乐记》曰："揖让而治天下者，礼乐之谓也。"《礼记·射义》曰："射者，进退周旋必中礼，内志正，外体直，然后持弓矢审固；持弓矢审固，然后可以言中，此可以观德行矣。"有礼义范其德行，则恭敬退让之意油然而生，人心风俗岂有复出于争者哉。是君子之道，修之于

己，而毁誉一任之天下，安其分定，而利害任其去来，无所争矣。不争而天下平矣。唐文治

3.8 子夏问曰："'巧笑倩兮，美目盼兮'，素以为绚兮，何谓也？"子曰："绘事后素。"曰："礼后乎？"子曰："起予者商也，始可与言《诗》已矣。"

○巧笑倩分，美目盼兮，谓天生丽质也。此二句出自《卫风·硕人》。素，素质也。绚，采饰也。言人有此倩盼之素质，而又善习仪容以为之饰。此则深有喻意焉，故子夏问之。绘事，绘画之事。后素，后于素也。谓先成素质而后绘五采，犹人之美素质者可以为绚也。礼，谓礼文，即绚之义也。《檀弓》言礼有余、礼不足者，皆谓礼文也。《礼记·礼器》云："甘受和，白受采，忠信之人可以学礼。"谓礼必以忠信为质，犹绘事必以素质为先也。简朝亮

○子夏于诗遇之，感而遂通也。当文盛之世，礼失其本，质文之不相谋久矣。夫礼之有仪文者，犹之绚也。若弊玉未将，酬酢未行之先，有其诚然欲尽之心，以格神人而接上下，于是而后以礼从之，则礼因忠信以行者，莫不成章焉。莫为之先，而波波于仪文，则礼亦不足以为美乎。起，启发也。起予，言能起发我之志意，亦相长之意也。孔子曰"绘事后素"，而子夏曰"礼后乎"，可谓能继其志矣。子夏因论诗而知礼，犹子贡因论学而知诗，故皆可与言诗也。呜呼，观于夫子之许，可以知诗焉，可以知礼焉，可以知学焉。无他，求之于实而已矣。

3.9 子曰："夏礼吾能言之，杞不足征也；殷礼吾能言之，宋不足征也。文献不足故也，足则吾能征之矣。"

〇上篇云：“殷因于夏礼，所损益可知也；周因于殷礼，所损益可知也。”故此于夏殷之礼，俱曰吾能言。杞，夏之后。宋，殷之后。征，证也。言杞宋二国均不足以证成其礼也。文，指典册。献，犹贤也。此言杞、宋二国典册既亡佚，又无秉礼之遗贤，故不足为征验也。如文献犹足以资考证，则吾能证成之矣。

〇此章言礼之文献。当知文与献乃二义，文章与贤才也。元代马端临作《文献通考》方把二字凝固为一词记述历代典章制度，遂与古义有别。《礼运》称孔子云：“我欲观夏道，是故之杞而不足征也，吾得夏时焉；我欲观殷道，是故之宋而不足征也，吾得坤乾焉。坤乾之义，夏时之等，吾以是观之。”此文不足也。而献不足可知矣，盖其鲜守文之贤也。《左传》载僖公二十七年杞桓公来朝，用夷礼。《公羊传》载僖公二十五年宋三世内娶，是三世失礼而君臣道丧矣。皆非其国而变于夷故，又无贤者为之讲求典礼，故孔子伤之。简朝亮

〇礼不可空凭礼意，须文献证成之。礼意是本，文献是迹。文是陈迹，著于典章制度也；献则鲜活，贤者日用之率循也。倘文已散佚，献复凋残，虽断简残编之偶在，遗民野老之或传，而得其一端，忘其全体，不足矣，故不能征矣。船山先生云：“使他日者，遇遗文于残缺之余，逢故老于迁流之后，使一事而有其初终，一物而有其法制，吾则可即物以印合其义，即事以推求其意，无难取两代圣王所以齐一天下之大用，而显然证之曰‘此可通万世而不易者也，此则因一时为损益者也’，于以求大中之矩以垂于后不难矣。”船山先生之论至已乎。王夫之

3.10 子曰：“禘（dì）自既灌而往者，吾不欲观之矣。”

〇禘，周制君王之丧入太届合祭，三年祫，五年禘矣。灌者，方祭之始，用郁鬯之酒灌地，以降神也。既灌之后，列尊卑，序昭穆。而鲁逆祀，跻僖公，乱昭穆，故不欲观之矣。《论语注疏》

〇此章是孔子讽僭礼之非也，当与歌雍章合看。《中庸》云："宗庙之礼，所以序昭穆也。"昭穆之制，先王灵位，始祖居中，左昭右穆，自有规秩。而当是时跻僖公，即违制升僖公灵位，故《春秋》讥之。《礼记·礼运》称孔子云："我观周道，幽厉伤之，吾舍鲁何适矣；鲁之郊禘非礼也，周公其衰矣。"考之杞宋而不能征，而鲁行周礼本最为完备，却也是僭乱不止，有文无献，孔子所以深叹也。程树德

3.11 或问禘之说。子曰："不知也，知其说者之于天下也，其如示诸斯乎！"指其掌。

〇上章云"不欲观"，此章或人问之答以不知之者，为鲁讳。讳国恶，礼也。若其说之，当云"禘之礼，序昭穆"。示诸斯，示诸掌也。言知禘礼之说者，于天下之事如指示此掌中之物。夫子言此而自指其掌，谓其明且易也。《论语注疏》

〇上二章夫子孜孜于文献考证，非一味复古之文饰，乃在探求古人言礼之意也。故周公制礼以治天下之深旨，夫子深知矣。如身之使臂，臂之使指，犹孟子言治天下可运诸掌上，乃实指其理，非空言其效也。程季清曰：王者于天下大定之后，方行禘礼；尔时九州之方物，毕贡于前，历代之灵爽，尽格于庙，可谓竖穷横遍，互幽彻明，浃上洽下，无一事一物，不罗列于现前一刹那际矣；示天下如其掌，不亦宜乎。蕅益

〇先王报本追远之意，莫深于禘。禘之说，兼天禘庙禘而言。李氏云："万物本乎天，人本乎祖"，知其理而仁孝足以体之，则物与民胞皆我度内，子孙臣庶呼吸相通，而治天下不难矣。故《中庸》引孔子之言曰："明乎郊社之礼，禘尝之义，治国其如示诸掌乎。"夫禘之说，唯先王能体其理而制之，唯王者以明德居天位，尽其仁孝以行而遇之。非仁孝诚敬之至，不足以与此，故禘礼设，则理无不明，诚无不格，天下之理皆在焉。圣人之所以发明禘礼之理者，又何尝不深切著明乎。唐文治

3.12 祭如在，祭神如神在。子曰："吾不与祭，如不祭。"

〇祭，祭先祖也；祭神，祭外神也。祭先主于孝，祭神主于敬。祭祀之诚意俱，则祭时如真有祖先或神在上一般。然时人多奢僭而不知本，其内祭外祭皆虚文而无实，故夫子谓之"吾不与祭"。吾不与祭，则无如在之诚，与不祭同也。

〇此章明祭祀之礼，重在诚敬，而不在祭品与仪式。《春秋繁露·祭义》篇云："祭之为言际也与？祭然后能见不见，见不见之见者然后知天命鬼神。"故古人重祭，事祭如事生。圣人祭祖先祭外神，至其孝敬以交鬼神也。朱子曰："如祭祀有诚意，则幽明便交；无诚意，便都不相接。"范氏曰："君子之祭，七日戒，三日齐，必见所祭者，诚之至也。是故郊则天神格，庙则人鬼享，皆由己以致之也；有其诚则有其神，无其诚则无其神，可不谨乎？吾不与祭如不祭，诚为实，礼为虚也。"程树德

3.13 王孙贾问曰："与其媚于奥，宁媚于灶，何谓也？"子曰："不然，

获罪于天，无所祷也。”

〇王孙贾，本周人，入仕于卫。当卫灵公之时，政权操于南子、弥子瑕之手。奥，隐尊之位，在室内西南隅。此喻南子也。灶者，饮食之所由，位卑而用事也。此喻弥子也。媚，亲顺。媚奥不如媚灶，此引俗语，喻自结于隐君，不如阿附权臣也。当时情势，以孔子之贤不能不见南子，故王孙贾欲酌所媚而问焉。不然，不是这样，谓奥灶皆不足媚也。观孔子答以获罪于天，仍是答子路有命之意。尊君从道，夫子一生之志业也。程树德

〇此章是孔子称天以折权臣之心也。天者，宇宙万物之总名也，其尊无对。人之于天，尤鱼在水中。故天乃一个宇宙大生态，其道长万物也。获罪于天，即是悖于天道，尤鱼背水而活，何祈祷之有乎。董子说此义云：“天者百神之大君也，事天不备，虽百神犹无益也。”此天以喻王，人道配天也。《周礼》曰：“惟王建国，盖王者临统无边，明事皆统之于王。”尊君之义也。然夫子非倡逆理之愚忠也。董子曰：“王者参天地矣，苟参天地，则是化矣。”又曰：“天之尽与不尽，王者之任也。”是夫子之尊君，其旨在王道也。

3.14 子曰：“周监于二代，郁郁乎文哉，吾从周。”

〇监，视也。二代，夏商也。言其视二代之礼而损益之。郁郁，文之盛貌。尹氏曰：“三代之礼至周大备，夫子美其文而从之。”朱子

〇此章美文王法度也。周监于二代，礼文尤具，事为之制，曲为之

防，故称礼仪三百，威仪三千。于是教化浃洽，民用和睦，灾害不生，祸乱不作。夫子美之。盖先王之制，与气数相为终始，而前后相为损益，固非一人一日之所能致也。故王者必通三统，周监夏殷，而变殷之质，用夏之文，文质再复而循环也。而三代之礼，至周大备，则以气数至此极盛，而前后相承，互为损益，至此而始集其大成也。故曰吾从周。蕅益解曰："花发之茂由于培根，礼乐之文本于至德，至德本于身而考于古，即是千圣心法，故从周只是以心印心；又从周，即从夏商，即从太古也。"是夫子温故知新而法其生，而与后王共之，以为人道之始也。程树德

3.15 子入大（tài）庙每事问。或曰："孰谓鄹（zōu）人之子知礼乎？入大庙每事问。"子闻之曰："是礼也。"

○大庙，鲁周公庙。鄹，鲁下邑，孔子乡。事，谓牺牲服器及礼仪诸事。时人多闻孔子知礼，故讥其不当复问也。然孔子始仕，入庙助祭，有所职守，故每事详慎。每事详慎，正是礼当如此也。程树德

○此章是孔子明礼意于鲁之庙也。礼者，敬而已矣。敬谨之至，礼意在焉。圣人无时不敬，无时不是礼也。谓之不知礼者，岂足以知孔子哉。盖礼文礼质，不厌求详，只论礼与非礼，那争知与不知。一己之是非可以委屈任过，而礼之是非关天下后世，不可以不明，此正见孔子直心道场处。《易传》曰："谦以制礼"，每事问者乃道问学之事，以虚受人，是礼之本义也。吕留良

3.16 子曰："射不主皮，为力不同科，古之道也。"

○射不主皮，语出《乡射》礼文。皮，是射侯之鹄，以革为之。主作专重解，谓不专重贯革，而非禁贯革也。科，等也。古者射以观德，但主于中，而不主于贯革，盖射者之力不同等也。朱子

○此章是孔子思古道，以救当时之失也。射原是力上事，但主于贯革即是尚力，主于中鹄即是尚德。中鹄也是用力，力归于巧，即名为德。使中鹄又贯革，先王固所取也，但不主耳。其所以不主者，以力不同科故也。尚德则力在其中，尚力则杀心胜而射失其道。《乐记》曰："武王克商，散军郊射，而贯革之射息。"尚德也。而周衰礼废，列国兵争，复尚贯革，故孔子叹之。杨氏曰：中可以学而能，力不可以强而至；圣人言古之道，所以正今之失。吕留良

3.17 子贡欲去告（gù）**朔之饩**（xì）**羊。子曰："赐也，尔爱其羊，我爱其礼。"**

○饩，生牲也。古者诸侯受十二月朔政于天子，藏之祖庙。每逢初一，便杀一只活羊祭于庙，此谓告朔也。然后回朝听政，此谓视朔也。鲁自文公始不告朔，而有司犹供此羊，故子贡欲去之。爱，犹惜也。子贡盖惜其无实而妄费。然礼虽废，羊存，犹得以循其迹而识礼意。若并去其羊，则此礼遂亡矣，孔子所以惜之。简朝亮

○此章明圣贤维礼之心也。告朔，诸侯所以禀命于君亲也。朔之必告，崇天时以授民以奉天也，定天下于一统以尊王也，受成命于先公以敬祖也，其为礼也大矣。鲁秉周礼，累世行之，文公以后乃废之，君之怠荒而不君尔，非敢以为礼之可变者而革之也。故有司犹具其羊，饩之于牢

以待。此鲁所以为秉礼之国，君虽无礼而官不废事，则犹可复于他日焉。乃历百年而徒为有司之累，时有裁冗费以节国用之说，而子贡欲去之。去之，则竟不复知有告朔之名也。斯告朔之礼，何礼乎？上天对时育物之至仁在焉，先王一道同风之精意存焉，诚可慕也，实去名存诚可惜也，慕之惜之，而爱此一羊以存此礼者，吾有厚望焉。处衰晚而想盛治，情之不忘，圣人之意念深矣。王夫之

3.18 子曰：“事君尽礼，人以为谄也。”

○如后篇《乡党》所记，闻君命、入公门、及过位，而鞠躬如、色勃如、足躩如，虽未见君而已形敬畏，升堂见君则鞠躬屏气，此即事君尽礼也。是时三家强，公室弱，事君者多无礼，故以有礼者为谄也。程树德

○此章明人臣事君有当然之礼也。事君者内尽其心，故外尽其礼。盖有见于臣道之当然，而非贪位固宠之为也。有一毫贪位固宠之心，则流而谄。故尽礼与谄相似，而实相反。夫子以为嫌疑莫决是非不明，礼意之失久矣，故于事君之礼非有所加，惟尽礼之意，以明礼之当然也。而时人事君骄泰，于礼不尽，遂以尽礼为加礼，反讥之为谄。人心之坏一至于此。圣人身示之极，实以挽回周家八百年纲常，而语意含蓄不露。刘宗周、唐文治

3.19 定公问：“君使臣，臣事君，如之何？”孔子对曰：“君使臣以礼，臣事君以忠。”

○定公，鲁君，名宋。时臣失礼，定公患之，故问也。云如之何者，求

以己制人之术也。孔子则对之以君自崇其礼，臣自崇其忠，此修己而不责人，君子之道也。而君使臣以礼，则臣事君以忠，此德术存其中，君子之实也。《论语象义》

〇此章明君臣各有当尽之道，君臣以义合也。上曰事君尽礼，此曰使臣以礼，故礼之为物以正君臣，以和上下，而忠特礼之存者。君之尽礼者，无不以忠而使臣，《中庸》云“忠信重禄所以劝士也”。臣之尽忠者，无不以礼而事其君，《礼记·礼器》云“忠信礼之本也”。朱注各欲自尽之义，精矣。故君道以下济为光，臣道以上行为顺。使臣以礼方能锄骄贵之色而下交于臣，事君以忠方能破身家之私而上交于君。此天地交泰之象也。盖君臣之分等之天地，天地以泰交化成，君臣之道亦然。《中庸》曰“天地位则万物育”，君臣有节度则万物昌也。此亦《周易·乾卦》“各正性命”是也。命何以正，阴阳和合也，《周易·系辞》曰“乾知大始坤作成物”。当知乾坤非是二个物事，乃是二种性德。乾健坤顺，乾刚坤柔，对偶而不对等，兼之为合德也。故《易传》曰“天尊地卑乾坤定矣”，天秩之理也。君臣之正道，在合于其理也。简朝亮、刘宗周

〇礼者，理也。天秩之理，降维于天之下，便谓之礼义。《易传·序卦传》曰：“有夫妇然后有父子，有父子然后有君臣，有君臣然后有上下，有上下然后礼义有所错。”故治天下之道，其要在礼义，细思之即在君臣父子之纲纪。齐晏婴曰：“礼者，君令臣共而不贰，父慈而教，子孝而箴，兄爱而友，弟敬而顺，夫和而义，妻柔而正，姑慈而从，妇听而婉，礼之善物也。”可见，纲纪织就了一张礼之网格秩序。故司马光作《通鉴》开篇便言“何谓礼，纪纲是也。”盖纲纪者，吾人安身立命之所，伦常日用之道也。其作用远非神教可媲美，惜近人妄而不

识其真义，而相诟病也。当知纲纪便是天下之秩序，是礼秩。礼以义起，义者，宜也，宜于天秩合于天理，人道即天道也。故圣人以礼示之天下，国家可得而正也。程树德

〇惟礼可以为国。礼即天秩天序，天命天讨，无非天也。天降下民而作君，君引贤以共治，君臣亦本乎天也。人知父子是天性，知君臣亦是天性。天生民而立之君臣，君臣皆为生民也。臣求君以主治，君求臣以辅治，总有个天在，故位曰天位，禄曰天禄，天秩天讨，非君臣之所得而自私也。只缘三代以后，以诈力取天下，以法术治天下，一切于人欲上修饰补苴，君臣之间皆以驾驭术数为事，礼数悬绝，情意隔疏，总忘却一天字。君不知礼之出于天，臣不知忠之本于性。性，天命也，天道之理也。故朱子于“各欲自尽”上又加“理之当然”四字，天道昭昭也。自秦无道以诈力为君，君非天降之君，于是务自尊绝而与臣乖隔，礼意澌灭尽矣。后代未能反正其道，不过于其所行加修饰焉，宜其君臣之伦失，而治道亦不能复隆于古，天理遮蔽久矣。故宋儒一句存天理，深得夫子为万世法戒之义也。吕留良

3.20 子曰：“《关雎》乐而不淫，哀而不伤。”

〇《关雎》，《风》之始也，《毛诗序》云“所以风天下而正夫妇也”。又云：“《关雎》乐得淑女以配君子，忧在进贤，不淫其色。”是乐而不淫也。又云：“哀窈窕，思贤才，而无伤善之心焉。”是哀而不伤也。朱子曰：“玩其辞，审其音，而有以识其性情之正也。”

〇此章明性情之正以风世也。盖夫妇之义在好（hǎo）逑，逑者，匹也，

乃君子淑女之德性匹配也，犹易之乾坤、春秋之君臣，皆极富张力。逑之张力带来求之曲折，整篇《关雎》就此展开。因于逑，所以《关雎》之兴，起于雎鸠之鸣；因于逑，所以《关雎》之志，在乎天地之交、阴阳之和、乾坤之并建、夫妇之匹配，天地阴阳乾坤之仁和生物德化无疆；因于逑，所以左右流之亦无非中，辗转反侧终归于平，求之不得、寤寐思服，亦哀而不伤，琴瑟友之、钟鼓乐之，却乐而不淫；因于逑，所以《关雎》终于琴瑟钟鼓之和鸣，回应雎鸠之鸣，以至于人文礼乐之声，和于天地自然之声，天人亦好逑矣。故《关雎》之义大矣哉，宜乎其为诗风之首。至今诵之，犹可以通天人贯古今也。柯小刚

〇婚姻之礼正，然后品物遂而天命全。先王以是经夫妇，成孝敬，厚人伦，美教化，移风俗。经者，常也，夫妇之道有常，发乎情，止乎礼也。故好逑的夫妇之义要求相当，既包含相感、相求、相互悦乐，也包含感而不滥、求而有节、悦乐而不淫，也就是雎鸠之挚而有别，淑女之幽闲贞专（窈窕）。夫妇双方是相互尊重的，没有一方是另一方的玩物。礼不悖情，情中有礼，礼中有情，情礼兼备，相辅相成，将爱情、亲情、责任、伦理打成一片，构成家庭生活的德性教化。惜乎两性之自然欲望炽，妻道常常堕落为妾道，夫道堕落为伶人之道。故圣人以时顺修，在《毛诗》的多妾制中，夫妇德性相匹的妻道甚至提升了妾道。盖妻妾数量的制度是历史的偶然的，而德性才是永恒的、普世的。故圣人尤重风教，《韩诗外传》谓“陈情欲以歌道义”也。是风教所以顺性命之正，修人道之常也。先王所以风化天下之民，而使之皆正夫妇焉。《汉书·礼乐志》云：“故婚姻之礼废，则夫妇之道苦，而淫僻之罪多；乡饮之礼废，则长幼之序乱，而争斗之狱蕃；祭祀之礼废，则骨肉之恩薄，而背死忘先者众；朝聘之礼废，则君臣之位失，而侵陵之渐起。”

故孔子曰："安上治良莫善于礼，移风易俗莫善于乐。"

〇《关雎》何以为国风之始？《韩诗外传》载孔子答子夏曰："《关雎》至矣乎！夫《关雎》之人，仰则天，俯则地，幽幽冥冥，德之所藏，纷纷沸沸，道之所行，如神龙变化，斐斐文章。"盖《关雎》之人，究天人之际者也，神龙变化是乾卦之象，斐斐文章是坤卦之象，窈窕淑女君子好逑就是乾坤合德的一阴一阳之谓道，《关雎》之道也。故夫子又云："大哉关雎之道也，万物之所系，群生之所悬命也，河洛出《图》《书》，麟凤翔乎郊，不由《关雎》之道，则《关雎》之事将奚由至矣哉？"盖万物之所系者万物所出之源也，群生之所悬命者群生性命之所由来，天地之心也，河洛出《图》《书》麟凤翔乎郊者，天道人伦之一贯也，君德之祖百福之宗也，于是有《关雎》之事。故夫子又曰："夫六经之策，皆归论汲汲，盖取之乎《关雎》，《关雎》之事大矣哉，冯冯翊翊，自东自西，自南自北，无思不服。"盖《关雎》大义不仅在逑君子淑女，而且在于逑阴阳、逑天人、逑文质、逑古今。故在夫子，《关雎》不仅是《国风》之始，亦为六经之始，故曰："兴于《诗》。""冯冯翊翊"又作"冯冯翼翼"，百姓日用而不知之貌也，王者教化无思不服之功也。故夫子告诫子夏："子其勉强之，思服之，天地之间，生民之属，王道之原，不外此矣。"子夏于是喟然叹曰："大哉《关雎》，乃天地之基也。"

3.21 哀公问社于宰我，宰我对曰："夏后氏以松，殷人以柏，周人以栗，曰使民战栗。"子闻之曰："成事不说，遂事不谏，既往不咎。"

〇宰我，孔子弟子，名予。社，此以王都之大社言也，为天下群姓立之，树木以为表使神依焉。且三代各树其土所宜木以为名，而义亦各在其中矣。松，容也，民虽不善无所不容之义。柏，迫也，君苟不善则下迫于上之义。栗即战栗也，君正而使民畏威之义。宰我特以其用栗之义者，其微意欲使哀公立威以收其在下之权也。遂事，犹云终事。此盖古语，而其旨类言其追说追谏追咎之无益，以论其不可也。而夫子引之者，盖鲁公室之衰其来已久且非哀公所能为，然而宰我卒尔言之，则徒为说成事谏遂事咎既往矣。其启祸机亦不可知也，故夫子历言此以斥宰我耳。田中履堂

〇此章明夫子慎言时政，哀而不伤也。如宰我则徒伤故过激，大误也。《易》之剥卦曰："君子以厚下安宅。"鲁哀公时，政在三桓，剥象也，当厚民而安公室焉，奚可威民以剥危也。盖禄去公室，政在大夫，已非一朝一夕之故。而欲声罪致讨，逞威泄忿，必于事无补，以非其时宜故也。后哀公终为三家逼逐以至失邦，宰我亦以助齐君谋攻田氏见杀，其源盖在于此。故圣人论事如良医之治病，急则治标，缓则治本。专事标者快一时之可喜，而无拔去病根之意，则亦扬汤止沸之势耳。使民战栗之策，正治标之说也，治之于已病而不足，所谓追说追谏追咎也。治本之说，治之于未病而有余，所谓人不足适，政不足间，一正君而国定者也。盖惟礼可御暴乱，此端本澄源之论也。是夫子深知时中之智慧，故讽劝哀公以向前看之心态而韬光养晦，唯此方可重建礼治秩序。此夫子之大器也。简朝亮、刘宗周

3.22 子曰："管仲之器小哉。"或曰："管仲俭乎？"曰："管氏有三归，官事不摄，焉得俭？""然则管仲知礼乎？"曰："邦君树塞门，管氏亦树塞门，邦君为两君之好，有反坫（diàn），管氏亦有反坫，管氏而知礼，孰不知礼？"

〇管仲，齐大夫，名夷吾，相桓公霸诸侯。三归，谓有多处家政与采邑，且各别其事之所归也。其因事设官，各不兼摄，失于泰侈，非为俭。塞门，即《季氏》篇所说之萧墙，类似后世之照壁。坫，反身放置酒爵于其上，在两楹之间。依礼，唯周王、诸侯可树塞门和立反坫，而管仲亦如之。此见管仲之骄僭不逊也。程树德

〇此章以器之大小定王霸之分也。器，器量也。器大，则知圣贤大学之道犹规矩准绳，先自治而后治人者是也。器小，则不能正身修德以致主于王道，局量褊浅规模卑狭是也。又器兼德器礼器言，德器小则不能道民以德，礼器小则不能齐民以礼。此春秋之世，王霸转移之一大关键也。管仲在当时一匡九合，事业尽恢宏彪炳宇宙，实春秋二百年以来一人。夫子乃以器小讥之，只为管仲心术不纯，学未闻道，不免在功名富贵上立脚，便占得地步，小了天地间惟道至大。以道视天地，则天地为小，以天地视万物则万物又小。人于万物之中仅处其一，而可以参天地赞化育，曲成万物而不遗，以知道故也。功名富贵在道中只是一物，以一物受一器，唐虞揖让三杯酒，汤武征诛一局棋，其器亦不足有无，而况仲之为器乎。假而无当，于性也，其根柢也霸，而无当于王也；其作用也，则仲之为器小可知矣。器小则易盈，盈则偪，偪则僭，犯上无等，充其类何所不至。不俭不知礼，不是证器小，然也只是器小中事。杨氏曰："夫子大管仲之功而小其器，盖非王佐之才，虽能合诸侯正天下，其器不足称也，道学不明而王霸之略混为一途。故闻管仲之器小则疑其为俭，以不俭告之则又疑其知礼，盖世方以诡遇为功而不知为之范，则不悟其小宜矣。"刘宗周、唐文治

3.23 子语鲁大师乐，曰："乐其可知也，始作，翕如也，从之，纯如

也，皦（jiǎo）**如也，绎如也，以成。”**

○大师小师，皆乐官名，而瞽者为之，盖其听专焉。语鲁大师乐，乃孔子自卫反鲁正乐之事。盖乐有六律五声八音，一有不备不可言乐。故始作时，众音齐举而翕然以合，故曰翕如。及其从之，清浊高下调适中节而纯然以和，故曰纯如。合而和矣，搭配协调无相夺伦，则宫自为宫，商自为商，一一分晓皦然明白，故曰皦如。然岂宫自宫而商自商乎，宫商相续终始相生络绎不绝，自始至终曲尽条理节奏，此乃乐之一成也，故曰“绎如也，以成”。《日讲四书解义》

○此章明金声玉振中有始终条理之妙，与政相通也。盖先王本人心之太和以传之于乐，既可养性情又可移风俗。故孔子论乐即是论心，乐由心生，亦即正心之具也。孔子知正心，故知乐也。始作翕如者，因该果海，故当慎之于初也。从之者，谓闻善言见善行，沛然莫御，若决江河。纯如者，用志不纷，乃凝于神也。皦如者，光明遍照，无所障碍。绎如者，念念相读无有间断，尽于未来也。一切事如是而成，乐亦如是而成。《尚书·舜典》命夔典乐教胄子，直而温，宽而栗，刚而无虐，简而无傲，诗言志，歌永言，声依永，律和声，八音克谐，无相夺伦，神人以和。此皆以乐正心之义也，心正而身修家齐国治天下平矣。孔子于乐屡言之矣，曰“兴于诗，立于礼，成于乐”，曰“吾自卫反鲁，然后乐正，《雅》《颂》各得其所”，曰“乐则《韶》舞”，在齐闻《韶》，三月不知肉味，曰“不图为乐之至于斯也”，曰“人而不仁如乐何”，“乐云乐云，钟鼓云乎哉”，曰“恶郑声之乱雅乐也”，曰“郑卫之音亡国之音也”。乐之关系成败兴亡者如此。故子贡曰：“见其礼而知其政，闻其乐而知其德，由百世之下，等百世之王，莫之

能违也。”治国者，其知此义乎。蕅益（江谦补注）

〇乐其可知者，谓翕如下具元、亨、利、贞四气之妙，分明天地气象也。盖乐之理具于人心，人心即天地之撰，故乐音自然通于天地，非有所安排布置而然也。翕非合也，盖贞下起元，阳气始振，而尚多翕聚之意，于时为春，从之则始而亨矣。盛夏长养，形形色色尽呈于两间而无所杂者，纯如之谓也。继此则为利秋，气始肃大小各正者，皦如之谓也。继此则为贞玄，冬用事收，藏复命种来春发生之意，相禅而不穷者，绎如之谓也。四气运于天而岁功成，四气备于心而乐功成，一也。此说甚善。盖夫子就乐中看出许大道理，故以之语大师而曰“乐其可知”，若仅就音响间按其节奏条理，则大师固已知之，乃烦圣人之奏技乎？刘宗周

3.24 仪封人请见，曰：“君子之至于斯也，吾未尝不得见也。”从者见之，出曰：“二三子何患于丧乎？天下之无道也久矣，天将以夫子为木铎。”

〇仪，卫下邑。封人，司徒之属官，职典封疆者。凡有贤者至于斯地，其该设法拜见，故朱子谓其盖贤而隐于下位者也。见之，引见之也。丧，或曰失位去国，犹丧家狗也，或曰患人心之沦丧，二义兼之也。木铎，金口木舌，施政教之时所振也。言乱极当治，天必将使夫子得位设教也。唐文治

〇木铎，所以振文教，夫子之天命也。上几章明了夫子于礼乐之大器识，是传承礼乐教化之重任，天将降于孔子也。《春秋说》云：“圣人不

空生，必有所制以显天心。”封人以夫子不有天下，知将受命制作为天驾说，而号令天下，故喻夫子为天之木铎，启示天意也。盖六经教万世，所谓制作法度也，木铎之教莫大于是焉。虽失位在一时，而天下之易无道为有道者，非六经之教不可也。晋孙绰云：“千载之下，若瞻仪形，其人已远，木铎未戢，乃知封人之谈，信于今矣。”达哉封人，一观大圣而深明兴废，盖天假斯人以发德音乎。程树德

○木铎之教，制春秋之义，著素王之法也。孟子曰：“王者之迹熄而《诗》亡，《诗》亡然后《春秋》作。”盖三代以德礼治天下，《诗》无邪，君师合一也。孔子生于乱世，礼崩乐坏，其毕生致力于礼乐秩序之重建，作《春秋》以为礼义之大宗也。是孔子以生命之自觉传承二帝三王之道统，而为百代之师焉。然孔子并无君位，道统与政统就此分离，孔子由是被尊为“素王”。孔子之后的中国政教，恒以“素王”为依归，由是形成道统尊于政统之治理格局。董子云：“屈民而伸君，屈君而伸天，《春秋》之大义也。”政治必须服从于天道信仰，此乃最根本之宪政原则。王夫之曰：“儒者之统与帝王之统并行于天下，而互为兴替；其合也，天以道而治，道以天子而明；及其衰，而帝王之统绝，儒者犹保其道以孤行而无所待，以人存道而道可不亡。”春秋之义灿炳日月矣。胡文定曰：“《春秋》公好恶，则发乎诗之情；酌古今，则贯乎书之事；兴常典，则体乎礼之经；本忠恕，则导乎乐之和；著权制，则尽乎易之变；百王之法度，万世之准绳，皆在此书。”近人好言立宪，岂不知春秋即是万世不易、亘久绵新之宪典乎？

3.25 子谓《韶》：“尽美矣，又尽善也。”谓《武》：“尽美矣，未尽善也。”

○《韶》，舜乐名也，谓以圣德受禅，故曰“尽善也”。《武》，武王乐也，以征伐取天下，故曰“未尽善也”。

○乐以文德为备。美，言其声容之表于外者。善，言其声容之蕴于内者。《礼记·乐记》曰：“王者功成作乐”，“其功大者其乐备”。舜从民受禅，揖让而代，会合当时之心，于事理无恶，故曰“尽善”。尽善，文德具也。天下乐武王从民伐纣，会合当时之心，然未及制礼作乐以致太平，不能不有待于后人，故云“未尽善”。未尽善，文德憾而未洽于天下焉。程树德

3.26 子曰：“居上不宽，为礼不敬，临丧不哀，吾何以观之哉？”

○居上位者宽得众，不宽则失于苛刻。凡为礼事在于庄敬，不敬则失于傲惰。亲临死丧当致其哀，不哀则失于和易。凡此三者，皆失礼意，不足可观也。

○此章见凡事当得其本也。《易传》曰“宽以居之”，本经谓“宽则得众”，是居上以宽为本也。《孝经》曰：“礼者敬而已矣”。《礼记·曲礼》首言“毋不敬”，是为礼以敬为本也。《礼记·檀弓》曰：“丧礼与其哀不足而礼有余也，不若礼不足而哀有余也。”是临丧以哀为本也。《礼记·乐记》曰：“应感起而物动，然后心术形焉。”曰居曰为曰临，皆所感之时与地也，乃心术若斯何以观其品行哉。此与首四章相应，益见礼之根于人心也。唐文治

里仁第四

正义曰：此篇明仁。仁者，善行之大名也。君子体仁，必能行礼乐，故以次前也。凡二十六章。

4.1 子曰："里仁为美，择不处仁，焉得知智？"

〇里有仁厚之俗为美。择里而不居于是焉，安得为智耶？朱子

〇此章言居必择仁。里有仁风，则人皆知重礼义而尚廉耻。纵有一二顽梗，亦皆束于规矩，不致肆无忌惮，而资质之美者益熏陶渐染以成其德。故曰"里仁为美"。倘所择居之乡无仁风，却贪恋苟安，不能舍之而入康庄，其为无智不待言也。唯能处仁，方可谓智。故古今推孟母之三迁，其智为千古之独绝矣。程树德

〇里以宅身，道以宅心也。道二，仁与不仁而已矣。孟子云："夫仁，天之尊爵也，人之安宅也。"心之宅居，故当处仁为美，《大学》谓"止于至善"是也。朱子曰："至善则事理当然之极也，言明明德、亲民皆当止于至善之地而不迁，盖必其有以尽夫天理之极，而无一毫人欲之私也。"然当这个天理安顿得不恰好，便会得疾，便有人欲出来，便是不仁。仁是君子之道，不仁是小人之道。凡圣之辨，义利之辨，夷夏之辨，治乱之辨，王霸之辨，人禽之辨，皆于是乎分途。此即《易》之所

谓吉凶得失也，亦即《孟子》所谓是非之心也。孟子曰："莫之御而不仁，是不智也。"盖仁是心之全德，智是仁中之有分别者也。马一浮

4.2 子曰："不仁者不可以久处约，不可以长处乐；仁者安仁，知智者利仁。"

〇约，束于物而窘困也。不仁之人，失其本心，久约必滥，久乐必淫。利者，易曰义之和也。惟仁者则心安其仁而无适不然，智者则以仁为义和而笃行之也。简朝亮

〇此章明居仁之气象，汉儒谓之性（状）也。孔子曰："君子固穷，小人穷斯滥矣。"是君子能仁而小人不仁也。孟子云"富贵不能淫"，此大丈夫之居仁有然也，而不仁者淫矣。盖境有万变而心则一，不仁之人其心不笃，则常为物拘而无操守，故于约乐皆不可久处也。而安仁者则志笃、心平、气和，一任自然，如带之忘腰，履之忘足，浑体是仁却不知有仁也。利仁者则不然，其于仁有所知，与不仁有所见，故能克己复礼而自不乱，如目视而耳听，手持而足行也。钟繇云："仁者安仁，性善者也；知者利仁，力行者也。"程树德

4.3 子曰："唯仁者能好（hào）人，能恶（wù）人。"

〇唯仁者能把握好对人的好恶标准和分寸。《礼记·缁衣》云："惟君子能好其正，其恶有方。"正与此章相表里。

〇此章言仁人之心公而情正也。仁是性体，好恶是性具。好恶本自仁

出，故唯仁者能完得好恶之理。盖人每失其正，只自私欲掺和，多失其当好当恶之理。而仁者得其公正，无私心而当于理，则所好所恶浑然是仁。且无私则好恶一出于大公，当理则所好所恶处之悉得其平，盖义与智兼该焉。故《易传》曰："体仁足以长人。"唐文治

4.4 子曰："苟志于仁矣，无恶（è）也。"

○苟，若也。志，心之所诚也。恶，恶行也。倘其心诚在于仁，则必无为恶之事矣。杨氏曰："苟志于仁，未必无过举也，然而为恶则无矣。"

○上章曰能好恶人，所以明性情之正；此章曰无恶也，所以明体物之心。盖仁者之好恶人，其心皆出于爱，恶其人仍欲其人之能自新以反于善，是仍仁道。故志于仁者，无一念不存乎仁，其视万物同为一体，至诚不息，则所行皆善。如志于忠孝之仁者，则无不忠不孝之恶焉；志于爱人之仁者，则无不爱而害人之恶焉。又志于仁者，或行之未熟，虽或失软亦无心之过尔，岂有心之恶乎。心体无恶，而后事为无恶也。故蕅益云："千年暗室，一灯能破。"简朝亮

4.5 子曰："富与贵是人之所欲也，不以其道得之不处也；贫与贱是人之所恶（wù）也，不以其道得之不去也；君子去仁，恶（wū）乎成名？君子无终食之间违仁，造次必于是，颠沛必于是。"

○得之，得用也。人皆好富贵而恶贫贱，然不以仁道得用，则所欲不可处，所恶不可去也。恶乎，如何也。不以仁道得用即是去仁，则不得成名为君子。终食者，一饭之顷。造次，急遽苟且之时。颠沛，倾覆流离

之际。言君子之不去乎仁如此，自富贵、贫贱、取舍之间，以至于终食、造次、颠沛之顷，无时无处而不用其力也。

〇此章明仁行也。人之所者，人心也，欲恶则是人心之化用也。其道者，道心也，仁也，仁乃心之全德也。故人心，以道心为体，欲恶为用。欲仁恶不仁，则人心合于道心，而欲恶之用正矣。欲恶胶恋着富贵贫贱，则离道心而入人欲，欲恶之用失矣。孔子乐在其中，颜子不改其乐，全是于此看得分明，故不为欲恶所乘。《中庸》云："道也者不可须臾离也，可离非道也。"然欲恶之几难测也，人心常为气禀所拘而妄动，仁便因世情俗见而封蔽不得出头。此便是不以其道得用，便是违道，便是去仁。君子之所以为君子者，仁而已矣，去仁便不名为君子。若要真正成为君子，名实相称，须是终食之间不违，造次颠沛不违。黄氏《论语后案》曰："终食时暂，造次时遽，颠沛时危，君子无违仁，观其暂而久可知也，观其变而常可知也，言为仁无间断之时也。"程树德

〇《尚书》云："人心惟危，道心惟微。"欲恶是人心发动处，一发动不当便有人欲出来肆虐，而使道心隐微不显，人心之危于此。故先儒言为学应时时提撕此心。或问是在醒时提撕邪，是在迷时提撕邪；又或问所提若非此心，如何如朱子所诃捉一个心来。马一浮先生曰：迷悟总是一心，提撕即从迷向悟，不提撕即安于长迷；真悟不须提撕，唯在迷，故须提撕；操之则存，舍之则亡，正是学人吃紧用力处。好比今人倡导健康养生而预防身疾，提撕乃健康养心而预防心疾（人欲）也。然释氏教人折服现行烦恼，虽有欲富贵而恶贫贱之心，亦强按捺不发，只硬地执认道体大纲也。又向那高明透脱上走，使此心得以恒虚，而于富贵贫贱也总不起念，所谓自性烦恼永断无余也。皆偏之

也。船山先生云：“圣学则不然，虽以奉当然之理压住欲恶按捺不发者为未至，却不恃欲恶之情，轻走那高明透脱一路，到底只奉此当然之理为依，而但由浅向深，由偏向全，由生向熟，由有事之择执向无事之精一上做去，则心纯乎理，而择夫富贵贫贱者精义入神，应乎富贵贫贱者敦仁守土；由此大用以显，便是天秩天叙，所以说‘一日克己复礼，天下归仁’，非但无损于物，而以虚愿往来也。”

4.6 子曰：“我未见好仁者，恶（wù）不仁者。好仁者，无以尚之；恶不仁者，其为仁矣，不使不仁者加乎其身。有能一日用其力于仁矣乎？我未见力不足者。盖有之矣，我未之见也。”

〇尚同上，更上一层楼之意。无以尚、不使加，谓用得好恶之力尽也，正是用力力足处。力者我之良能也，用我之良能以复其本心，岂有不足之理乎，故曰“我未见力不足者”。“有之”承“有能”而言，谓有用其力于仁而力无不足，则岂终不有好仁者恶不仁者哉。盖有之矣今我未之见也，明将可得见焉，此望之之辞也。“我未之见”必多之字者，与“有之”相贯也。圣门有颜渊、子路者，则终见其人矣。简朝亮

〇此章疾时无仁也。好仁者惭也，恶不仁者愧也。人多惭愧之心，而夫子则云个未见，是其心中自有个模样在，以警人立志也。朱子曰：“盖为仁在己，欲之则是，而志之所至，气必至焉。”然天下之人立志者又几？故夫子叹惜未之见矣。船山先生云：“用力于仁，既志用气，则人各有力，何故不能用之于仁，可见只是不志于仁；不志于仁便有力亦不用，便用力亦不在仁上面。”又云：“好恶还是始事，用力才是实著，唯好仁恶不仁，而后能用力。”可见立志是本体，用力是功夫。立志是瞄

定，瞄个好仁恶不仁之定盘。然后还须有定力，下功夫，方可见得至善。故阳明先生以四事相规，曰立志曰勤学曰改过曰责善，学者苟能如此实用其力，则仁虽难能，而至之亦易也。程树德

4.7 子曰："人之过也，各于其党。观过，斯知仁矣。"

〇各于其党者，各于其类也，自君子小人而各别之也。程子曰："君子常失于厚，小人常失于薄；君子过于爱，小人过于忍。"然小人之过而不仁易知也，君子之过而仁难知也，故曰观过知仁。简朝亮

〇此章论观人心术之法，须仁恕也。盖修己与观人不同，修己是过则勿惮改，观人虽视以观由察安，考之之法极严，而待人之心则须甚恕也。《礼记·表记》云："与仁同功，其仁未可知也；与仁同过，然后其仁可知也。"先儒谓同功如五霸假之之类，同过如周公使管叔孔子为昭公讳之类，必由迹以考心，而其仁尤著。《皇疏》曰："直者以改邪为义，失在于寡恕；仁者以恻隐为诚，过在于容非。"故观其过，则可以知其仁。又观过知仁，不独勉君子之为仁，亦以望小人之改过也。盖凡人之过，皆出于党，有党则有己而无人。是己党则袒之护之，非己党则排之忌之。故观人之过，斯可泯人己之见，而知所以为仁。唐文治

4.8 子曰："朝闻道，夕死可矣。"

〇道者，事物当然之理。苟得闻之，则生顺死安，无复遗恨矣。朝夕，乃时时之朝夕，所以甚言终日乾乾之意。反之，若人一生不闻道，虽长生亦何为。盖天之生人终不至昏昧一生如禽兽，必以闻道为贵也。朱子

〇此章是孔子甚言道之不可不闻也。闻有弥漫之意，闻道即是达道。《中庸》云："中也者，天下之大本也，和也者，天下之达道也；致中和，天地位焉，万物育焉。"此先儒所以济天下之道也。道，犹路也，有原有委。性与天道，道之本也；三纲五常，道之目也；礼乐文章，道之事也。朱子所谓事物当然之理者如此，乃日用之间之实理，非释老之道虚也。盖彼之所谓道，则以此为幻为妄而绝灭之，以求其所谓清净寂灭者也。而人事当然之实理，乃人之所以为人而不可以不闻者。若人生而不闻，则生亦枉生，死亦枉死也。会得此意，则必终日乾乾，学惟为己而已，何处着丝毫为人之意哉？《日知录》云："吾见其进也，未见其止也，有一日未死之身则有一日未闻之道。"程树德

4.9 子曰："士志于道，而耻恶衣恶食者，未足与议也。"

〇士之志当在于道，若以恶衣恶食为耻，则其志在乎口体之养矣，故未足与之论道也。蒋伯潜

〇此章是孔子论士之识趣不可不高也。盖君子役物，小人役于物也。当与"食无求饱居无求安"参看，便见圣贤学脉。程子曰："志于道而心役乎外，何足与议也？"必如颜渊之箪食瓢饮不改其乐，子路之衣敝缊袍与衣狐貉者立而不耻，知有贵于己，方可谓之志道，方足与之论道。船山先生曰："士之所以为上者，曰识曰量，其识大其量远，则知吾之所以仰质天而俯对人者，自有其不愧不怍者在，而流俗之为荣为辱，曾不足以动其心，则与之讲论斯道之得失，可以拨流俗之中，而进乎高明广大之境。"

4.10 子曰："君子之于天下也，无适也，无莫也，义之与比。"

〇无适，无可也。无莫，无不可也。君子之于天下事，无可无不可，唯比义而从也。

〇本章言君子精义之学也。天下者，天下事也，君子得位而治天下者有然也，其未得位而以天下自任者亦然也。事之所宜然者曰义，惟其义比，故无所谓适莫也。适莫两端也，适则有所必莫则无所主，盖不失于此则失之于彼，鲜不倚于一偏也。义者则唯酌之已精，审之已定，知事之所宜者在此，而一因其所固然之准则，终合于人心顺于天理也。天下事物莫不各有当然之理，君子于一事一物皆能无适莫而措之时宜，与事物当然之理相合为一，此即义之与比也。易言时义，义必因时，其功有四：首在辨义，继之以徙义，又继之以集义，终之于精义。义之与比，盖造于精义之学，由义行而非行义矣。此诚意之功，本于格致者也。程树德、唐文治

4.11 子曰："君子怀德，小人怀土，君子怀刑型**，小人怀惠。"**

〇土，土地，田产。刑，型范，法度。言君子心怀道德、法度，小人心怀土田、恩惠也。朱子曰："君子小人趣向不同，公私之间而已。"

〇本章明君子小人心术之别也。怀者，耿耿于心而不忘者也。君子小人之辨，不于其迹也，而必于所怀者别焉。《易传·系辞传》云"安土敦乎仁，故能爱"，故曰"利用安身，以崇德也"。此怀德所以对怀土言也。盖君子之仁，如安土焉；小人不仁，惟安土焉。《尚书·盘庚中》

云：“兹予有乱政同位，具乃贝玉；乃祖乃父丕乃告我高后曰‘作丕刑于朕孙’”。言治贪利者作大刑也，此怀刑所以对怀惠言也。盖见法者不见有惠，见惠者不见有法。此皆独喻于怀，指其用心之微也。尹氏曰：“乐善恶不善，所以为君子；苟安务得，所以为小人。”简朝亮

4.12 子曰：“放于利而行，多怨。”

○放，纵也，逐也。谓纵其心以逐于利，则多取怨。此正与求仁得仁则无怨，其义对待相发也。程子曰：“欲利于己，必害于人，故多怨。”

○此章为专于利者警焉。盖利己是世人通病，然一人之心千万人之心也，利极即为害也。船山先生曰：“世之衰也，天下日相寻于怨，大之为兵戎，小之为争讼，迨其怨之已成而不能相下也，则见为气之不能平而机之相为害。”而穷其致怨之本，盖放于利者豫拟一利以为准，乃为之曲折以求其必遂，乃巧诈名目而损人利己，则无所往而不得怨焉，实自此始也。故君子欲静天下之争以反人心于和平，无他以义裁利而已矣。《荀子·大略》云：“故义胜利者为治世，利克义者为乱世；上重义则义克利，上重利则利克义；故天子不言多少，诸侯不言利害，大夫不言得失，士不通货财。”故古之人，从士以上皆羞利而不与民争业也。程树德

4.13 子曰：“能以礼让为国乎？何有？不能以礼让为国，如礼何？”

○何有，何难之有。谓能以礼让治国，则于从政何难之有？若不能以礼让治国，则其纵有礼，其用亦终不得当，故曰“如礼何”。

〇上章明以义裁利，裁利之法则在礼让。让者，礼之实也。让与礼不是二物，不让则礼非其礼矣。《荀子·礼论》云："人生而有欲，欲而不得则不能无求，求而无量度分界则不能不争，争则乱，乱则穷；先王恶其乱也，故制礼义以分之，以养人之欲，给人之求，使欲必不穷于物，物必不屈于欲，两者相持而长，此礼之所起也。"《左传·襄公十三年》："君子曰：'让，礼之主也'"；"世之治也，君子尚能而让其下，小人农力以事其上，是以上下有礼，而谗慝黜远，由不争也，谓之懿德；及其乱也，君子称其功以加小人，小人伐其技以冯君子，是以上下无礼，乱虐并生，由争善也，谓之昏德；国家之敝，恒必由之。"故尚辞让而去争夺，舍礼，何以治之。程树德

〇看为国以礼，哂其不让，程子谓达得便是尧舜气象，其理自见。《大学》曰："一家让，一国兴让；一人贪戾，一国作乱。"《郑注》，戾之言利也。天下皆好利，则礼让之风息，而国不可以为国。故夫子叹之曰"如礼何"，言礼教将绝于天下，此春秋之所以变为战国也。《四书训义》云："国之所与立者，礼也；礼之所自生者，让也；无礼则上下不辨，民志不定，而争乱作，亦终不足以保其国矣。"盖合一国为一心，叫运之不劳，而欲合一国之心，则唯退以自处，而可容余地以让人；此先王制礼之精意，感人心于和平，而奠万国于久安长治之本，言治者其可忽乎。故船山先生曰："此章乃圣人本天治人，因心作极，天德王道底本领。"此所谓有关雎麟趾之精意，而后周官之法度可行也。

4.14 子曰："不患无位患所以立，不患莫己知，求为可知也。"

〇位，人之所立也。所以立，谓所以立乎其位之才德。曰患之者，以兵

乎，以农乎，以礼乐乎？可知，可以称道的才能和德行。曰求为者，奚不为己所当为乎？夫以其可知者而立位，则其能也，故《宪问》又约言之曰："不患人之不己知，患其不能也。"简朝亮

〇本章论位之名实，示人以反求诸己之学也。所立是名，所以立是实；己知是名，可知是实。君子之学，求之在己，以其可知者而立位，则能尽其性分之所固有，职分之所当为，而名实相符，诚君子矣。《荀子·非十二子》云："君子能为可贵，不能使人必贵己，能为可信，不能使人必信己，能为可用不能使人必用己；故君子耻不修，不耻见污，耻不信，不耻不见信，耻不能，不耻不见用；是以不诱于誉，不恐于诽，率道而行，端然正己，不为物倾，夫是之谓诚君子。"君子若不能正心诚意，徒欲人知而不能自慊，不过自欺欺人而已，何君子之有。

〇上章言礼让，最大的让是让位。《易传》曰："德薄而位尊，鲜不及矣。"言必及于祸也。故君君臣臣父父子子，庄子所谓道名分者，患所以立也。是孔子作《春秋》，其要则正名而已矣。董子曰：《春秋》长于治人；《春秋》之失乱，拨乱世反之正，莫近于《春秋》也；人事浃，王道备，在得正而已矣。《易》曰："知进退存亡而不失其正者，其唯圣人乎。"心正，则天地万物莫不各得其正。是其正名者，正其心也，心正则致太平矣。故《春秋》深探其本，自贵者始。董子曰："《春秋》之道，以元之深正天之端，以天之端正王之政，以王之政正诸侯之即位，以诸侯之即位正境内之治，五者俱正而化大行。"又曰："故为人君者，正心以正朝庭，正朝廷以正百官，正百官以正万民，正万民以正四方，四方正远近莫不一于正。"《易》曰："正大，而天地之情可见矣。"《春秋》之所大者，大一统，大居正，于《论语》叹尧之德见之，故曰：

“大哉，尧之为君也，唯天为大，唯尧则之。”马一浮

4.15 子曰：“参乎，吾道一以贯之。”曾子曰：“唯。”子出，门人问曰：“何谓也？”曾子曰：“夫子之道，忠恕而已矣。”

〇参乎者，呼曾子名，欲语之也。唯，应辞，直晓不问，故答曰唯。门人不晓而问于曾子，曾子答之以忠恕。言夫子之道，唯以忠恕一理，以统天下万事之理，更无他法，故云而已矣。《论语注疏》

〇上章言正名在正心，正心之道则在忠恕。盖人心之发动处，不以忠恕正之，则必为欲恶所乘矣。忠恕即是得之之道，犹锻炼乃健身之道，此切示下手工夫耳。人心有相同，己心所欲所恶，与他人之心所欲所恶，无大悬殊。故尽己以待人，不以己所恶者施于人，此便是忠恕。《中庸》称孔子云：“忠恕违道不远，施诸己而不愿，亦勿施于人。”不曰忠恕合道而曰违道不远者，正是指点初心，须向一门深入耳。盖忠恕之道即是仁道，而言忠恕则较言仁更使人易晓也。因仁者至高至德，而忠恕则是学者当下之功夫，人人可以尽力。故忠恕是学者事而非成德事，是功夫论而非本体论。

〇一以贯之者，下学而上达矣。一是一心，贯是万事，故一以贯之，犹言以一心应万事。而忠恕则是一贯之注脚，忠在一上，恕则贯乎万物之间。朱子曰：“尽己之谓忠，推己之谓恕。”盖中心为忠，尽心为人也，夫子谓“己欲立而立人，己欲达而达人”；如心为恕，推己及人也，夫子谓“己所不欲，勿施于人”。朱子又曰：“忠恕只是一件事，不可作两个看。”盖主于内为忠，见于外为恕；忠如瓶中之水，恕如瓶中泻在

盏中之水。忠因恕见，恕由忠出；忠是无一毫自欺处，恕是称物平施处。朱子又曰："忠是根本，恕是枝叶。"非是别有枝叶，乃是本根中发出枝叶。忠只是一个忠，做出百千万个恕来。忠者诚实不欺之名，圣人将此放顿在万物上，故名之曰恕。曾子功夫已到，如事亲从兄弟，如忠信讲习，千条万绪，一身亲历之，圣人一点他便醒，原来只从一个心中流出来，本末先后，一以贯之。《朱子语类》

○在圣人本不消言忠恕。众人由此著工夫，乃由忠有恕，圣人则自然忠恕也。盖圣人只此一心之理，而尽贯众理矣。一者，诚也。天地一诚而已矣，其为物不二，则其生物不测。《中庸》云："诚者天之道也，诚之者人之道也。"由是言之，诚者忠也，诚之者恕也。忠是天命之性，恕是率性之道，其道之全体皆中节者，一以贯之也。忠者明乎其一也，恕者明乎其以贯之也。此忠恕，由道之偏端致全体也。故程子曰："维天之命于穆不已，忠也。"言天之至诚无息也。又曰："乾道变化各正性命，恕也。"言万物各得其所也。盖至诚无息者，道之体也，万殊之所以一本也；万物各得其所者，道之用也，一本之所以万殊也；以此观之，一以贯之之实可见矣。故程子又曰："忠者天道，恕者人道，忠者无妄，恕者所以行乎忠也；忠者体，恕者用，大本达道也。"盖天道是体人道是用，心事合，性道合，全性起修，全修起性也。圣人之心，即理即道也，此一境界，学者不易骤企，故曾子以忠恕告门人。朱子曰："天地是无心底忠恕，圣人是无为底忠恕，学者是求做底忠恕。"简朝亮

4.16 子曰："君子喻于义，小人喻于利。"

○喻，通晓，明白。谓君子于道义上明白得尽，小人则只于利欲上

明白得尽。吕留良

○义者，正以利所行者也。利欲乃人心之发动处，发动不当则为物所拘，故上章以忠恕正之，盖以义裁利也。义者，心之制、事之宜。事得其宜，则推之天下而可行，何不利之有哉，故易曰利者义之和。盖利者人情之所欲，当得以义为质，以义为上，方是坦途。好比踏步至远，利是踏步，宜义方可至远。孟子曰："义，人之正路也。"义者宜也，乃天理之当行，无人欲之邪曲，故曰正路。夫子教人，极重走正路，不义而富且贵于我如浮云。

○此章明义利之辩。孔子多说仁，孟子则多说义，正为战国功利之说沦浃人心矣。盖在政教衰乱之世，则有义而不利者矣。乃义或有不利，而利未有能利者也。利于一事，则他之不利者多矣；利于一时，则后之不利者多矣，不可胜言矣；利于一己，而天下之不利于己者至矣。故船山先生曰："夫所谓义者，唯推而广之，通人己、大小、常变以酌其所宜，然则于事无不安，情无不顺。"彼小人者，智不出咫尺，识不越旦夕，而心之所欲，身之苟安，则汲汲以求之，而他皆所不顾，故役其聪明于斗筲之中，以精察其多少得丧之数，遂自谓天下之至巧。乃自君子观之，谓之一无所喻可也。故曰："义者天理之公，利者人欲之私。"

○君子小人心术之分，义利之间而已矣。君子之于义，终身由之而不倦；小人之于利，寤寐以之而不忘。唯其深喻，是以笃好，故人不可不端所习也。象山云："人之所喻，由其所习，所习由其所志；志于义则所习者必在于义，斯喻于义矣；志于利则所习者必在于利，斯喻于利矣。"故孔子云"君子固穷，小人穷斯滥矣"，孟子云"穷不失义达不离道”，又云“富贵不能淫，贫贱不能移”，志之所在也。然天下颇有忠信廉洁之行而其实从喻利来者，其行虽近义，然其隐微端倪之地，实不从天理是非上起脚，而乃从人事利害上得力也。此即喻利之深笃者，直与君子疑似，后世不察，每为所欺，而此种学术，遂流传于天地之间。如孔孟所指之乡愿，今人竟望为君子不可及之人矣，岂不可恨可痛。吕留良

4.17 子曰：“见贤思齐焉，见不贤而内自省也。”

〇思齐者，冀己亦有是善；内自省者，恐己亦有是恶。朱子

〇此言喻义之深笃者也。见贤见不贤，尚有定盘星不走，志于义也。思字用力处，有无数功夫在，内省中亦有实际，积于习也。此即是唯其深喻也，是以笃好反求诸己。乃既见而知之明矣，而终无以自进于君子之途，自远于小人之类，则唯反求诸己之功有未实焉。胡氏曰：“见人之善恶不同，而无不反诸身者，则不徒羡人而甘自弃，不徒责人而忘自责矣。”故曰“三人行必有我师”，故云“尽大地无不是药”，圣贤总诀也。吕留良

〇此章惭愧二字实义也。志于仁，则如前章言，惭愧是好仁恶不仁。志于义，则如本章言，惭愧是思齐内自省。故惭愧者，仁义之心也。孟子曰：“仁，人之安宅也；义，人之正路也。”仁是静态之德相，义是动态之德宜。以理言，仁与义一，性与天理也；以气言，仁义有别，一恻隐一羞恶也。告子仁内义外割裂之也，故孟子非之。本章思齐内省，即孟子之集义，前章所谓义比也，非告子义外袭取而反为义所拘也。此便是

心之惭愧也，心之知也。前章言忠恕，心之能也。惭愧与忠恕，乃心之一体二面也。圣人当下立言之意，既责知之不真，又责志之不笃行之不勇。故一心之所发，且惭愧且忠恕，方是一以贯之，由仁义行也。而人多以仁义为美，而后勉强为之，行仁义者也，庄子谓嗜欲深者天机浅也。

4.18 子曰："事父母几谏，见志不从，又敬不违，劳而不怨。"

〇此与礼记内则之言相表里。几，微也。微谏，所谓"父母有过，下气怡色，柔声以谏"也。见志不从，又敬不违，所谓"谏若不入，起敬起孝，悦则复谏"也。劳，劳心，劳忧也。劳而不怨，所谓"与其得罪于乡党州闾，宁熟谏；父母怒不悦，而挞之流血，不敢疾怨，起敬起孝"也。《论语集注》

〇此章是言人子成亲之孝也。朱子语类，问此圣人教天下之为人子者，不惟平时有愉色婉容，虽遇谏过之时，亦当如此，甚至劳而不怨，乃是深爱其亲也。曰又敬不违者，上不违微谏之意，恐唐突以触父母之怒；下不违欲谏之心，务欲置父母于无过之地，其心心念念只在于此。若见父母之不从，恐触其怒，遂止而不谏者，非也；欲必谏，遂至触其怒，亦非也。此并下四章，皆明孝事父母之宜也。程树德

4.19 子曰："父母在不远游，游必有方。"

〇方，方向，去所。言如果远行，一定要告知以去向。失联而让父母担忧，非孝子所为。

〇此章是欲人子体亲心以为孝也。朱注谓“远游，则去亲远而为日久，定省旷而音问疏；不惟己之思亲不置，亦恐亲之念我不忘也。游必有方，如已告云之东，即不敢更适西，欲亲必知己之所在而无忧，召己则必至而无失也”。范氏曰：“子能以父母之心为心则孝矣。”朱子

4.20 子曰：“三年无改于父之道，可谓孝矣。”

〇父之道，父之志行与善迹也。三年，谓有坚持而非朝行夕改也。

〇此章重出，已见《学而》篇。盖《学而》篇一章乃言观人之法，此章言孝子之行宜也。

4.21 子曰：“父母之年不可不知也，一则以喜一则以惧。”

〇知，犹常记在心之义。喜者，喜其寿。惧者，惧其来日之无多。钱穆

〇此章是孔子醒人及时尽孝之意。一往而不留者，父母之年；常存而不懈者，人子之心。昔人一日之养，不以易三公，正是此意。合上四章，皆孝事之宜也。孝心即仁心，但须行之得宜，方可得仁。几谏、游必有方、三年无改、一喜一惧，皆宜之也，义也。仁义皆德相，一为静之貌一乃动之宜，动静本一如，此从孝上见之矣。故孝者，仁义之根本也。

4.22 子曰：“古者言之不出，耻躬之不逮也。”

〇躬，躬行。逮，及也。古人之言不妄出口，为耻其行之不及故也。

程树德引包氏

〇此章明慎言躬行也。盖大言不惭，最为可耻。古者所以不轻出其言，为此故也。非行不得便不言，正要行得来方敢言。范氏曰："君子之于言也，不得已而后出之，非言之难，而行之难也；人惟其不行也，是以轻言之；言之如其所行，行之如其所言，则出诸其口必不易矣。"朱子

4.23 子曰："以约，失之者鲜矣。"

〇约，泰之反，凡谨言、慎行、不浪费，皆是约。言以约守身，而失之者鲜矣。

〇此守约之学也，为逞才自放者告焉。谢氏曰："不侈然以自放之谓约。"尹氏曰："凡事约则鲜失，非止谓俭约也。"朱注引谢氏尹氏二说，以心与事对言。惟心不侈然自放，而后于事无失。此收敛所以为治心之要。唐文治

4.24 子曰："君子欲讷（nè）于言，而敏于行。"

〇讷，说话迟缓。敏，敏捷。谢氏曰："放言易，故欲讷；力行难，故欲敏。"朱子

〇此并上二章皆论君子修身。耻之约之欲之，重在言行得宜。《论语大义》云："言烦则矫之以讷，有余不敢尽也；行缓则励之以敏，有所不足不敢不勉也。"曰欲者何也，《中庸》曰"君子胡不慥慥尔"。盖君子

心理之中，常欲勉兹勿懈也。故君子由仁义行者，非一任自然也，亦有一自觉在。唐文治

4.25 子曰：“德不孤，必有邻。”

〇德立于己，则天下之善斯归之，盖不孤也。如善言之集，良朋之来，皆所谓有邻。与里仁为美章呼应也。

〇此章勉人修德也。德乃仁义之总相，己以德往接，人亦以德来报，敬义相与，故不孤也。至于天下归仁，是亦不孤而已矣。《易传》曰“同声相应，同气相求”，言心理之相感也。东海西海有圣人出焉，此心同此理同也；南海北海有圣人出焉，此心同此理同也。即未至于圣人，但使有德行之表现，同志之士，自各以其类应，故曰必有邻。邻，犹亲也，或在千里之外，或在千年之后。庄子曰：“万世之后而一遇大圣知其解者，是旦暮遇之也。”唐文治

4.26 子游曰：”事君数（shuò），斯辱矣，朋友数，斯疏矣。“

〇数，《礼记·祭义》云“数则烦”，言其渎也。事君谏不行则当去，导友善不纳则当止。至于烦渎，则言者轻，听者厌矣，是以求荣而反辱，求亲而反疏也。朱子

〇此章明伦常道义，以启后篇也。谓君臣、朋友二伦，皆当以道义合，皆须以礼进之，不宜烦琐刻薄。夫子曰：“所谓大臣者，以道事君，不可则止。”子贡尝问友，子曰：“忠告而善道之，不可则止，毋

自辱焉。”故不数者，宜也，正是纳忠尽谊之法。盖人伦中以人合者皆主义，义有可否之分，当适可而止也。又人我之间恕道也，适可而止者，道尊于势，而人之大伦存焉。则仁义之道彻上彻下，玲珑通透，时中而全恩也。

○先儒谓《里仁》后半篇为曾子弟子所记。盖前半篇为求仁之要，后半篇为修道之宜也。开篇曰“里仁为美”，惟仁者可处约乐能好恶。又言志不违仁观过知仁，以志仁为首务。孟子曰：“仁也者人也，合而言之道也。”故又特标闻道。闻道必先志道，志道必比义焉。道一而已矣，存于中为忠，推于人为恕。若稍有耻恶衣食心放利心等等，是二也。故又特标吾道一以贯之为纲领，而下以喻义喻利为分途。此学者求仁之大界，不可不辨也。见贤以下，皆道之见于伦常言行者。孝悌忠信，约以修身，无一不合道，无一不得宜。故曰仁曰道有弥纶万物之功，求仁求道皆切近真实之诣。唐文治

公冶长第五

《正义》曰："此篇大指明贤人君子仁知刚直，以前篇择仁者之里而居，故得学为君子，即下云"鲁无君子斯焉取斯"是也，故次里仁。"凡二十七章。

5.1 子谓公冶长："可妻也，虽在缧（léi）绁（xiè）之中，非其罪也。"以其子妻之。子谓南容："邦有道，不废，邦无道，免于刑戮。"以其兄之子妻之。

〇公冶长，孔子弟子。缧，黑索也。绁，挛也。古者狱中以黑索拘挛罪人。故在缧绁之中，谓被拘系狱中。言其人虽尝陷牢狱而非其罪，则平日之谨守礼法可知矣。南容，南宫韬，字子容，孔子弟子。不废，言必见用也。以其谨于言行，故能见用于治朝免祸于乱世，不累其家也。是长与容德行俱佳，皆可妻也。唐文治

〇只论立身，不论境遇。曰非其罪，曰免于刑戮，皆见此意。于此见夫子取人之道、嫁子之道焉。盖君子立身之节遇不可常，可常者己也。固唯论素行之端贞，而荣辱之加，义命所安，无险夷之殊焉。固不以乱世之吉凶殉俗而幸免，抑不以孤高之奇行违俗而逢尤，则事异而道原自合，此所以为人伦之至，而尽知人之哲也欤。《四书训义》

5.2 子谓子贱："君子哉若人，鲁无君子者，斯焉取斯？"

〇子贱，孔子弟子，姓宓，名不齐，鲁人也。子贱贤，故夫子叹曰："有君子之德哉，若此人也。"上斯斯此人，下斯斯此德。言若鲁无君子，子贱安得此德行而学行之。因以见鲁之多贤也。苏氏曰："称人之善，必本其父兄师友，厚之至也。"朱子

〇此章言美质系师友之助，非特叹鲁之多贤也。黄氏后案云："鲁至昭定以后，治化日替，有夫子之教，诸君子聚于一门，子贱所取，正圣门诸贤敬业乐群之益。"由此观之，学务资师、友以取益，国家务崇教化以作人。教化兴于上，而人材盛于下。自一乡一国至于天下，皆崇儒尚德，渐摩陶淑，贤人君子，有不盛乎哉？程树德

5.3 子贡问曰："赐也何如？"子曰："女汝器也。"曰："何器也？"曰："瑚琏也。"

〇器者，有用之成材。子贡见孔子以君子许子贱，故以己为问，而孔子告之以器用之人。瑚琏，宗庙盛黍稷之器而饰以玉。夏曰瑚，商曰琏，周曰簠簋，器之贵重而华美者也。言子贡虽未至于不器，其亦器之贵者欤。朱子

〇此章是孔子因子贡之自考，而深许其才之美也。后之《先进》载："德行颜渊闵子骞冉伯牛仲弓，言语宰我子贡，政事冉有季路，文学子游子夏。"子贡聪敏善言辞，深得夫子喜欢，故许之以瑚琏，带戏谑之口吻，是既褒又贬也。近舍簠簋远称二代者，譬此器用则一，而时有兴

废。勉弟子当超越专业限制，养成君子之德也。程树德

〇孔门四科：德行、言语、政事、文学。德行是总纲，言语是沟通与交往，政事是日常社会活动，文学是由质而文之学，四者缺一不可。又会说会做会学，皆须有个德行做主宰。故一言之，德行包四科，不器也。偏言之，各有专长，贵器也。

5.4 或曰："雍也仁而不佞。"子曰："焉用佞？御人以口给，屡憎于人，不知其仁，焉用佞？"

〇雍，姓冉，字仲弓，孔子弟子。佞，口才也。夫子言仁者其言也讱，又言木讷近仁，是不佞实仁之一端，或人以之病仲弓谬矣。御，如御敌之御，当也。给，如供给之给，辨也。佞者能屈人之口，而不能服人之心，故数为人所憎恶，而莫知其仁也。首句焉用佞是泛讲，直指以教或人。末句焉用佞却见佞之不仁，正破或人所见仁字之浅。唐文治、简朝亮、吕留良

〇本章孔子之意重在斥佞。心一，耳内葆之即是仁，外泄之，便给之口舌是佞，佞与仁正分道而驰者。不佞勘仁最精，而谓不佞之雍即仁，而勘仁转粗。故夫子深斥佞之无所用，而不论雍之仁，正欲其从事于仁而喜其不佞也。是夫子不轻以仁许人之旨亦可见矣。他日语仲弓曰："出门如见大宾，使民如承大祭，己所不欲勿施于人"，雍虽不敏请事斯语矣，使雍果有得于斯，其于仁犹未可知也。甚矣，仁之难言也。《四书·反身录》云："圣门高弟如颜之愚，曾之鲁，雍之简，俱是浑厚纯朴气象；盖其平日皆敛华就实，故其征之容貌辞气之间者，无非有道之

符。”吾人有志斯道，第一先要恭默。盖欲求仁者当自不佞而入，近取之则几矣。刘宗周、程树德

5.5 子使漆雕开仕，对曰：“吾斯之未能信。”子说悦**。**

○开，孔子弟子，漆雕姓，名启，字子开。斯，指仕进之道。信，明白、通晓。漆雕开自以为对仕进之道尚未明晓，还需继续学习。孔子见其不汲汲于荣禄，知其志道深，故悦。谢氏曰：“其材可以仕，而其器不安于小成，他日所就，其可量乎，夫子所以说之也。”朱子

○仕进之道，治人之学也。仕学只是一理，仕所行之理即学问所明之理，明得尽者措之于行而不疑，实有诸己故也。有诸己之谓信，伊尹耕于莘野而乐尧舜之道，及膺三聘而幡然，则尧舜君民之业实可见之，行而凿凿有以自信如握左券。然学未至此地，一旦当官只尝试漫为耳。子使漆雕开仕，亦借以证其所学，为开之求信于斯者素也。而开果以未信对此，非真有见于道体之无穷而通仕学为一原者，不足以语此。故夫子说之，说其终得与于斯而几于信也。斯指此理而言，即指仕之理而言。若驾空摸索恍有一物焉，以为求信之地，则邻于佛老之见矣。惟求信故知未信，亦惟有真信者而后能有其未信。总之信不离斯，亦不必在斯，真能信者合天地民物非有余，即晤言一室非不足，此孔门不怨不尤下学上达之宗也。夫子以知尔试群贤，而曾点即取之春风沂水之间言即斯，是仕之理也，仕在他日。而开举斯在目前，与点之言若合符节，故曰二人已见大意。然点言所信，而开言所疑，何也？点之见虚，故眼孔易；及开之见实，故地步多悬。点卒流于狂，而开之进未可量也。盖惟其于经世学问不敢自信而精进不已，自然体用兼全矣。刘宗周

5.6 子曰：“道不行，乘桴浮于海，从我者其由与欤？”子路闻之喜。子曰：“由也好勇过我，无所取材。”

〇桴，筏也。浮海之叹，虽是酸楚亦是进取。子路勇于义，足以忘夷险而开进地，故许之。材，桴材，此喻进取之才。谓子路虽好勇过我，然无所取才以进取焉。夫子本为道不行发叹，被子路一喜而转向给子路的得意降温，有成就后学传道来祀之意。

〇此正是为点醒子路而发，非仅是叹道不行也。子路闻公山佛肸之召则不喜，见南子则不悦，至许从浮海则喜，只是一辙人，看此气象，可为卓立千仞，何故后来有孔悝之死，正为见道不明失却取材一节，仓卒间不免胡乱下手耳。《先进》篇弟子侍坐章，子路治国尚勇而夫子哂之，谓为国以礼，其言不让也。《先进》又记载：“由也问闻斯行诸，子曰‘有父兄在’；求也问闻斯行诸，子曰‘闻斯行之’。”公西华惑而问，“子曰：‘求也退’故进之，由也兼人‘故退之’。”子路勇而好胜，脾气急暴，故夫子退之，关爱切切也。惜好勇无才，自是子路平生岸略，不以一喜言。船山先生云：“呜呼，此圣人精义之至也；故周流列国，而终无所枉道，亦无所任气，适如是而即如是，以合乎天理人心之至顺；夫义，岂可轻言哉，不取哉于圣人，未有允合于义者也。”刘宗周

5.7 孟武伯问：“子路仁乎？”子曰：“不知也。”又问，子曰：“由也，千乘之国，可使治其赋也，不知其仁也。”“求也何如？”子曰：“求也，千室之邑，百乘之家，可使为之宰也，不知其仁也。”“赤也何如？”子曰：“赤也，束带立于朝，可使与宾客言也，不知其仁也。”

〇赋，兵赋，谓出车徒以供兵役，左传所谓“悉索敝赋”是也。言子路善治军旅。宰，邑长家臣之通号。言冉求善行政管理。赤姓公西，字子华。《先进》中子华自言愿为小相，是外交人才。孟武伯时为鲁国执政，问孔子弟子仁不仁，夫子告之三人特长，而不轻许仁也。

〇此章谓治世之才易见，而本心之德难全也。盖孔门以求仁为学，特开千古道场，然极其分量，即夫子犹以为歉，而况诸弟子乎。后之《雍也》云：“回也其心三月不违仁，其余则日月至焉而已矣。”若由也求也赤也皆其余也，三子与子贡皆瑚琏，皆贵器也。器者能有所偏，量有所限。无偏无限，斯仁矣。盖仁者，乃人欲净尽天理流行之谓，若于此有纤毫信不及处，则或日月之至此心在忽操忽舍之间，或人欲欻起天理澌灭，终不可得而知也。若欲举其全体而言，当下便要承当此一字，大概难说。至于治赋、为宰、与宾客言，到尽得仁字后，皆可点石成金。若其未能成，则治赋自治赋，为宰自为宰，与客客言自宾客言，与仁字总没交涉也。故曰：“仁道至大，非全体而不息者，不足以当之。”刘宗周、藕益、吕留良

5.8 子谓子贡曰：“女汝与回也孰愈？”对曰：“赐也何敢望回？回也闻一以知十，赐也闻一以知二。”子曰：“弗如也，吾与女弗如也。”

〇愈，贤也。望，比视。谓颜渊由一得全，盖能直入事理之内，浑然见其大通也。子贡则由此及彼，盖善于从事理之对立上比较，所知仍在外，故孔子亦谓其弗如也。弗者，不之深也。故复云吾与汝俱弗如，以宽慰子贡也。此不仅见孔门之多贤，亦见孔子之胸襟，与其当时心情之欢悦。古圣先贤之大家气象，夫其师弟子间一片融和快乐之

精神，尽在目前矣。钱穆

〇此章意在借回铸赐，以心学觉之进之也。论聪明知解，回不及赐远甚，然及证于知二知十之间，赐之见地只能望回而趋矣。盖即所闻以叩所知，而回得全体之照，赐得一察之明。全体之照在性体，一察之明在亿见。性体愈约而愈该，亿见愈多而愈障。子贡之亿由是屡中是病，颜子不违如愚则是药也。故以药病对拈，始知君子之学，有在此而不在彼者。圣人引进子贡，有纵有夺，有杀有活，且须向子贡境界火候中勘验，非以胜负相形也。阳明曰："子贡多学而识在闻见上用工夫，颜子在心地上用工夫，故夫子问以启之。"是圣人进人，只在当下鞭策，如与点、悦开、商赐言诗之类皆是。刘宗周、蕅益

5.9 宰予昼寝。子曰："朽木不可雕也，粪土之墙不可杇也，于予宰予**与**欤**何诛。"子曰："始吾于人也，听其言而信其行，今吾于人也，听其言而观其行，于予**宰予**与**欤**改是。"**

〇宰予，宰我名。直呼名，疑自记之也。昼寝，谓当昼而寐。粪土，腐土也。杇，饰墙之泥刀。谓宰予昼而寝，不可复教，譬如烂木与腐墙之不可施功也。于予与欤，意谓由于宰予这个样子。诛，责也。下一何字，深责之也，故改是。改是者，始听言信行，今更察言观行也。盖宰予能言而行不逮，故重警之。程树德

〇君子为学，必先立志。此志既立，则如木有质墙有基，而后雕杇之功可加，而后行以有质而非徒求之言也。范氏曰："君子之于学，惟日孜孜，毙而后已，惟恐其不及也。宰予昼寝，自弃孰甚焉，故夫子责

之。”胡氏曰：“宰予不能以志帅气，居然而倦。是宴安之气胜，儆戒之志惰也。古之圣贤未尝不以懈惰荒宁为惧，勤励不息自强，此孔子所以深责宰予也。听言观行，圣人不待是而后能，亦非缘此而尽疑学者。特因此立教，以警群弟子，使谨于言而敏于行耳。”朱子

5.10 子曰：“吾未见刚者。”或对曰：“申枨（chéng）。”子曰：“枨也欲，焉得刚？”

〇刚，坚强不屈之意，最人所难能者，故夫子叹其未见。申枨，弟子姓名。欲，多嗜欲也。多嗜欲，则不得为刚矣。朱子

〇此章是孔子思刚之真，辨刚之似也。刚与欲正相反，能胜物之谓刚，故常伸于万物之上；为物揜（yǎn）之谓欲，故常屈于万物之下。刚者，天德也，人之正气所生也。天德性纯，只仁义礼智无所为刚，刚即性体之超然物表而落在气质也。《易·文言·乾》云：“大哉乾乎，刚健中正，纯粹精也。”孟子曰：“其为气也，至大至刚，以直养而无害，则塞乎天地之间。”此非其常伸于万物之上乎？欲者人欲也，感物之邪也。《易·彖传·困》云：“困，刚揜也。”盖阳刚为阴柔揜焉，是为物揜也。孟子云：“行有不慊于心，则馁矣。”此非其常屈于万物之下乎？《四书近指》云：“阳刚之德，全是能自胜其私，使此心超然于万物之上；欲则私意牵缠纵貌刚之似，而中之靡也久矣。”故云：“须中立不倚，和而不流，乃真面目也。”简朝亮

5.11 子贡曰：“我不欲人之加诸我也，吾亦欲无加诸人。”子曰：“赐也，非尔所及也。”

〇《论语》通例，弟子问答无自称我与吾者，此章我不欲二语，必系古时格言，子贡因以为问。此仁者之事，不待勉强，故夫子以为非子贡所及。唐文治、朱子

〇此章教子贡以由恕及仁之意。程子曰："我不欲人之加诸我，吾亦欲无加诸人，仁也；施诸己而不愿，亦勿施于人，恕也。"朱注谓："无者自然而然，勿者禁止之谓，此所以为仁恕之别。"《中庸》云"忠恕违道不远"，《孟子》云"强恕而行，求仁莫近焉"。夫道者仁也，安仁则自然者也；其于仁道近而不远者恕也，强恕则勉然者也。程氏瑶田云："勉然之恕，学者之行仁也；自然之恕，圣人之行仁也。"故孟子谓"由仁义行而非行仁义"者，期之于圣人也。盖由仁行者，所谓仁者安仁也；行仁者，所谓知者利仁也，恕也。子贡知者，行恕之一言，得仁之方，则知者利仁矣，岂仁者安仁乎。《中庸》云："诚者天之道也，诚之者人之道。"诚者仁也，诚之者恕也。子贡斯言即诚之者也，自以为及将止而不进焉，故以非尔所及警之。天之道与人之道，其道无别焉，而别乎天人矣。简朝亮

5.12 子贡曰："夫子之文章可得而闻也，夫子之言性与天道，不可得而闻也。"

〇夫子之文章，六籍也，亦曰六艺，亦曰六经。《孔子世家》叙孔子删诗书定礼乐，晚而赞易修春秋，及门之徒三千，身通六艺者七十有二人。夫子之言性与天道，便成文章。文章即性道之显者也，除却性道安有文章。故六艺皆载道之文，得闻性道原从文章起。然文章可闻处，煞有工夫。不曾闻得文章，性天定落魔外；不到闻性与天道，连文章也不

是极至。不可得而闻者，闻而未信，信而未解，解而未行，行而未证之差也。简朝亮、吕留良

〇此章叹圣门之教不躐等也。天命之流行，物与无妄，天之道也，人得之以为性。天不离人，性不离形色，推之日用动静，以至纲常伦理之大，溲勃瓦砾之小，无往而非性，无往而非天道。性者道之本然，而天道即其自然者也。夫子设教洙泗，无非阐明性天之蕴。夫子之言皆性天发见流行之妙，如四时之行如百物之生，秩然灿然，文而且章，故曰文章。文章是名相，性与天道是义理。名相是能诠，义理是所诠。名相好比一个人的照片，但毕竟不是此人。庄子云："得言忘象，得意忘言。"《易传》曰："书不尽言，言不尽意。"程子云："才说性时，便已不是性了。"能说出来的，只是名相。若理之本体，即性，是要自证的，非言说可到。然滞于言而不得其所以言，则有当面错过者矣。故夫子有以言教者，亦有以无言教者也。《孔子闲居》曰："天有四时，春秋冬夏，风雨霜露，无非教也；地载神气，神气风霆，风霆流行，庶物露生，无非教化。"故观象观变观物观生观心，皆读书也。六合之内，便是一部大书。马一浮、刘宗周

〇今欲治六艺，当以义理为主。《太史公自序》曰："儒者以六艺为法，六艺经传以千万数。"是六艺之目也。《庄子·天下》曰："《诗》以道志，《书》以道事，《礼》以道行，《乐》以道和，《易》以道阴阳，《春秋》以道名分。"是六艺之教，通天地亘古今而莫能外也。《礼记·经解》引孔子言曰："入其国，其教可知也。其为人也：温柔敦厚，《诗》教也；疏通知远，《书》教也；广博易良，《乐》教也；洁静精微，《易》教也；恭俭庄敬，《礼》教也；属辞比事，《春秋》教也。"是六艺之人，

无圣凡无贤否而莫能出也。有六艺之教，斯有六艺之人。故孔子之言是以人说，庄子之言是以道说。夫子曰：“人能弘道，非道弘人。”道即六艺之道，人即六艺之人。有得六艺之全者，有得其一二者，所谓学焉而得其性之所近也。马一浮先生曰：“六艺之道，条理粲然，圣人之知行在是，天下之事理尽是，万物之聚散，一心之体用，悉具于是；吾人欲究事物当然之极则，尽自心义理之大全，舍是未由也；圣人用是以为教，吾人依是以为学，教者教此，学者学此，外乎此者，教之所由废，学之所由失也。”

5.13 子路有闻，未之能行，唯恐有又闻。

〇前所闻者未及行，故唯恐复有所闻而不及并行也。正见子路一闻即行，一种火忙火急之象如在目前。吕留良

〇此章是门人记子路急于勇行之意。《朱子语类》云：“子路不急于闻，而急于行。”子路是行动派，听了道理，就要行出来。然力行自有力行病痛，故夫子曰：“有父兄在，如之何闻斯行之。”盖子路之学在事，故唯恐有闻；颜子之学在心，故语之不惰。子路在万上见，颜子在一上见。然一者以应万事也，非避世蹈空。《朱子语类》云：“今人惟恐不闻，不去行处著功夫。”盖时人多只忙着听道理，不急着去践行，故朱子哂之。是夫子之道，重在践行，理事一如也。程树德

5.14 子贡问曰：“孔文子何以谓之文也？”子曰：“敏而好学，不耻下问，是以谓之文也。”

〇孔文子，卫大夫，名圉。其人于伦纪之间，帷薄不修，子贡疑其不足谥为文。谥法有以“勤学好问”为文者，故孔子不没其善，就文论文而许之，非经天纬地之文也。

〇此章是因论溢而发见圣人节取人善之意。凡人性敏者多不好学，位高者多耻下问，盖亦人所难也。夫子许孔文子者，取其微善而不及其显恶也。圣人道大德宏，此亦可见。朱子《论语或问》云：“先王之制谥，以尊名节，以壹惠，故人生虽有众善，及其死，则但取其一以为谥，而不尽举其余也。”以是推之，则其为人或不能无善恶之杂者，独举其善而遗其恶，是亦谥法之所许也。盖圣人忠孝之意，所以为其子孙之地，与铭器者称美而不称恶同旨。惟其无善之可称而纯于恶焉，则名之曰“幽厉”，有不能已耳。程树德

5.15 子谓子产：“有君子之道四焉：其行己也恭，其事上也敬，其养民也惠，其使民也义。”

〇子产，郑大夫公孙侨。恭，谦逊也。其行己恭，事上敬，则谦谦君子也。其养民惠，使民义，则良相也。或曰若子产四者之为，蜀汉诸葛武侯其皆有焉，是也。吕留良

〇此章是孔子赞美子产，以明人臣之道也。恭敬惠义得其一，已足为君子之道，况有其四乎，可见内外体用之兼全矣。晋语云公孙成子，盖子产谥“成”也。故孔子于《春秋》贤大夫必以子产为巨擘，备举而称之也。行己恭，谓动有法度，较之三归反坫，侈然自放者异矣。事上敬，即其历事三朝皆庸主动，能弥缝阙失。外戢四邻，内捍强宗，贻郑国之

休，有许多小心处养民惠。子产为政，如取我田畴而伍之，取我衣冠而褚之，所以防民之俊，节民之欲者，皆有章程条教，是使民之义也。子产备此四美诚贤大夫也，而郑能用之是以国安而政理可见。为臣者不可不知君子之道，而用人者不可不用君子之人也。刘宗周

5.16 子曰："晏平仲善与人交，久而敬之。"

〇晏婴，齐大夫，平谥，仲字也。善与人交，赞晏子也。久而敬之，著其善交之道也。程子曰："人交久则敬衰，久而能敬，所以为善。"朱子

〇此章是孔子赞晏平仲以明交道也。朋友之交，五伦之一，不可忽也。交际之间，其人实有可敬而我不知敬则失人，其人本无可敬而我误敬之则失己，失人失己必贻后悔。故必由浅渐深，由疏渐亲，为时既久，灼见真知，然后用吾之敬，自可免失人失己之患，此其所以为善也。故交友之道，不可以过亲，亲则狎；不可以过疏，疏则绝；持于亲疏之间者，敬而已矣。或问交主于敬，如子所云，交可不敬乎？曰交所以用吾情，敬所以行吾心，试参阅弟子入则孝章，泛爱，交之谓也，亲仁，敬之谓也，敬行于久，善交之谓也。吕留良云："敬字兼内外，然其本在内，故曰敬以直内；圣人从无两个敬，若将敬字在作用上看，为周旋世故之具，此看坏了敬字也。"程树德

5.17 子曰："臧文仲居蔡，山节藻棁（zhuō），何如其知智也。"

〇臧文仲，鲁大夫臧孙氏，名辰。蔡，大龟壳，乃天子赐鲁为宗器者。文仲盖世为鲁国守蔡之大夫，故曰居蔡。节，屋中柱头斗栱，刻镂为山

也。棁，梁上短柱，画为藻文也。山节藻棁，天子之庙饰也。而文仲崇天子庙饰以居焉，是为其器而无实也，如何得为智。简朝亮

〇此章言谄渎鬼神之不得为智也。卜筮之事，圣人固欲使民信之。故古者卜人定龟，是藏龟本有定制。文仲因迷信而僭窃，因僭窃而谄渎，不知甚矣。卜灵在诚岂在龟乎，文仲作虚器以媚神，故夫子讥之。文二年《左传》载："仲尼曰：'臧文仲其不仁者三，不知者三：下展禽，废六关，妾织蒲，三不仁也；作虚器，纵逆祀，祀爰居，三不知也。'"所谓作虚器，即此藏龟之事也。当时以文仲为智，惟其似是而非，故圣人分明说出，要人理会。盖夫子论智，只是务民之义，敬鬼神而远之。智者不惑，焉用卜为。程树德

5.18 子张问曰："令尹子文三仕为令尹，无喜色，三已之，无愠色，旧令尹之政必以告新令尹，何如？"子曰："忠矣。"曰："仁矣乎？"曰："未知，焉得仁？""崔子弑齐君，陈文子有马十乘，弃而违之，至于他邦则曰：'犹吾大夫崔子也。'违之。之一邦则又曰：'犹吾大夫崔子也。'违之，何如？"子曰："清矣。"曰："仁矣乎？"曰："未知，焉得仁？"

〇令尹，官名，楚上卿执政者也。子文，姓斗，名谷于菟。其为人也，喜怒不形，物我无闲，知有其国而不知有其身，其忠盛矣，故子张疑其仁。然其所以三仕三已而告新令尹者，未知其皆出于天理而无人欲之私也，是以夫子但许其忠，而未许其仁也。朱子

〇崔子，齐大夫，名杼。齐君，庄公，名光。陈文子，亦齐大夫，名须无。十乘，四十匹也。违，去也。文子洁身去乱，可谓清矣，然未知其

心果见义理之当然，而能脱然无所累乎？抑不得已于利害之私，而犹未免于怨悔也。故夫子特许其清，而不许其仁。朱子

〇此章言论人者不可据事而足信其心也。仁，全体也；忠与清，仁之一端也。故仁者必皆忠，而忠者不必皆仁；仁者必皆清，而清者不必皆仁。盖许其忠与清者，据所闻而已知也，犹已得所谓视其所以也。不许其仁者，据所闻而未知也，犹未得所谓观其所由察其所安也。朱注谓："读者于此，更以上章'不知其仁'、后篇'仁则吾不知'之语并与三仁夷齐之事观之，则彼此交尽，而仁之为义可识矣。今以他书考之，子文之相楚，所谋者无非僭王猾夏之事。文子之仕齐，既失正君讨贼之义，又不数岁而复反于齐焉，则其不仁亦可见矣。"夫子析理之微，皆知人之术也，岂空言哉。简朝亮

5.19 季文子三思而后行。子闻之曰："再，斯可矣。"

〇季文子，鲁大夫，名行父。三思者，慎思之至也，则再思为未至焉。盖季文子之行，以翼篡专国政，众人不察而美之三思，故夫子曰再斯可矣，此微辞也，非正言也。简朝亮

〇此孔子教人以义制事之意。季文子心事缜密，虑事周详，故举事寡过。《左传》载文子将使于晋，求遭丧之礼而行，后晋襄公果卒。时人美之三思而后行，皆颂其贤也。《左传》云："无衣帛之妾，无食粟之马，无藏金玉，无重器备，君子是以知季文子之忠于公室也；相三君矣，而无私积，可不谓忠乎。"而宣公篡立，文子乃不能讨，反为之使齐而纳赂焉。时人见其廉俭，而不察其以翼篡专国政焉。此五季冯道能

以小善欺人也。《论语稽》云："文子生平盖祸福利害计之大明，故其美恶两不相掩，皆三思之病也；其思之至三者，特以世故太深，过为谨慎；然其流弊，将至利害徇一己之私矣。"

〇思者，思其是非，亦思其利害也。《洪范》言思作睿，孟子云思则得之，思原是人心之良能。故圣人言思，皆在善一边说，那胡思乱想，却叫不得思。只缘思利害之思亦云思，思便有恶之一路，此程子谓私意起而反惑矣。若向利欲上著想，则一则不可，而况于三？故夫子谓再，盖私意肆虐，密思无益，多不如少也。朱子曰："是以君子务穷理而贵果断，不徒多思之为尚。"《论语稽》云："盖孝义节烈之士，虽天分学力兼而有之，而临时要必有百折不回之气，而后可成；古今来以一转念之误而抱恨终身者多矣。"此章再思三思，界限甚大，分际甚明，读者不可忽也。程树德

5.20 子曰："宁武子邦有道则知，邦无道则愚。其知智可及也，其愚不可及也。"

〇宁武子，卫大夫，名俞。有道无道，指治乱安危言。知，才智、智巧，其所对即愚。时人称宁武子辅政有才智，然当危乱却不知躲避艰险，是其愚也。凡其所处，皆智巧之士所深避而不肯为者，而能卒保其身以济其君，此其愚之不可及也。

〇此章是孔子赞宁武子之大智若愚也。愚字只与乖巧字对，从来万死一生之事，世之打乖者便不肯为，二氏之学讲到极精处亦只是此理，此武子所以不可及也。成公之终夏，特幸而济耳，至于成败利钝，非臣之所

能逆睹也，亦武侯之愚也。故小人喻于利皆智也，君子喻于义皆愚也，以此思愚，愚可知矣。吕留良

5.21 子在陈，曰："归与欤归与欤，吾党之小子狂简，斐然成章，不知所以裁之。"

○此孔子周流四方，道不行而思归之叹也。吾党小子，指门人之在鲁者。狂简，志大而略于事也。斐，文采错杂也。成章，文章通达也。夫子念叨其在鲁之乡党弟子，志大而狂，文采斐然，然尚不知所以裁正之，使其全材耳。故欲归而裁之。朱子

○此章是孔子因道不行，而思传道于后也。夫子初心，欲行其道于天下，而周流列国竟不一遇，至是而知其终不用也。于是始欲成就后学，以传道于来世。而斯道之任，断非庸庸琐细一流人所可几及，故中行之下首推狂简。狂士志意高远，其居心之正，向道之笃，服善之勤，真能高视人家一等。然其略于事为，不免有过中失正之病。此个病痛亦非小可，始于毫厘终于千里，使一任其狂简之质而不纳于中正之规则，将来异端曲学之害有不可胜言者。此又夫子所深虑也。狂简病痛只坐不知，不知则本心受蔽宝藏不显，千圣之印合无门，一生之立脚何地。故说尧舜总无是处，然不知由于不学。学所以求知也，使先知觉后知，使先觉觉后觉者，夫子也。可见天生圣人原为天下万世，圣人得志则道行于天下，不得志则道传于万世。继往圣，开来学，斯文一线亘古今而不息者，其在归与之一叹乎？刘宗周

5.22 子曰："伯夷、叔齐不念旧恶，怨是用希。"

○伯夷、叔齐，殷末孤竹君之二子，史记有传。旧恶，夙怨也。惟有不念夙怨而相忘，因之恩怨俱泯，故怨是用希，我无怨而人亦不怨也。

○此章是孔子推言古圣人之量，以示人存心不可过刻也。伯夷叔齐清而能和，所以为清者之量。孟子称“其不立于恶人之朝，不与恶人言”；“思与乡人立，其冠不正，望望然去之，若将浼焉。”其介如此，宜若无所容矣，然其所恶之人，能改即止，故人亦不甚怨之也。盖恶其恶，非恶其人也；及其能改，又只见其善，不念旧恶，圣人公心自在也。朱子曰：“此与不迁怒一般。”程树德

5.23 子曰：“孰谓微生高直？或乞醯（xī）焉，乞诸其邻而与之。”

○微生高，鲁人，素有直名。醯，醋也。人来乞时，其家无有，故乞诸邻家以与之。夫子言此，讥其曲意殉物，掠美市恩，不得为直也。朱子

○此章谨名实之辨也。断在前案在后，此辨直，非诛微生也。直，美德也，邪正之所自分，天理人情之所自著也。委曲方便，周旋世故，足以贼德也。故孔子此言非是于盛名之下为刻责之论，正欲于真伪之间立乱德之防。范氏曰：“是曰是，非曰非，有谓有，无谓无，曰直。圣人观人于其一介之取予，而千驷万钟从可知焉。故以微事断之，所以教人不可不谨也。”用人者惟致谨于名实之辨，于众好恶而必察，则真人品出矣。盖乞醯一事，假令移之君父身上，如此委曲便成个忠臣孝子，今不免在情面上用，了勘其隐衷有多少私意在，故夫子指而正之。其事甚微，而害心术甚大，便是下文巧言令色足恭匿怨友人张本。《日讲四书解义》、刘宗周

5.24 子曰：“巧言、令色、足恭，左丘明耻之，丘亦耻之；匿怨而友其人，左丘明耻之，丘亦耻之。”

〇足恭，便辟貌，趋跄奔走甚而屈膝，是以足为恭曲媚于物也。巧言是口柔，即失口于人；令色是面柔，即失色于人；足恭是体柔，即失足于人。匿，隐也。言心内相怨而外诈亲也。左丘明，鲁太史，受春秋经于仲尼者也，耻此诸事不为，适合孔子之意，故云丘亦耻之。

〇此章耻立心之不直，知耻之学也。夫子以世风之流于诈懦也，而以耻动之，因列数其可耻者曰：“夫人之有过，则君子非之而望其改；即其有恶也，君子恶之，而犹惜其有可为善之才而自陷也。”唯至于柔以文诈、诈以成柔者，则失其本心，而无以立于天地之间。鸣呼，直道丧，正气亡，不肖者以为容身之术，而行怪之士且为和光同尘、知雄守雌之说以济之。丘愿与遗直之士同伸其正论，以留人心于既丧之余也。《四书训义》

〇读此便知《春秋》旨，《春秋》只是扶三代之直道耳。孟子云：“晋之乘，楚之梼杌，鲁之春秋，一也；其事则齐桓、晋文，其文则史，孔子曰：‘其意则丘窃取之矣。’”求春秋大义，则在公羊、谷梁两家之学，然考当时诸侯卿大夫之事，莫备于左氏。其人质直有耻，孔子引与相同，故其书宜为良史，终不可废。公羊沈文何云：“孔子修《春秋》，左丘明为之传，共为表里。”蕅益、程树德

5.25 颜渊、季路侍，子曰：“盍各言尔志？”子路曰：“愿车马、衣轻裘，与朋友共，敝之而无憾。”颜渊曰：“愿无伐善，无施劳。”子路曰：“愿闻子之志。”子曰：“老者安之，朋友信之，少者怀之。”

〇盍，音合，何不也。衣，服之也。言愿以己之车马及所穿之轻裘与朋友共焉，就算坐破穿破了也无憾。此君子重义轻财之志也。伐，矜夸。善，谓有能。施劳，即施劳役事，非己所欲，故亦不欲施之于人。言不矜夸己能，不奴役他人。此士大夫修己安人之志也。朱子

〇怀，怀远以德，《左传》有云“德礼不易，无人不怀也”。之，语气助词。言老者养之以安，朋友与之以信，少者怀之以德。或曰老者即长辈，朋友即平辈，少者即晚辈，三者足以该尽天下人，是也。盖圣人之志，仁者安仁也，如天地之以万物为一体也。

〇此章见圣贤大道为公之心也。子路求仁、颜渊不违仁、夫子安仁，皆物与共者。然子路较粗浅，颜子较有痕迹，孔子则如化工付物，岂待设施哉？程子曰：“子路勇于义者，观其志，岂可以势利拘之哉，亚于浴沂者也。颜子不自私己故无伐善，知同于人故无施劳，其志可谓大矣，然未免出于有意也。至于夫子，则如天地之化工，付与万物而己不劳焉，此圣人之所为也。”盖子路颜渊皆是自觉，憾与伐施之不善而愿除之，皆是用力字，不是自然字。夫子安之信之怀之，是顺乎心之自然，大而能化，成己成物，则圣贤分量自见。是三人功夫见地，各有火候：子路忘物，颜子忘善，孔子忘己。忘己，故以安还老者，信还朋友，怀还少者。先观二子之言，后观圣人之言，分明天地气象。吕留良、蕅益

5.26 子曰：“已矣乎，吾未见能见其过而内自讼者也。”

〇讼，犹责也。言人有过，莫能自责。已矣乎，犹今言算了吧，恐其终不得见而叹之也。《论语集解》

○此章是孔子望人改过，而激其自新之意也。内自讼者，口不言而心自咎也。见过难，内自诉尤难，故曰已矣乎。见其过者，本心之是非，致知之事；内自诉者，本心之兢惕，诚意之事。由致知而懔于独知之地，其功较难，故未易见。然克伐不行，闻过则喜，圣门能改过者多矣。此云未见者，盖更欲于未见之中求其得见也。或曰用功之道如何，曰审几而已。《易·象传·讼》曰："君子以作事谋始。"始者，始几也。《周子通书》曰："几微故幽。"惟能战胜于天人之界，以理制欲，则其能克治而进德也必矣。唐文治

5.27 子曰："十室之邑，必有忠信如丘者焉，不如丘之好学也。"

○十室之邑，邑之小者也。其邑虽小，亦不诬之，必有忠信如我者焉，但不如我之好学不厌也。《论语注疏》

○此章大旨，自是勉人好学，以全其生质之美也。圣人一身无他嗜好，只有好学一事如饥食渴饮，依以为命。自少至老孜孜不息，拾级而前进，一步又有一步，驯至于上达天德。而其心未敢以为足，没身乃已，此一副精神真是前无千古后无万古。至问其何以能此，亦从忠信之质来。忠信之质，人人有之，惟圣人能保之而不失。故发心既真，自有欲罢不能之味，久之而不厌不倦，即为至诚之无息矣。其究竟以完此忠信之质而已，人皆以圣贤为生知而不必于学，故夫子借己以勉人，见得生质之美不甚相远，亦学与不学异耳。朱子曰："美质易得，至道难闻，学之至则可以为圣人，不学则不免为乡人而已，可不勉哉。"刘宗周

雍也第六

《正义》曰："此篇亦论贤人、君子及仁、知、中庸之德，大抵与前相类，故以次之。"凡二十八章。

6.1 子曰："雍也可使南面。"仲弓问子桑伯子，子曰："可也简。"仲弓曰："居敬而行简，以临其民，不亦可乎？居简而行简，无乃大太简乎？"子曰："雍之言然。"

〇可使南面，可使从政也，盖南面者听治之位也。下句连类记之以证其实。子桑伯子，其德处简者也。然其简虽可取而未尽善，故夫子仅云可也。故仲弓辩之，居敬之简，总有个主心骨在，以不扰民为要；而居简之简，一切放下全无关摄，废事生弊矣，故曰太简。仲弓之简堪行南面之事也，夫子喜而然之。唐文治、程树德

〇自古圣王不过居敬行简而已矣。敬者治心之原，简者治事之法；居者以之为礼，行者以之为用；体用兼备以临其民，易之所谓敦临也。故自处以敬则中有主而自治严，如是而行简则事不烦而民不扰，临民不易之定理也；若先自处以简则中无主而自治疏矣，而所行又简，岂不失之太简而无法度之可守乎？故以不扰于外者为简，子所以仅可伯子也；而以贯摄于心者为简，雍所以可使南面也。知简之可以祛烦，再知敬之可以运简，则仲弓之可使，伯子之仅可，已判然矣。此见敬者乃古帝王心法

也。子曰“为政以德譬如北辰”，无为而治，恭己南面，皆是义焉。居敬即舜之恭己，行简即舜之无为而治。详味仲弓之言，而所谓笃恭而天下平者在是矣。程树德

6.2 哀公问：“弟子孰为好学？”孔子对曰：“有颜回者好学，不迁怒不贰过，不幸短命死矣，今也则亡，未闻好学者也。”

〇亡字衍文也，或作无亦通。不迁怒者，怒而不迁，不使之迁移延续也。凡人任情喜怒违理，而颜回则随在放下，克己复礼也。不贰过者，过而不贰，不重复犯错也。人皆有过惮改，而颜回则“有不善未尝复行也”，何贰之有。此颜回功夫，正是从好学中得来，好学是因，不迁怒不贰过是果。寻常说惩忿说改过人人理会得，只不迁不贰是颜子独步精神。故夫子叹之。

〇此章称颜回之心学，以勉天下也。学莫要于治心。心之体发而为喜怒哀乐，各中其节。心有不存而七情先受其蔽矣。七情之蔽惟怒易乘，故颜子之学于惩忿得其大者。惟颜子学以克己，直能克去此血气之私而毫不妄溢。故其喜怒在事，则理之当喜怒者也。未怒之前心平气和，既怒之后冰消雾散，不以稍有沾滞而迁其怒也。是其发也，适还其可怒之理而已，何迁之有。只此心体浑然，元复时几于无过矣。抑或有秉质之偏而甚难免过，方过之时觉察精明，知过之后克治勇猛，亦不以稍存系吝而贰其过也。此非闵、宪以下学问，颜子心常止故不迁，心常一故不贰。孔门正学，止是从心性入门，从修身致力，从过勿惮改起行。有所断故名为不迁不贰，若到无所断时，则全合无怒无过之本体矣。故曰“无怒无过本觉之体，不迁不贰始觉之功”，此方是真好学。颜渊短命，

是天下众生之不幸，不专谓颜子也。刘宗周、蕅益

○或曰：“《诗》《书》六艺，七十子非不习而通也，而夫子独称颜子为好学，颜子之所好，果何学欤?”程子曰：“学以至乎圣人之道也。”“学之道奈何?”曰：“天地储精，得五行之秀者为人，其本也真而静，其未发也，五性具焉，曰仁、义、礼、智、信，形既生矣，外物触其形而动于中矣，其中动而七情出焉，曰喜、怒、哀、惧、爱、恶、欲，情既炽而益荡，其性凿矣。故学者约其情使合于中，正其心养其性而已。然必先明诸心，知所往，然后力行以求至焉。”夫子告颜渊为仁，只就视、听、言、动上说，至颜子好学直蔽以不迁怒不贰过，两言一则就性情上理会，是先一着工夫，一则就四勿中提出转关法，是后一着工夫，合之是善发圣人之蕴。颜子之居圣人学地，是其好之笃而学之得其道也。然其未至于圣人者，守之也非化之也，假之以年则不日而化矣。今人乃谓圣本生知非学可至，而所以为学者不过记诵文辞之间，其亦异乎颜子之学矣。朱子

6.3 子华使于齐，冉子为其母请粟。子曰：“与之釜。”请益。曰：“与之庾。”冉子与之粟五秉，子曰：“赤之适齐也，乘肥马，衣轻裘，吾闻之也，君子周急不继富。”原思为之宰，与之粟九百，辞。子曰：“毋！以与尔邻里乡党乎！”

○子华，公西赤也。使，为孔子使也。釜，六斗四升。庾，二斗四升，谓于一釜外再增益之也。秉，十六斛。衣，服之也。乘肥马、衣轻裘，言其富也。周，补不足。周急，谓周济困急。继富，谓增其富。

○原思，孔子弟子，名宪。孔子为鲁司寇时，以思为宰。粟，宰之禄也。九百不言其量，不可考。毋，止之也。五家为邻，二十五家为里，万二千五百家为乡，五百家为党。言常禄不当辞，有余自可推之以周贫乏，盖邻里乡党有相周之义。

○此章见圣人用财必准之以义也。夫子之使子华，子华之为夫子使，义也。使虽不可无俸，而无定制，贫则不妨多与，富则不妨少与。冉子出代子华谋，且以其母为请，夫子若恝然置之，不惟失禄养之义，亦殊非锡类之心。与之釜庾者，聊示养老之意而已。冉子不达而自与之多，则已过矣，故夫子以周急不继富晓之，盖赤苟至乏则夫子必自周之，不待请矣。原思为宰则有常禄，多寡皆本定制，九百所不必辞，故教以分诸邻里之贫者，盖亦莫非义也。大抵取与辞受，必有当然不易之理。圣人于赤非吝，于思非奢，斟酌乎义理之中，而化裁其过当之失。故惠非私惠，廉非矫廉，善用财者，以圣人为准可也。程树德

6.4 子谓仲弓曰："犁牛之子骍且角，虽欲勿用，山川其舍诸？"

○犁牛，耕牛。骍，赤色，周人尚之。角，角周且正，中牺牲之选。然以其生而贱而勿用以祭，山川宁肯舍之乎？言父虽不善，不害于子之美也。《论语集解》

○此章言用人不当拘以世类也。犁牛之子，生而贱者也。骍且角，盖取喻于变化气质者如此，非仅以质美言也。仲弓父贱而行恶，难以直言也，故夫子以此譬喻，谓父之恶不能废其子之善，如仲弓之贤自当见用于世也。此夫子策励仲弓之意，言人当自奋于流俗而不可安于自弃也。

圣贤豪杰只在人当身分内为之，则是虽天亦不得而限之。人其可以生禀自弃哉，困勉可一也，下愚可移也，亦曰学焉而已矣。学之至则气禀之驳者幡然一变而近道，虽曰不希圣希贤，吾不信也。范氏曰：“以瞽瞍为父而有舜，以鲧为父而有禹，古之圣贤不系于世类，尚矣；子能改父之过，变恶以为美，则可谓孝矣。”刘宗周

6.5 子曰：“回也，其心三月不违仁，其余则日月至焉而已矣。”

○天道三月而春夏秋冬各成一季，丕著功用，气化流行。心与气相关，求仁即养气也。三月不违仁，则言其养气功夫，有诸己而天理渐固，私欲渐少。日月至焉者，倏（shū）得而倏失，一日之内心有浑然之一候，一月之内心有浑含之大致，能造其域而不能久也。刘沅

○此章言求仁者贵纯其心，许颜子以勉门人也。颜子不迁怒不贰过，分明逗出其心三月不违仁消息。仁字盖以全体之仁而言，非一端之仁也。孟子曰“仁人之安宅也”，不违仁，则安居于此。夫子曰“君子无终食之间违仁”，故曰“依于仁”，依则其不违也。孟子又曰“仁人心也”，此所谓“非由外铄我也，我固有之也”。盖天理之主乎内也，其心三月不违仁者，其心久无人欲之违天理也。斯内不背主而去，其心久而有常也。若夫日月至焉者，其心暂去人欲而至天理也。斯内不背主而去，其心暂而未有常也。盖仁与心本一如，唯圣人混然无闲，此可谓之心康矣。自大贤以下不免有私欲之隔，故有心疾焉。故孟子言寡欲，言养浩然之气，言不动心，皆三月不违仁之意，如此心体卓立、天理稳固矣。唐文治、简朝亮

6.6 季康子问："仲由可使从政也与欤？"子曰："由也果，于从政乎何有？"曰："赐也可使从政也与？"曰："赐也达，于从政乎何有？"曰："求也可使从政也与？"曰："求也艺，于从政乎何有？"

○ 从政，谓为大夫。果，果敢决断。达，通达事理。艺，多才多艺。果者能任事，达者能明事，艺者能治事，故皆可以从政。何有，何难之有，非夫子蔑视事功，实见得三子恢恢游刃处。《论语正义》

○此章见人才有各当之用，国家不可无器使之道也。三子常服圣人之教，各就其质之所近而学焉，以达其材，斐然成章矣。子路勇者也，遇事辄断，亦断于理也。子贡达者也，去食去兵而信不可去焉，通于事理之变矣。冉子周详机警，事事安顿得有理，如曲技之迭奏然也。故曰果曰达曰艺，居然经世之具，皆可使之从政焉。程子曰："非惟三子，人各有所长，能取其长，皆可用也。"刘宗周

6.7 季氏使闵子骞为费（bì）宰，闵子骞曰："善为我辞焉，如有复我者，则吾必在汶上矣。"

○闵子骞，孔子弟子，名损。费，季氏邑。汶，水名，在齐南鲁北境上。闵子不欲臣季氏，令使者善为己辞。言若再来召我，则当去之齐。其志气节操，羞杀时贤也。朱子

○此章见闵子出处之守甚正，公私之辨甚严也。仕者，君臣之大义也。君子之不以仕为高，必矣。乃春秋之时，诸侯不贡士于天子。且乡举里选之法为大夫所制而不行，唯大夫以其私意采物望而使仕于其家，如其

舍是而难乎其仕焉。故士亦因之以求用，而圣门之上亦不能免。唯闵子骞不然，以季氏不臣，辞之婉言而决，盖所谓訚（yín）訚和悦而能直言之貌如也。此君子居易俟命者也，其言简大不烦琐，其人之大量亦可以知已。《四书训义》

〇子曰："笃信好学，守死善道"，闵子有焉。汶上之托，直是不再计闻者，能不心折而又先之以善辞，则处人有礼，不至拂人以取祸，所以得行其志也。然亦幸而处季氏耳，使其不幸而为蔡邕当董卓之召，岂不哀哉。夫子曰"乱邦不居"，故因卫不正名而去也，如其不去可乎，亦何以克乱乎。《易·睽象》云："见恶人，无咎。"盖可见之，非可仕之也。圣人见道分明，其秉大正以自裁，于出处义利之间，辨之审矣。刘宗周

6.8 伯牛有疾，子问之，自牖（yǒu）执其手，曰："亡之，命矣夫，斯人也而有斯疾也，斯人也而有斯疾也。"

〇伯牛，孔子弟子，姓冉，名耕。牖，窗也。伯牛恶疾，不欲见人，故孔子问之，从牖执其手也。亡，丧也，疾甚故曰亡之。命，与短命同，气数之命也。义理之命积善有度，气数之命渺茫难知，故重言斯人而有斯疾，叹天命之不可测也。唐文治

〇此章是孔子深惜德行之人，而致叹于天命也。孔之丧也，颜之贫也，牛之疾也，莫非命也。盖气禀有厚薄，所遇亦有应与不应，故谓得之不得曰有命，气数之命也。其命虽如此，又有性焉，所谓天命之谓性，义理之命也。故当尽性焉，盖不能自强则听天所命，修德行仁则天命在我。是命也有道焉，夭寿不贰，修身以俟之，所以立命也。身之不修而

言俟命，自弃而已矣。由夫子之言观之，则伯牛之贤可知，而君子之言命者亦可见矣。陈白沙曰：“古之人处贫有道，处病有道，处死有道，其颜冉之谓欤。”刘宗周

6.9 子曰：“贤哉回也，一箪食，一瓢饮，在陋巷，人不堪其忧，回也不改其乐，贤哉回也。”

〇箪，竹器。颜渊乐先王之道，见其大而忘其小，故处贫而泰然焉。重言“贤哉回也”，夫子深叹美之也。戴望

〇此章是孔子赞颜回造道之深，不以境遇累其心也。昔周茂叔每令寻仲尼颜子乐处，所乐何事？朱子曰：“学者但当从事于博文约礼之诲，以至于欲罢不能而竭其才，则庶乎有以得之矣。”是颜子之乐，非乐箪瓢陋巷也，乐尧舜之道也。道之未有诸己，仁之未复于礼，一事亦发付不下，休说箪瓢陋巷，便有天下，亦是憔悴。天理烂孰，则千条万歧，皆以不昧于当然，休说箪瓢陋巷，便自刃临头，正复优游自适。乐者，意得之谓。于天理上意无不得，于日用之间道无须臾离，举一切外至之物毫不足以累其心，是何等涵养何等造诣！孔颜乐处，即是孔颜学处。子曰不怨天不尤人，下学而上达，知我者其天乎，何不乐之有善乎。惟孔子乐天知命，出于自然，故曰乐在其中。颜子仰钻高坚，笃于好学，故曰不改其乐，然则未达一闲处也。刘宗周云：“孔子乐以忘忧，只此便是道，不必乐道也。”程树德

6.10 冉求曰：“非不说悦子之道，力不足也。”子曰：“力不足者中道而废，今女汝画。”

〇力不足者，欲进而不能，故中道而废。画者，能进而不欲，则日退而已矣。谓之画者，如画地以自限也。朱子

〇此章是孔子勉学者以自强之功也。盖学问须自识病痛，方有鞭策处。吾辈明明坐自画一病，终无长进，却要卸罪于力。若以为天限者然，以此诳己诳人，如讳疾忌医，更无瘳法。圣人直为人指破膏肓处，令人毛骨俱竦。冉求曰“非不说子之道”，启口便错了，所谓遗却自家宝，终日数他珠也。冉求不反求诸己，而说道于夫子，是说他人之道，言他人之言行。他人之行曾何关涉自己一毫，如人原无志上长安，只见人上长安便生赞叹，此身仍在门里坐，未曾试足一步，安问力足不足。故曰：“力不足者中道而废，今女画。”曰“女画”者，只是唤醒汝，使之反汝而求。汝悦汝道便是道上人，不患不到长安也。颜渊曰“博我以文约我以礼”，颜子只认得我亲切，所以欲罢不能，此冉求对症公案。中道而废是力不足，今汝画是志不足。刘宗周

〇此章有顶真见解，前人皆未说著。冉有乃有才人，何至作小儿逃学之语？子之道，圣学之全体大用也。言求非不从事于博文，而天地民物之故，礼乐器数之繁，实不足以会其通；非不欲从事于约礼，而视听言动之则，经权变化之交，学不足以协其矩。此之谓力不足也。夫子言力不足之人，诚亦有之，必其诚至愚，气至弱，勉强不来，至于中道而废。资质所限，无可奈何。今汝厌致知之繁赜，仅得半而止，畏力行之拘苦，以小就自安，是画而已矣，奈何自诬以为力不足哉？须将“子之道”三字抬高，则冉子之退托不为作伪，夫子之责备亦非苛求。是力不足是真有此学业无成之人，冉子何可以之自比哉？此求初闻道之时也，自闻子言则不画而进于艺矣。不曰冉有而曰冉求，斯

自记焉，能自戒也。《四书翼注论文》

6.11 子谓子夏曰：“女汝为君子儒，无毋为小人儒。”

〇博学先王之道，以润其身者，皆谓之儒。而君子为儒将以明道，小人为儒则矜其名。此夫子戒子夏也。《论语注疏》

〇此章是孔子教人以真儒之学也。学以持世教之谓儒，盖素王之业也，倡于《春秋》，孔子其宗与。而七十子之徒为之疏，附后先以共鸣，学之盛，万古斯文之统遂禀于一矣。然儒一也，而有君子小人之不同，文而有忠信之行者曰君子儒，文而无忠信之行者曰小人儒。君子儒为己，小人儒为人，落根不清，即一切规模严谨亦只守得一伪字。君子儒者真儒也，小人儒者伪儒也，儒无不君子而不能不盗于小人，以小人之心而盗君子之学，并其儒而小人矣，此学术诚伪之辨也。夫君子小人易辨也，同冒之以儒则难辨，然则儒门便可作小人一藏身窟，此个酿祸胎不浅，故圣人严之曰：“女为君子儒，无为小人儒。”谢氏曰：“君子小人之分，义与利之闲而已。然所谓利者，岂必殖货财之谓？以私灭公，适己自便，凡可以害天理者皆利也。子夏文学虽有余，然意其远者大者或昧焉，故夫子语之以此。”刘宗周

6.12 子游为武城宰。子曰：“女汝得人焉尔乎？”曰：“有澹（tán）台灭明者，行不由径，非公事，未尝至于偃之室也。”

〇武城，鲁下邑。澹台灭明，字子羽。偃，子游之名。不由径，不由小径，则行遵大道，动必以正，是方也。非公事不见邑宰，则有以自守，

而无枉己徇人之私，是公也。既公且方，故以为得人。《论语注疏》

〇此章见圣贤取人之法也。为政以人才为先，故孔子以得人为问。如灭明者，观其二事之小，而其正大之情可见矣。后世有不由径者人必以为迂，不至其室，人必以为简，非孔氏之徒，其孰能知而取之？故朱子谓“持身以灭明为法，则无苟贱之羞；取人以子游为法，则无邪媚之惑。”陆氏曰：“取人一事，在一邑则关系一邑之风尚，在天下则关系天下之风尚。子游方任政事而不尚权术，素好文学而不贵浮华，独取宁方无圆宁朴无华之士，其识量加人一等矣。”春秋之天下不遂变为战国者，赖圣贤此等正大之见维持之。故此章实系世道人心中流之砥柱，不仅为一邑言也。朱子、唐文治

6.13 子曰：“孟之反不伐，奔而殿，将入门，策其马，曰：‘非敢后也，马不进也。’”

〇孟之反，鲁大夫，名侧。伐，夸功也。奔，师败而奔。殿，殿后拒敌。将入国门正众人嘱目之时，而策马加鞭，曰非我敢于居后也，乃马不能进也。事在《左传·哀公十一年》。《日讲四书解义》

〇此章美鲁大夫不矜功居傲以风世也。《易·系辞传》云“劳而不伐，有功而不德，厚之至也”，语以其功下人者也。人能操以其功下人之心，自是心地平而无欲上人之心也，如此则人欲日消天理日明，而凡可以矜己夸人者皆无足道矣。颜渊曰：“愿无伐善，无施劳。”《虞书》曰：“汝惟不矜，天下莫与汝争能；汝惟不伐，天下莫与汝争功。”此矜伐并举，曰善曰能是居之在己为矜，曰劳曰功是加之于人为伐。浑言则矜伐

不别，皆因有我相人相而妄起功能。盖心存矜伐者，务以胜人，不见己恶，其流必至于此。诸相只是一个胜心，胜心只是私吝心，佛氏谓之萨迦耶见，我执、法执之所依也。上蔡所谓“按伏得这个罪过，方有向进处”，学者须是先识得矜之过患，然后方知克治除遣之法。黄氏曰：“矜心未易去也，惟责己以职分所当为而已。不以己所能者病人，不以人所不能者愧人，则私心消而矜心去矣。”唐文治、简朝亮、马一浮

6.14 子曰：“不有祝鮀之佞而有宋朝之美，难乎免于今之世矣。”

〇祝鮀，卫大夫子鱼，以佞谄获宠于灵公。宋朝，宋公子朝，以美色善淫获宠于灵公夫人南子。言卫国不仅有祝鮀之佞，而且有宋朝之美，好谀悦色之风盛，当今之世难免受其祸害了。

〇此章是孔子叹好谀悦色之非也。且人心之变也，人人习为二人之能，而恬不知怪，非徒好谀悦色而已。有世教之责者曷思，所以挽之问：“祝鮀之佞，宋朝之美，于世何当？”曰：“只为争名夺利。”非此一副乖口角热面孔不能济，所以人人习之，由其道便做到弑父与君。故夫子伤之深也。《书》云“何畏乎，巧言令色”，孔子对哀公问政曰“去谗远色”，答颜渊问为邦曰“放郑声，远佞人”，其为后世诫至深远也。刘宗周

6.15 子曰：“谁能出不由户？何莫由斯道也？”

〇言人不能出不由户，何故乃不由此道邪？怪而叹之也。朱子

○此章是孔子醒人由道也。斯道者，先圣人之道也。莫由斯道者，将他出也。黄氏曰："道者，平而不陂，正而不歧，通而不塞，安而不危，是当行之路也。"今考春秋時，无道久矣，故夫子叹其不如户乎。洪氏曰："人知出必由户，而不知行必由道。非道远人，人自远尔。"故董子《春秋繁露》言："圣人化大行者，弘其道也。"简朝亮

6.16 子曰："质胜文则野，文胜质则史；文质彬彬，然后君子。"

○质谓内有忠信也，文谓外有礼乐也。野，野人，谓鄙略也。史，史官，谓文多也。彬彬，犹斑斑，文质相杂而适均之貌。言君子贵文质得中，文质相胜气质之病也。

○此章是孔子欲人去文质之偏胜，以进于成德也。人之文质之偏胜也，有由于天生之气焉，有由于人事之习焉。君子之学也，气不得而拘也，习不得而锢也，则文质备也。《易・文言》云："君子黄中通理，其彬彬之象乎。"杨氏曰："文质不可以相胜。然质之胜文，犹之甘可以受和，白可以受采也。文胜而至于灭质则其本亡矣，虽有文将安施乎？然则与其史也宁野。"故夫子曰："如用之则吾从先进，先野人而后君子也。"简朝亮

○文质相复，犹寒暑也。礼所以有质家文家者，为王者起，有所改制，顺天地之道。然殷革夏，救文以质，其弊也野。野，鄙野也。《礼记・表记》云："乔而野朴而不文"，《仲尼燕居》云："敬而不中礼谓之野"，盖其质胜也。又周革殷，求野以文，其敝也史。史，谓史官辞多浮夸，故为野之反。《周官》云："大史掌建邦之六典，小史掌邦国之

志，宰夫辨其八职，六曰史掌官书以赞治”，故聘《礼记》云辞多则史，盖其文胜也。故《春秋》救周之弊，当复反殷之质而驯致乎君子之道。然而原其始制，主质者有文，主文者有质，三代之初皆彬彬君子也。故宋儒甚崇三代。《论语述何》、戴望

6.17 子曰：“人之生也直，罔之生也幸而免。”

〇生之理本直，罔则不直也，即失所以生之理。生之理绝，虽生亦不过活死人，故曰“幸而免”。

〇不直的都是死人。判到生死关，更不必说圣狂人禽之辨，令人怆然。直者，实也诚也，孟子性善之旨也。人以善终为原则，横死为例外，禽兽则否。圣人教人以为人之道，惟正直得其全生，亦即率性谓道之理。先有此直而后有生，才有此生便付此直，人必还其为直，方是率性即道，方完得所以生之理。故学问是救命灵符，只初念是直处。程树德

〇《易·系辞传》云：“夫乾，其静也专，其动也直，是以大生焉。”盖生理之直也，人得之则为本心也，罔则不直，则失其本心，失其生之理也。孟子曰：“今人乍见孺子将入于井，皆有怵惕恻隐之心，非所以内交于孺子之父母也，非所以要誉于乡党朋友也，非恶其声而然也。”明其直而非罔也。又曰：“一箪食一豆羹，得之则生，弗得则死；呼尔而与之，行道之人弗受；蹴尔而与之，乞人不屑也。”明其直而生，不甘罔而生也。《诗·小明》云：“好是正直，神之听之，介尔景福。”彼不直而罔焉，则祸矣。如洪承畴之降清，彼幸而免者，人反以为不幸焉，不适彰其为罔之生也乎？简朝亮

6.18 子曰：“知之者不如好之者，好之者不如乐之者。”

〇知之，知有其故。好之，则能约身以礼矣。乐之者，穷亦乐，达亦乐，所乐非穷达也，道在然也。戴望

〇此章是孔子鼓舞学者以进境也。三“之”字，明指圣人之道。知之好之乐之，进学之序也。乐原于好，好原于知，以用功之节次言。真知自好，真好自乐，以究竟言。两不如，以品言，诱之使进之辞。经言颜子问仁而请事也，则为知之者焉。其言颜子好学也，则为好之者焉。其言颜子不改其乐也，则为乐之者焉。若颜子者，其以善诱而能进者乎？岂知进一格复有一格乎？指点不如处，正催人进步也。纵终身难满知量，当下亦有乐机，只好之一关，是彻始彻终精神。唐文治、简朝亮、刘宗周

〇圣学工夫只有知行两端。知字中工夫最多，到得个知之者，火候已是一半。好与乐总是行中火候，若不曾知得，也无从好乐。即有所好乐，如金溪姚江之学，亦能使人鼓舞颠狂，却只是差异，不可谓之好乐，总只谓之不曾知也。为学于知好煞好用工，到乐底地位，程子所谓“功夫尤难直是峻绝，又大段着力不得”者，濂溪之寻孔颜乐处，延平之融释脱落，皆此意也。吕留良

6.19 子曰：“中人以上可以语上也，中人以下不可以语上也。”

〇语上语下，自教者而言。以上以下，指学者之质而言。两举中人，见其可上可下，惟在于自奋耳。唐文治

〇此章言因材施教也。盖教人者，当随其高下而告语之，则其言易入而无躐等之弊也。自中人以上下者，视其才性与其学力而言也。劳氏云："唯上智与下愚不移，圣人所急欲裁成而语之者中人也。而中人亦有上下之分，其由下而上，则俟其变化气质之功也。"张敬夫曰："圣人之道，精粗虽无二致，但其施教，则必因其材而笃焉。盖中人以下之质，骤而语之太高，非惟不能以入，且将妄意躐等，而有不切于身之弊，亦终于下而已矣。故就其所及而语之，是乃所以使之切问近思，而渐进于高远也。"简朝亮

〇形而上者谓之道。道不可言，其可言者皆形下者也。虽形下者，而形上者即在其中。故圣人之教，莫非下亦莫非上也，顾学者所闻何如耳。上焉者悟其上者机，虽居处恭执事敬，亦上也，故可以语上。下焉者无往而不滞于下，即一贯之传实以启门人之惑矣，故不可以语上也。是以君子之设教也，不执方而治不凌节，而施时达其所已能，而不强其所未至。子曰"下学而上达"，直是语下不语上。曰"可以语上"，亦非执上以语上也，如神化性命之语亦只是注脚。刘宗周

6.20 樊迟问知智。子曰："务民之义，敬鬼神而远之，可谓知矣。"问仁。曰："仁者先难而后获，可谓仁矣。"

〇前章语上者，知也仁也。曰"务民之义"，时樊迟正仕，故举之。知者务民，富教之，敬鬼神而不黩。《左传·桓公六年》云："夫民神之主也，是以圣王先成民而后致力于神。"获，得也。仁者先勤众事，后乃定贡赋，得民之奉。若尧禹治水，成汤求旱，皆仁及天下也。戴望

〇此章言智仁之实理，举为政以明之也。为政即临民以治，故以务民之义为要。“民之义”者，《礼记·礼运》曰“父慈子孝、兄良弟弟、夫义妇听、长惠幼顺、君仁臣忠十者谓之人义”是也。《孟子》云“知者无不知也，当务之为急”，夫急务孰先于人义哉？《中庸》云“义者宜也”，言人道之所宜也。故朱注谓：“专用力于人道之所宜，而不惑于鬼神之不可知，知者之事也。”《礼记·表记》云“事鬼敬神而远之，近人而忠焉”，言鬼神皆敬事也，近人而忠即“务民之义”也。《商书》云“惟天监下民，典厥义”，盖言天视下民，惟常其义也。此祖己以高宗敬鬼神而不远之，故言民之义为训也。《左传·桓公六年》云“夫民神之主也，是以圣王先成民而后致力于神”，盖成民者以义成之也。《左传·宣公十五年》言晋将伐狄而数其五罪者则云：“不祀一也”，此远鬼神而不敬之，亦非民之义所有也。简朝亮

〇务民之义，要在仁心。先难，克己也。不能先难，便欲商及获与不获。知难非难，则请事斯语欲罢不能，岂获与不获可动其心。仁者须发大心，遍十方，尽未来，造福众生。故朱注谓：“先其事之所难，而后其效之所得，仁者之心也。”盖仁者之心，只专于所难，而无欲速见利之私，即此心便是仁者浑然一理无私之本体。董子云：“夫仁人者，正其谊不谋其利，明其道不计其功。”斯足以表是心之纯也。蕅益、简朝亮

6.21 子曰：“知智者乐水，仁者乐山；知者动，仁者静；知者乐，仁者寿。”

〇乐山乐水句系古语，夫子诵而释之。智法水，故动，动故乐；仁法山，故静，静故寿。而山水同依于地，动静同一心机，乐寿同一身受；故乐山乐水是穷理事，动静是尽性，乐寿是至命，穷理尽性以至于命也。

〇此知仁合一之学。学至于成德，而其交养互发之机有如此者。乐水乐山，其机正在勿忘勿助间，盖证学于造化也。君子之学合一，从造化取，则盖尝仰观俯察，见得盈天地间只此阴阳之理，即是吾心之撰。偏触偏灵，全触全灵，有亹亹欣合无间者，况山水之大乎。知者证道于动，故乐水；仁者证道于静，故乐山。证道于动，释怀吾心之动矣；证道于静，释怀吾心之静矣。于动而得其乐者，证动畅天地之化也，朱子谓达于事理而周流无滞也；于静而得其寿者，证静存天地之神也，朱子谓安于义理而厚重不迁也。学至于此，方与造化合而为一。故曰："大人者与天地合其德，与日月合其明，与四时合其序，与鬼神合其吉凶，先天而天弗违，后天而奉天时。"呜呼至矣，非知道者孰能知之？刘宗周

6.22 子曰："齐一变至于鲁，鲁一变至于道。"

〇文武周公之道，幽厉伤之，列国坏法乱纪，周礼尽在鲁矣。其次莫如齐，管仲修举之，未尽合也。故齐一变仅可至鲁，鲁一变乃可使如周道之盛。戴望

〇此章是孔子尊王贱霸之意也。道，王道，优良之治理秩序也。夫子之时，齐强鲁弱，孰不以为齐胜鲁也？盖不以国力，而以政俗之美恶胜也。当是时，齐俗急功利，喜夸诈，乃霸政之余习。鲁则重礼教，崇信义，犹有先王之遗风焉，但人亡政息，不能无废坠尔。黄氏曰："齐之衰季，以道为不足守而背驰者也；鲁之秉礼，知道之宜守而有偏而不举者也。"故曰："治齐者，当使知道在天下，千古不变；治鲁者，但当举其偏以补其弊而已。"《日知录》云："变鲁而至于道者，道之以德齐之以礼；变齐而至于鲁者，道之以政齐之以刑。"其变之道有难易也，衡

平其与王道之差距，鲁更近王道也。夫子删诗，以王者之风系之周公曰周南，以为正始之道、王化之基，春秋以鲁继王迹，为诸夏张治本，故曰吾舍鲁何适矣。唐文治、程树德

6.23 子曰：“觚（gū）不觚，觚哉！觚哉！”

〇觚，礼器，所以盛酒，有棱。不觚者，盖当时失其制，破以为圆而不为棱也。觚哉觚哉，言名曰觚，实乃非觚，故因而叹之。唐文治

〇此章叹礼教废坠尔，知和而不知礼，是破觚而为圆也。古人制器必尚象，以一觚言之，上圆象天，下方象地，且又取其置顿之安稳焉。春秋之世，盖已有破觚为圆者矣，徒取其利于工之易铸而不知失其象，便于人之易持而不计其顿之危也。孔子于献酬之际见而叹之，叹其事虽微，而轻变古制不师先王也。《皇疏》引褚氏曰：“作觚而不用觚法，觚终不成；犹为政而不用政法，岂成哉。”程子曰：“觚而失其形制则非觚也，举一器而天下之物莫不皆然，故君而失其君之道则为不君，臣而失其臣之职则为虚位。”二说均见其大，名实相乖也。然要之喜圆而恶方，则人心从可知矣。范氏曰：“人而不仁则非人，国而不治则不国矣。”朱子、刘宗周

6.24 宰我问曰：“仁者，虽告之曰：‘井有仁焉’，其从之也？”子曰：“何为其然也？君子可逝也，不可陷也；可欺也，不可罔也。”

〇井者穽也，穿地为堑，所以陷禽兽也。有仁，有行仁之机会。宰我有深意，故问仁者当从井救人以行仁欤，虑仁之道穷也。何为其然者，谓

为何要这样做呢，驳斥之也。逝，即指死。陷，谓陷之于死地，亦是一死。言君子可以为求仁而死，但不可以被无端陷害也。欺，诱之使往也。罔，诬罔，欺是受骗，诬罔是糊涂愚昧。言仁者虽切于救人而不私其身，然不应如此之愚也。程树德

○此章言为仁者当明理也。仁者爱人，宰我忧世无道而夫子犹以仁天下为己任，故设言以极观仁者之所为。失身以为人，是从井救人之说也，其事陷也，而其理则罔也。“可逝不可陷”是就当下情势说，从井必不能救人，智不明不可以取义也。宜死而死为仁，不宜死而死为不仁，毫厘千里，错看不得。“可欺不可罔”是就平素明理说，从井之不可，只是救法差，不是不当救也。救人必先爱身，惟智乃足以成仁。丧元或怙终，倒戈乃徒义，不明此理，而自以为尽节，适足以害仁矣。故君子必尊其身为天地万物之身，而后可以位天地育万物以成其仁。子曰“好仁不好学其蔽也愚”，宰我言语则善问而若有所穷也，其能好学者矣。吕留良、刘宗周

6.25 子曰：“君子博学于文，约之以礼，亦可以弗畔矣夫。”

○畔，同叛，背也。言君子若博学于先王之遗文，复用礼以自检约，则可以不背于道矣。

○此孔门教人定本也。程子曰：“博学于文而不约之以礼，必至于汗漫。博学矣，又能守礼而由于规矩，则亦可以不畔道矣。”盖君子之学，将以求道也，始焉借途于耳目之广，而履其事者颐，故曰文。继焉归宿于身心之近，而造其礼者精，故曰礼。礼即文之体也。阳明先生

曰："博文是约礼工夫，约礼是博文主意。博而不约，俗学也；约而不博，异端也。故就功夫言，则博约无先后，即所博而约之也。博约合一，即事即理，即理即心，道在是矣。"学者一切聪明意见皆足畔道，只格此二关，有始有卒，有伦有要，是入道之正路。然学者初入门只可就文上着力，未便是礼；逮循习之久，方有天则可归，方是约。逮即博即约，则一贯矣。多闻择其善者而从之，多见而识之，便是博约的样子。博约固是一事。刘宗周

〇博约之教，文行忠信也。博文则学六艺，盖文之教也；约礼则忠信以行礼，盖行忠信之教也，四教备焉。六艺者，六籍也，六经也，盖四教之文也。当孔子时，六籍则古今之学备焉。其在于今，本六经而通十三经也。曰《孝经》，此始乎孝也，其出于《礼记》者；曰《大学》曰《中庸》，曰《论语》曰《孟子》，此经之四书不可缓也；曰《诗》，尊诗序而辩其失，则朱子亦佐毛、郑矣；曰《书》，伪古文毋乱也；曰《仪礼》曰《礼记》曰《周官》，从《郑注》而其失者不从也；《乐经》虽亡，而乐有存乎《诗》《书》《礼》焉；曰《春秋》，曰《左氏》《公羊》《谷梁》三传也，以三传明《春秋》，据《春秋》及他经而知三传之失也；曰《周易》，诸经之原也，程子易传而参之汉宋诸家也；曰《尔雅》，诸经之释也。《书》与《春秋》皆经之史也，二十四史所由接也。曰《史记》曰《汉书》曰《后汉书》曰《三国志》，此四史也，史法参焉。《资治通鉴》，读史者宜先也，毕氏之续，亦稽也。《明史》其近也，《国史》其著也，外国史其兼也。礼之制易世不皆同矣，曰《通典》曰《通志》曰《文献通考》，其续三通而至今无遗也，统言之，皆礼之制也。其余诸子百家及时务之书，有旁通斯文者欤，皆博学也。又《乐记》云："礼也者，理之不可易者也。"君子之于文也，学焉既博，而以理之不可易

者约之，则文而有忠信之行也，四教之备也。盖徒博文无约礼，则博非所博矣，若汉司马相如多文而淫行也；未博文欲约礼，则约非所约矣，若明王守仁告学者不读书而心学也，皆畔也。今言弗畔者，孔子以告诸弟子焉。而自颜渊问之，则曰“博我以文，约我以礼”，故《中庸》云“回之为人也，择乎中庸，得一善，则拳拳服膺而弗失之矣”，此所谓择善而固执之者也。博则择善焉，约则固执焉。简朝亮

6.26 子见南子，子路不说悦**。夫子矢之曰：“予所否者，天厌之！天厌之！”**

〇南子，卫灵公之夫人，有淫行。子路以夫子见此淫乱之人为辱，故不悦。矢，誓也。所，下接者，誓辞句式，如云“所不与崔庆者”之类。否，谓不合于礼，不由其道也。厌，弃绝也。言我若有不合礼，不由道者，天将厌弃我。钱穆

〇旁行而不流，是圣道妙处。董子曰：“夫权虽反经，亦必在可以然之域。孔子至卫，南子请见，孔子辞谢，不得已而见之。盖古者仕于其国，有见其小君之礼。圣人道大德全，无可不可。其见恶人，固谓在我有可见之礼，则彼之不善，我何与焉。”《易·睽卦》初爻曰：“见恶人，以辟咎也。”夫子之见南子、阳货，盖此义也。然此岂子路所能测哉？夫子曰：“可与共学未可与适道，可与适道未可与立，可与立未可与权。”盖权变甚难，故重言以誓之，欲其姑信此而深思以得之也。唐文治

6.27 子曰：“中庸之为德也，其至矣乎！民鲜久矣。”

〇中，谓中和。庸，常也。中庸者，用中为常道也。若如此，则得其道之极焉，故谓至德。程子曰：“不偏之谓中，不易之谓庸。中者天下之正道，庸者天下之定理。自世教衰，民不兴于行，少有此德久矣。”程树德

〇此章是孔子以中庸之德望人，所以维世教而兴民行也。中庸为至德者，博而约之也。《左传》云：“民受天地之中以生，言德性也。”《尚书》云：“允执厥中，言中德也，故舜亦以命禹焉。”《易·文言·乾》云：“龙德而正中者也，庸言之信，庸行之谨。”言乾德为人之龙，其德中而庸也。《礼记·中庸》引夫子言：“道之不行也我知之矣，知者过之，愚者不及也；道之不明也我知之矣，贤者过之，不肖者不及也。”盖德者，得其道焉。过、不及，皆偏也，岂中道乎？故朱子谓：“中者，无过无不及之名也。”失其中者，失其常矣。以世乱，先王之道废，自尧舜禹汤文武而后，斯道之不传者已非一日矣。然民性受中，世教虽衰，中德犹不绝也，故称鲜焉。其言久矣者，伤之也，亦望之也，望其久而不终鲜也。是中始于唐虞，以中合庸，则自夫子发之也。以中合庸，而后知中不沦于幻虚，不离民生日用之间，而上达天德者也，非吾夫子其孰与于斯哉！简朝亮、刘宗周

6.28 子贡曰：“如有博施于民而能济众，何如？可谓仁乎？”子曰：“何事于仁，必也圣乎！尧舜其犹病诸！夫仁者，己欲立而立人，己欲达而达人。能近取譬，可谓仁之方也已。”

〇子贡问博施济众如何，可否算作仁。夫子答曰，若何从事于仁必如是也，虽圣如尧舜犹病其难。夫仁者以己之欲通天下之欲，能近取诸身而

喻之于人，便是仁之术了。譬，谓以己譬人，而去人己之间隔也。戴望

○此章明求仁之方也。子贡有志于仁，徒事高远，未知其方。孔子教以于己取之，庶近而可入。是乃为仁之方，虽博施济众，亦由此进。盖仁者之心，以己及人，于此观之，可以见天理之周流而无闲矣。如程子言："医书以手足痿痹为不仁，此言最善名状。仁者以天地万物为一体，莫非己也。认得为己，何所不至；若不属己，自与己不相干。如手足之不仁，气已不贯，皆不属己。"状仁之体，莫切于此。故行仁之道，近取诸身，以己所欲譬之他人，知其所欲亦犹是，然后推其所欲以及于人，则恕之事而仁之术也。于此勉焉，则有以胜其人欲之私，而全其天理之公矣。朱子

○此夫子从切近处言仁，以正子贡从广远处言仁也，故言尧舜其犹病诸。如程子言："夫博施者，岂非圣人之所欲？然必五十乃衣帛，七十乃食肉。圣人之心，非不欲少者亦衣帛食肉也，顾其养有所不赡尔，此病其施之不博也。济众者，岂非圣人之所欲？然治不过九州。圣人非不欲四海之外亦兼济也，顾其治有所不及尔，此病其济之不众也。"故夫子拈出能近之旨，对治驰骛高远也。盖圣道贵博济，必由尽己性尽人性以至于位天地育万物，自是一贯。故《大学》明德必至亲民，《中庸》成己必至成物，《论语》修己必至安人安百姓，《孟子》独善其身必至兼善天下。此即子贡终身行恕之终事也。程树德

述而第七

《正义》曰："此篇皆明孔子之志行也，以前篇论贤人君子及仁者之德行，成德有渐，故以圣人次之。"凡三十七章。

7.1 子曰："述而不作，信而好古，窃比于我老彭。"

○述，传述旧闻。作，创始义，亦制作义。老彭，商贤大夫，见《大戴礼》，盖信古而传述者也。窃比于我，谓以我私比老彭。犹不敢显言，故云窃。钱穆

○此章是孔子自叙其立言之有本也。述而不作，只因信得理而无可作。既信得及，自然好古。此夫子真道脉，真学问也。李氏曰："述而不作，则优柔涵泳于古作者之林，而不作聪明以乱旧，自然与古相契，信之深而好之笃矣。及其深信而笃好也，则孜孜于述之不暇，又何疑于作？"二句盖亦反复相因也。惟能笃于信道，所以深好古道。惟笃信好古，所以惟述古而不敢自我作古焉。故述而不作，正为理不当作耳。后人妄立宗旨，皆是无忌惮敢作，其病只是不好古，不好由于不信，不信由于不知，不知而故有妄作也。唐文治

○孔子之述，莫大乎六艺焉。孔子删《诗》《书》，定《礼》《乐》，赞《周易》，修《春秋》，皆传先王之旧，而未尝有所作也。是夫子赞易

道以黜八索，述职方而除九邱，讨论坟典断自唐虞，删古诗三千而为三百,四代礼乐具折其中，识其正伪所以能善述也，阙其疑殆所以能存信也。《史记》云：“中国言六艺者折中于夫子，可谓至圣矣。”惟孔子能述尧舜禹汤文武周公，惟孟子能称述孔子，惟程朱能达孟子，其道同也。后人不能述程朱，便敢纷纷乱道，其病先从不信起。圣贤之言，切己不谬也，不信如何得好？不好如何能述？六经大旨，今已无晦，而为经说者，必欲起而晦乱之，真可恨也！吕留良

7.2 子曰：“默而识之，学而不厌，诲人不倦，何有于我哉。”

〇默而识之，不言而喻也。言学之道，默而识之则好，好则学而不厌，不厌则乐，乐则诲人而不倦。此三者相因而至焉，故曰于我从何而有哉，自勉求有之辞也。《诗》曰：“何有何亡，黾（mǐn）勉求之。”《论语象义》、简朝亮

〇此章言圣人德有余而心愈不足也。盖此道身有之，则不言而信，以归于慥慥之地，所谓躬行君子也。故云默识，识如字，谓信诸心也。默识之学，精神毫不渗漏，彻首彻尾。以此学即以此教，何厌倦之有，此圣人之全学也。而曰何有于我者，身试之而后知不足，愈进而愈不足也，亦终归之无穷而已矣。然则何有于我一语，正默识学诲之证也。自默字讹解，而学者遂以语言道断，当之谓圣学入手只在妙悟，学诲都从悟中来，不知圣学是下学，只是反躬鞭辟，不堕于杳冥玄默之见。盖圣人之致意于三缄者屡矣，故曰“躬行君子则吾未之有得”，又曰“古者言之不出，耻躬之不逮也”，敢以是断默识之旨。刘宗周

7.3 子曰："德之不修，学之不讲，闻义不能徙，不善不能改，是吾忧也。"

〇德因修而进，学因讲而明，徙义则善日长，改不善则恶日消，此四者日新之要也，故夫子时时虑之以诱人也。《论语象义》

〇此与上章意相贯，上章言内省之功，此章言日新之要。德日修而不自觉其不修，学日讲而自病其不讲，推之徙义改不善亦然，盖精密至极，圣学之所以日新也。忧即自古圣人忧勤惕厉之心，忧以终身，故德业之新，终身无已时。《易传》曰："君子进德修业，朋友讲习，见善则迁，有过则改。"盖乾惕之意，皆从忧中来也。唐文治

7.4 子之燕居，申申如也，夭夭如也。

〇燕居，犹闲居，谓闲暇无事之时。申申夭夭，似以树木生意作譬，此乃整个神态，不专指容色言。大树干条直上，不迫于物，申申也；嫩枝轻盈妙婉，和柔润美，夭夭也。钱穆

〇本章记孔子闲居时气象。申申如者，其容貌外舒也；夭夭如者，其志气内舒也。夫子敬天乐命，无所愧怍，是以见其申申而通达者也。夫子心又常温存诗礼之文义，是以自见其夭夭而发畅者也。论旨与上忧字反映，见夫子虽不必用心之时，莫所不存存焉。田中履堂

7.5 子曰："甚矣吾衰也，久矣吾不复梦见周公。"

〇孔子盛时，寤寐常存行周公之道。而身已值衰年，此行道之心亦不著

于梦焉。甚矣久矣，深叹之也，人老心不老也。蕅益

〇此章是孔子为道不行而叹也。昔者夫子好古以学，夜则亲见文王周公旦而问焉，盖用志如此其勤也。及其老而气则衰矣，气衰而志不足以动之，故梦寐之间无复感通会晤之兆，亦年运之常也。夫子不觉有感于斯而叹曰“甚矣吾衰也”，瞿然有老大之伤焉。若曰吾学其荒矣乎，其志不足以帅气乎，今而后将再鼓生平，以一当盛年之志而已乎。语曰行百里者半九十，言末路之难也。圣垂老，一加鞭，方是百尺竿头更进一步。

〇问：“不梦周公，还是道不行之兆否？”曰：“只看梦见时光景若何，梦时多只见无逸待旦的周公，不必见相武摄成的周公。然则何以不梦见尧舜禹汤文？”曰：“道统自周而及孔，则周公其称也，故亲而易感。然则今何以不梦？”曰：“此圣人归根复命消息也。不曰吾衰之甚乎？意者兴歌梁木其不远乎！”或曰：“张子韶咏此章云‘向也于公隔一重，寻思尝在梦魂中；如今已是心相识，尔是西行我是东’，何如？”曰：“非也，孔子终身醒亦终身梦。”象山语门人曰：“昼观诸妻子，夜卜诸梦寐，两无所愧，然后可以言学。”愚谓此两言非孔子不足以尽之，观此章及上章可见。刘宗周

7.6 子曰：“志于道，据于德，依于仁，游于艺。”

〇道德仁艺，只是仁耳。行之谓之道，得之谓之德，守之谓之仁，取之左右逢源、著于事物，谓之艺。蕅益

〇此章明心学之全功也。道者，先王之道也。自内言之，率性之谓，纯

粹中正者是也；自外言之，修齐治平之学，达于万物者是也；合言之，则人伦日用之间所当行者是也。志者，心之所之之谓。志为学者入门之要，譬诸两途：志乎名利，则入乎名利矣；志乎道，则入乎道矣。入乎道，则所适者正，而无他歧之惑矣，是第一关也。唐文治

〇据，行据之也。周官师氏以三德教国子，注“德行，内外之称”，在心为德，施之为行。又大司乐注“德，能躬行者”，是德字亦当兼内外而言。内外之名，行则人皆见之，德者唯是自证。《文言》曰：“君子以成德为行，会德行而内止也。”故盛德至善，一德可备万行，万行不离一德，朱子谓“得其道于心而不失之”者是也。唐文治

〇依者，不违之谓。或谓仁者心之德，仁与德何分？不知德乃普称，仁乃善之长。依仁则私欲尽去，而天理常存矣。功夫至此而无终食之违，则德性常用而物欲不行也。唐文治

〇游者，玩物适情之谓。艺，则礼乐之文，射御书数之法，皆至理所寓，而日用之不可阙者也。此小六艺也，皆载道者，而有本末之别。如同一礼乐，庄敬和乐不可斯须去身者，本也；王帛边豆鼓舞铿铿者，末也。朱子所谓“博其义理之趣而应务有余”，心无所放而动息有养者，兼知行言之，而为志道据德依仁之助也。学者于此，有以不失其先后之序、轻重之伦焉，则本末兼该，内外交养，日用之间，无少间隙，而涵泳从容，忽不自知其入于圣贤之域矣。唐文治

7.7 子曰：“自行束脩以上，吾未尝无诲焉。”

〇脩，脯也，十脡为束。束脩，礼之薄者，其厚则有玉帛之属，故云以上包之也。言人能奉礼，自行束脩以上，则皆教诲之。程树德

〇此章是圣人诲人不倦之意。盖古者学术在官，事师必须宦学，入官乃能学艺。私家讲学之风，自孔子开之。而古者相见，必执贽以为礼，束脩其至薄者。《礼记》云“礼闻来学，不闻往教”，自行束脩，所以表其来学之诚也。而未尝无诲，故虽贫如颜渊、原思，亦得及门受业。是圣人之于人，无不欲其入于善。《大学》云“古之欲明明德于天下者”，此君子有位者而欲之也。孔子无位者欲之，则诲人不倦而已矣。朱子

7.8 子曰：“不愤不启，不悱不发，举一隅不以三隅反，则不复也。”

〇愤，求之切也，求之不得曰愤。悱，言之切也，言之不得则悱。孔子与人言，必待其心愤愤，口悱悱，乃后启发为之说也，如此则识思之深也。说则举一隅以语之，其人不思其类，则不复重教之也。反，还以相证之义。《论语集注》

〇上章言诲人不倦，此章言施教之方也。愤悱，只就一人见，心求通而未得，故口欲言而未能，启而发之，迎机之教也。且启发之际，又姑引其端而不竟其说，以俟其自悟而反也。而后再告之，教学相引于无穷，而学者愤悱之机划然解矣。此所谓循循善诱也，如携小儿步，然一步一引，一引一放，指日成行。盖夫子自言教法如此，非谓人有不愤者则必不启云也。圣人精神透入在学者身上，一一转动他消息，令人生意勃然，方是一体命脉，若不会愤时，还使他愤在。刘宗周

7.9 子食于有丧者之侧，未尝饱也。子于是日哭，则不歌。

○临丧则哀，所以未尝饱。吊哭于是日之内，余哀未息，故不歌。二者皆出于圣人情之自然，弟子见而记之也。朱子

○此章见圣人情性之正也。丧者哀戚，于其旁不能饱食，此所谓恻隐之心。曰未尝，则非偶然也。《曲礼》云“哭日不歌”，《檀弓》云“吊于人，是日不乐”，盖不乐必不歌也，人之情哀乐不同日也。何注云：“一日之中或哭或歌，是亵于礼容。”此非仅礼制，乃人心之仁道也。本章见圣人之心，即见圣人之仁。钱穆、简朝亮

7.10 子谓颜渊曰：“用之则行，舍之则藏，唯我与尔有是夫。”子路曰：“子行三军则谁与？”子曰：“暴虎冯凭河，死而无悔者，吾不与也，必也临事而惧，好谋而成者也。”

○孔子于颜渊言所与也，许其有可行可藏之道在身。有是，是即指此道。子路遂请行师之所与，盖自负其勇而自观焉。暴虎，徒手搏虎。冯河，徒身涉河。此皆粗勇无谋，故抑而不与也。孔子非不许子路能行三军也，然惧而好谋，子路或有所不逮，故复深一步教之。钱穆

○此章见圣人出处之必有其具也。行藏非圣人所重，重所以行藏者也。《泰伯第八》云“天下有道则见，无道则隐”，今曰“用之则行，舍之则藏”，皆以道为时中也。《易·彖传·艮》云“时止则止，时行则行，动静不失其时，其道光明”，言不失其道也。《季氏第十六》云“隐居以求其志，行义以达其道，吾闻其语矣未见其人也”，今于颜渊而以其

人相期也。盖颜渊心不违仁有天德，便可语王道也。简朝亮

〇能惧能谋，见大本领，不泥定行军说。临事而惧，好谋而成者，本之以敬慎之心，而审时观变动有成绩也。季汉武侯出师，其表云“先帝知臣谨慎”，其能惧而能谋者欤！秦苻坚谋伐晋，晋有长江之险也，而云：“今以吾之众，投鞭于江，足以断流，又何险之足恃乎？”卒为晋谢玄所败，不知惧故也。《三国志》云：“袁绍、刘表皆好谋无决，此其所以无成也。”此于天下事亦可随试而取效矣。惧而敬，贴定临事，源头固自大，而为成谋之本也。谋而成，好问好察，用中于民，尽其在我也。此不但可与行军，亦即可与用舍行藏也。用之则为天下开太平，故曰行；舍之则为万世倡绝学，故曰藏。此性分之蕴也，孔门惟颜子亚圣足以语此也。简朝亮、刘宗周

7.11 子曰：“富而可求也，虽执鞭之士，吾亦为之，如不可求，从吾所好。”

〇富而可求，谓其时可仕则出而求禄，盖古者禄以驭其富也。执鞭，君之御士，虽贱职亦有禄位于朝也。不可求，为时不可仕。《孔子世家》言阳虎专季氏时，“鲁自大夫以下皆僭离于正道，故孔子不仕，退而修《诗》《书》《礼》《乐》”，是从吾所好也。此孔子自述出处之际，故以两吾字明之。程树德

〇此章是圣人破人妄求之心也。可不可求决于道之时中，承上章用舍行藏，有道则仕无道则隐也。《宪问第十四》云“邦有道贫且贱焉耻也，邦无道富且贵焉耻也”，耻乎有道而用之不能行，无道而舍之不能藏

也。互详《为政第二》干禄章，盖干禄之学，及后世之征辟、科举，要在笃行此道而不为利禄拘矣。程子曰："修天爵则人爵至，君子言行能谨，得禄之道也。"此方是求富，求取功名举业之正途也。然无圣贤欲仕之心，而徒求青紫之荣、鼎钟之奉者，古今来项背相望也，岂不忧哉！程树德

〇《易·文言》云："乐则行之，忧则违之。"言可不可求也，亦言行藏也，此天下之忧乐也。《易·系辞传》云"乐天知命，故不忧"，言藏而未行者之安命也，人不堪其忧而己不改其乐也。此即是不可求而从吾所好。《孟子》云"孔子进以礼，退以义，得之不得曰有命"，言君子崇道蓄德而已，至若爵禄不登信天由命，可不可求决于礼义也。《宪问第十四》云："道之将行也与，命也；道之将废也与，命也。"今言用舍，非用舍其道乎，辨道之可不可也，而安命在其中矣。故《孟子》云："古之人得志泽加于民，不得志修身见于世，穷则独善其身，达则兼济天下。"其行藏尽善者矣，其可求尽义者矣。简朝亮

7.12 子之所慎：齐斋，战，疾。

〇齐，通斋，斋戒。慎斋，敬祖考；慎战，重民命；慎疾，爱性命。圣人之慎，是天理凝注处，非葸（xǐ）葸畏忌也。刘宗周

〇此章是门人记夫子谨身之大节也。夫子三慎，斋是祸福关，战是存亡关，疾是生死关。斋乃祭祀前奏，斋戒静心焉。《礼记·祭统》云："及时将祭君子乃齐斋，齐斋之为言齐也，齐不齐以致于齐者也……不齐则于物无防也，嗜欲无止也。"故朱子曰："齐斋之为言齐也，将祭而齐其

思虑之不齐者以交于神明也，诚之至与不至，神之飨与不飨，皆决于此。”《礼器》云：“孔子曰：‘我战则克，祭则受福，盖得其道矣。’”故慎者则其道之要也，战则众之死生国之存亡系焉。《子路第十三》云“善人教民七年，亦可以即戎矣”，何其慎也！故其言行三军者，曰必也临事而惧好谋而成者也。今之治疾者必原乎《内经》，其书虽秦汉闲人成之也，而所称黄帝与岐伯言者，其义通微，必有传之先秦古书者矣，《神农本草经》亦然也。《周官》云外史掌三皇五帝之书，斯古书所传也，孔子好古必博求之矣。《阳货第十七》云“多识于鸟兽草木之名”，亦学诗之余也。而孔子不敢言知医也，《乡党第十》云“康子馈药，受而拜方，曰丘未达不敢当是也”，其慎疾之道欤！圣人所为慎者，愿众生修福而免祸，弭战而损疾，皆不可以不谨也。尹氏曰：“夫子无所不谨，弟子记其大者耳。”简朝亮

7.13 子在齐闻《韶》，三月不知肉味，曰：“不图为乐之至于斯也。”

〇《韶》，舜乐也。三月，言其久也。不知肉味，盖心一于是而不及乎他也。不图，不度、不意也。斯，言境界。不意舜之作乐至于如此尽善尽美之境界也。

〇此章见圣人之神游古帝也。闻《韶》而三月忘味，非徒习其声容器数也。闻《韶》乐而见舜焉，学虞廷之学也。假遗响以通好古之精神，而舜之为舜在夫子矣，故叹曰“不图为乐之至于斯也”。曰至于斯，直是不容言说处，夫子通体是舜，天覆地载，规摹只适得吾心者，是不必如季札作模拟见也。苏轼曰：“孔子之于乐，习其音知其数，得其数知其人；其于文王也，见其黯然而黑，颀然而长；其于舜也，可知是以三月

不知肉味。”按《史记》三月上有学之二字，愚谓三月不知肉味正是学，不必更赘学字。刘宗周

7.14 冉有曰：“夫子为卫君乎？”子贡曰：“诺，吾将问之。”入，曰：“伯夷、叔齐何人也？”曰：“古之贤人也。”曰：“怨乎？”曰：“求仁而得仁，又何怨。”出，曰：“夫子不为也。”

○为，犹与也。卫君，出公辄也。灵公逐其世子蒯聩，逮公薨，国人立蒯聩之子辄。于是晋纳蒯聩而辄拒之，父子争国也。时孔子居卫，冉有疑卫人立辄，以王命辞父命当得正，故问夫子与之乎。而在孔子，父子争国恶行也，故以伯夷叔齐为贤且仁，明其不与也。朱子、《论语注疏》

○此章见圣人正名之心也。子贡以叔齐虽幼而有父命，合于立辄尊王父命之事，故援以为喻而问之。仁者，亲亲为大。伯夷援父命以让其弟，叔齐援立长之义以与其兄，父子兄弟之道备，正以求为仁人，卒成仁道，何怨之有。夫子告之如此，则其不与卫君可知矣。使卫人拒聩，申尊尊之义；使辄退位，得亲亲之恩。春秋绝蒯聩之出奔，不与其入卫，而书齐国夏卫石曼姑帅师围戚，以伯讨辞明其罪也。《公羊传》曰：“曼姑受命乎灵公而立辄，以曼姑之义为固可以距之也。”曼姑之义为可距，则辄之义为不可距，故虽于法当立，而夫子以其不能辟位，亦不与也。戴望

7.15 子曰：“饭疏食饮水，曲肱（gōng）**而枕之，乐亦在其中矣。不义而富且贵，于我如浮云。”**

〇饭，吃。疏食，粗食也。肱，胳臂。乐在其中，则心境一如，虽疏食饮水不能改，不义之富贵亦漠然无所动也。如气壮之人，遇热不畏，过寒亦不畏，若气虚则必为所动矣。程树德

〇此章见圣人自得之乐，不以境遇而移也。《易・系辞传》曰："乐天知命，故不忧。"是圣人日用动静莫非天理，以天为体而不系于物，则常乐矣。此乐不必在疏水曲肱中，只就疏水曲肱中拈起亦在。看圣人此等气象分明，浩浩无边，浮云富贵正是乐中滋味。觑破时作此眼界，曰不义之富贵是浮云，则知圣心果有天在。《诗》云"维天之命，于穆不已"，谓有时而不在，非天也，请以是寻在中之乐。疏水曲肱，一段风光，自是眼前事，如曾点乘暮春之意。然若只作贫字看，早是贫中寻乐矣，何乐之有？惟仁故能乐。此乃圣人天德淡定，乐道乐贫随在自是。伊尹耕于有莘之野而乐尧舜之道，非义非道弗顾弗视，意亦如此。问颜子之乐何如，曰："颜子之乐从忧上勘出，正是工夫得力时，以夫子之乐观之，犹带许多辛酸味在。"刘宗周、唐文治

7.16 子曰："加我数年，五十以学《易》，可以无大过矣。"

〇《易》穷理尽性，以至于命。年五十而知天命，以知命之年读至命之书，故可以无大过矣。加，假也。谓假我数年，分明是五十之前方学而未竟，而期毕志于将来，汲汲皇皇之心形于言表矣。程树德

〇此章明《易》理之当学也。圣人作《易》乃是称性称理，非假安排。《说卦传》："曰昔者圣人之作《易》也，将以顺性命之理，是以立天之道曰阴与阳，立地之道曰柔与刚，立人之道曰仁与义。"《系辞传》曰：

“《易》之为书也，广大悉备，有天道焉，有人道焉，有地道焉，兼三才而两之，故六，六者非他也，三才之道也。”是知三才之道所以立者，即是顺性命之理也。凡言理与道有微显之别，理本寂然但可冥证，道则著察见之流行。就流行言则曰三才，就本寂言唯是一理。性命亦浑言不别，析言则别。性唯是理命则兼气，理本纯全气有偏驳，故性无际畔命有终始。然有是气则必有是理，故命亦以理言也。顺此性命之理，乃道之所以行。不言行而言立者，立而后能行也。顺理即率性之谓也，立道即至命之谓也。故又曰“穷理尽性以至于命”，此《易》之所为作也。知圣人作《易》之旨如此，然后乃可以言学《易》之道。马一浮

○天下之道，统于六艺而已。六艺之教，终于《易》而已。学《易》之要，观象而已。圣人设卦观象，系辞焉而明吉凶，皆忧患后世不得已而垂言。易者象也，象也者像也。卦固象也，言亦象也。故曰圣人立象以尽意，系辞焉以尽其言。所以设卦为观象也，系之以辞为明吉凶也。能尽其意者非由象乎，明吉凶者非由辞乎？然则观象者，亦在尽其意而已，何事于忘？乾马坤牛之象易知也，吉凶悔吝刚柔变化之象，微而难知也。未得其意而遽言忘象，未得其辞而遂云忘言，其可乎？且忘象之象亦象也，忘言之言亦言也。是以圣人曰尽而不曰忘。寻言以观象而象可得也，寻象以观意而意可尽也。数犹象也，象即理也。从其所言之异则有之，若曰可遗，何谓以言乎天地之间则备邪？与其求之后儒，何如直探之《十翼》。是观象之要，求之《十翼》而已。孔子晚而系《易》，《十翼》之文，幸未失坠。不有《十翼》，《易》其终为卜筮之书乎！马一浮

7.17 子所雅言，《诗》《书》执礼，皆雅言也。

〇雅言，正言也。正言者，谓端其音声审其句读，庄重而出之，与恒俗迥别。言孔子诵诗读书，必用中夏正言以正其音也。执礼，谓持礼书诏相礼事也。于此不正其言，恐事亦失正，故必皆雅言也。戴望

〇此章是门人记圣教之有常也。今人不知《诗》《书》《礼》，所以开口便俗。是六籍中《诗》《书》执礼，犹切于下学。故夫子雅言之，以此学，亦以此教。凡以端学者之志行，而推之经济事业，卓然有体有用之道也。按《礼记·大学》之教，乐正崇四术，立四教，顺先王《诗》《书》《礼》《乐》以造士。春秋教以《礼》《乐》，冬夏教以《诗》《书》，此四教之目也。又《孔子世家》谓孔子删《诗》《书》，定《礼》《乐》，晚而赞《易》修《春秋》，是益四教而为六艺也。夫子述六经以宪万世，当时及门之教概可知矣。刘宗周

7.18 叶公问孔子于子路，子路不对。子曰："女汝奚不曰，其为人也，发愤忘食，乐以忘忧，不知老之将至云尔。"

〇叶公，楚叶县尹沈诸梁，字子高，僭称公也。叶公问孔子之为人，圣人道大难名，子路骤不知所以答。奚，何也。云尔，犹云云。发愤忘食，是圣人之志如此。乐以忘忧，是圣人之道如此。忘处是天地流行，故不知老之将至，无息之功也。案孔圣年谱，如叶时年六十二，故云老之将至。蕅益

〇此章是圣人自明其好学之笃也。曾有为夫子揭真面目者乎，拟其外廓而不得其心也。然则圣人亦何加于人哉，竭一生之力，萃之人道之中，充充然如有穷也，皇皇然如有求而弗得也，何愤如之？又不敢以欲速乘

也，优焉游焉，徐而听其自至焉，则乐矣。愤则但知有愤，故忘食；乐亦仍归于愤，故忘忧。且乐于斯道之中更无止法，终其身而已矣。故不知老之将至云尔者，谓只此足以尽夫子为人，更无事于远求也。刘宗周

〇此圣人善自韬晦之辞，即此可见至诚无息之意。惟至诚然后能愤，惟至诚然后能乐也。发愤是圣人困勉，学问得力在发字，即天道怒生之机。问愤，是心求通而未得否曰愤，不同小愤是疑处索解，大愤是解处转疑，愈解愈疑，时时转换，费尽苦心，不觉通身汗下，如七十而从心所欲不逾矩，知他费尽苦心在。故进学之道，必始于发愤，惟发愤而后得乐。愤乐相禅，须知心体如此。《易传》所谓“乐天知命，故不忧”也。唐文治

7.19 子曰：“我非生而知之者，好古，敏以求之者也。”

〇生而知之，谓若庖羲画八卦定人道，黄帝作井邑设礼乐。敏，敏捷且黾勉，犹汲汲也。孔子删书，始自尧舜，皆冠之以曰若稽古，三科之条五家之教尚书例也取法不远，故当信好勉力以求之也。戴望

〇此章是圣人揭己以示人也。知之者，知道也。求之者，求道也。生而知之者，知其性而作之者也，岂非伏羲作八卦、黄帝垂衣裳而当之乎。夫子纯乎天道，所性浑然，亦必待学而后满其分量之实，则其述而不作印证矣。是生而知之不可求也，惟好古敏求四字，当守以终身也。笃好出于心，敏求则由知而进于行。观圣人好古敏求，则其发愤处，正是羹墙尧舜梦寐文周精神也。周公思兼三王以施四事，其有不合者，仰而思之，夜以继日，幸而得之。孔子何独不然，好古不废，诵《诗》读

《书》，但借《诗》《书》以尚友古人耳。刘宗周

7.20 子不语怪、力、乱、神。

〇语者，与人论而辩诘也。世人于怪异、勇力、变乱、鬼神之事，往往津津乐道，听者亦乐而忘倦。子不语者，或无益于教化，或所不忍言也。蒋伯潜

〇此章是门人记夫子谨言以立世防也。春秋时，国家失道，怪异多矣，于是乎恃力作乱，屡盟而神降格，故怪、力、乱、神之相次也。怪如日食星变山崩之属者也。惟语怪之由则患凿焉，语怪之应则患诬焉。故《春秋》志异而不语怪也，而观其所书，则未知天征于人者何哉？则皆惧矣，则有敬天之常也。是子不语怪，其有默而皆惧者焉。力如王制称执技论力者是也。惟语力而尚之则轻德焉，语力而不尚之则招暴焉。《左传·昭公二十三年》云："乌存以力闻可矣，何必以弑君成名！"是子不语力，其有默而而驯服者焉。乱者民以力反德，怪妖而神灾，故乱贯乎四者之闲也。《易·文言》云："臣弑其君子弑其父，非一朝一夕之故，其所由来者渐矣，由辩之不早辩也。"故当乱邦不居，而不徒口舌招灾也。《公羊传·哀公十四年》云："拨乱世反诸正，莫近乎《春秋》。"笔削贬褒，旨在止乱而治也。是子不语乱，其有默而潜察者焉。神者灵也，《易·系辞传》云"知变化之道者，其知神之所为乎"，故曰"知鬼神之情状"。惟语神而不尊之，则人不知降格焉；语神而尊之，则人皆将媚听焉。惟地之民于天之神，诅盟以告焉，神降下而格正之，则地天于是乎通矣。是子不语神，其有默而敬远者焉。简朝亮

〇圣人之道，中庸而已矣。故圣人语常而不语怪，语德而不语力，语治而不语乱，语人而不语神。舍中庸而求之奇诡者，怪也；求之功利者，力也；求之邪慝者，乱也；求之玄虚者，神也。皆惑世诬民之道也，故圣人不语。记者列此四目，概尽万世异端之学，孔门之卫道严矣哉。后世如邹衍公孙龙之说，怪之属也；管商申韩之说，力之属也；杨墨之说，乱之属也；佛老之说，神之属也。刘宗周

7.21 子曰：“三人行必有我师焉，择其善者而从之，其不善者而改之。”

〇师者，告人以当从当改者也。善，如善夫善哉之善，谓是之也，不善谓不是之也。有善可从，有不善改之，是为师矣，故无常师也。简朝亮

〇此章言迁善改过之学，当随在而自励也。学苟自励，即三人同行，俨然师保之诏矣。从善改不善，孰启而孰翼之乎，君子曰亦必在诸我而已矣。人善就看作我之善，人不善就看作我之不善，何等真切。尹氏曰：“见贤思齐，见不贤而内自省，则善恶皆我之师，进善其有穷乎？”刘宗周

7.22 子曰：“天生德于予，桓魋（tuí）其如予何。”

〇桓魋，宋司马向魋也，出于桓公，故又称桓氏。按《史记·孔子世家》，孔子适宋，与弟子习礼大树下，遭魋伐树之厄，遂微服而去之。弟子欲其速行，而孔子告以此语，所以慰诸弟子也。“天生德于予者”，谓授我以圣性也。德合天地，吉而无不利，故曰其如予何也。唐文治

〇此章是圣人援天以自信也。圣人有知天之明，有先天后天之学，故能

见之确，决之定，有迪吉而无凶咎也。朱子谓圣人之“临患难，有为不自必之辞”，而曰其如命何，孔子于公伯寮，孟子于藏仓是也。其为自必之辞，则曰其如予何，孔子之于桓魋、匡人是也。而圣贤所可自必者，义理之天也，故于惕厉之中，自有闲暇之意。或曰：“孔子既自天言之矣，孟子称其微服过宋，何也?”朱子曰：“此所谓知命者不立乎岩墙之下也。”盖圣人虽知其决无害己之理，然避患亦未尝不深，而处之未尝不闲暇也。所谓并行而不悖者，学者宜深玩于斯焉。程树德

7.23 子曰：“二三子以我为隐乎？吾无隐乎尔；吾无行而不与二三子者，是丘也。”

〇二三子，谓诸弟子也。隐，隐匿。诸弟子以夫子之道高深不可几及，故疑其有隐，而不知圣人作、止、语、默无非教也。与，相与，相伴。言我所行所为，无不与尔等共之者，是丘之心也。朱子

〇此章是孔子以身教示门人也。和盘托出，圣人之心也。然何处用耳，何处着眼，二三子未必能知。程子曰：“圣人之道犹天然，门弟子亲炙而冀及之，然后知其高且远也。使诚以为不可及，则趋向之心不几于怠乎？故圣人之教，常俯而就之如此，非独使资质庸下者勉思企及，而才气高迈者亦不敢躐易而进也。”而二三子疑团，从过求高远来；过求高远，从实地少工夫来。吕氏曰：“圣人体道无隐，与天象昭然，莫非至教。常以示人，而人自不察。”故无行不与者，盖道在日用动静语默之间，圣人分明有一点生意通与人在皮肉之外也。蕅益

7.24 子以四教：文、行、忠、信。

〇教人以学文修行，而存忠信焉。文以发其蒙，行以积其德，忠以立其节，信以全其终也。程树德

〇此章是门人记圣教之全功也。其教，皆万世学者师也。文者，六艺之文也，《礼记·经解》所称六经是也。行者，五伦之行也，《中庸》所称五达道是也。博学于文，知斯文也。约之以礼，行斯行也。学必先知而后行，故文开其始焉。忠信者，文之实而行之主也。忠，在己之体；信，及人之用，故道合而分焉。四教者，教其人而人备四教也。人备四教，各有所长，则有四科矣。若德行，若言语，若政事，若文学，非先以四科分教其人也。《困学纪闻》云："四教以文为先，自博而约；四科以文为后，自本而末。"简朝亮

〇圣人之教，博约二者，而析之则有四。博一而已，约之途精矣哉。自文而约之行，自行而约之心，曰忠曰信，以忠合信而善约者复妙于善，推乃所以为约礼也。若仅守其一膜之心，而无以及物，形骸之障而已，非礼也。故约之途精矣哉，四者合而人道之方备矣。此之谓善教。教有四而学之则一，如事亲而穷孝之理是文，因而身践之晨昏食息之间是行，反而得吾亲爱之心是忠，此亲爱之心实致之亲而不隔是信，则学成矣。四者立教，令人一毫走作不得，似只成得一拘儒，然圣人只合如此学，后人妄开方便误矣。刘宗周

7.25 子曰："圣人，吾不得而见之矣，得见君子者，斯可矣。"子曰："善人，吾不得而见之矣，得见有恒者，斯可矣；亡无而为有，虚而为盈，约而为泰，难乎有恒矣。"

○有恒者常心也，常守其作圣之心而不贰，则渐进于善人，渐进于君子，渐进于圣人矣。然时既浇薄，率皆虚矫好面，以无为有，将虚作盈，内实穷约而外为奢泰，分明画出伪学情状。故申言有恒之义，其示人入德之门，可谓深切而着明矣。刘宗周

○此章是教人存恒心以为作圣之基也。《易・彖传・恒》云：“圣人久于其道，而天下化成。”盖虽圣人亦以恒化也。圣人只是证得本亡本虚本约之理，有恒须是信得本亡本虚本约之理，就此处下手，便可造到圣人地位。故有恒者，可为善人君子而几作圣之功。圣人神明不测之号，君子才德出众之名，善人者志于仁而无恶，有恒者不贰其心。圣人之学有本而以渐达也。原泉混混不舍昼夜，盈科而后进是也。然为有为盈为泰，一路浮夸，其为善而无恒也，斯不忠信焉，安能学文而修行乎。盖上章四教之反观有然矣。简朝亮

7.26 子钓而不纲，弋（yì）不射宿。

○纲，以大绳属网，绝流而渔，欲一网打尽也。弋，以生丝系矢而射也。射宿，射宿着的鸟，欲出其不意也。所记皆小事，然可见仁者之存心与待物矣。朱子

○此章记圣人爱物之仁也。仁者，天地之心。若无圣人之道主张其间，天地之仁亦行不去，故曰与天地参。《大戴礼记》云：“草木以时伐焉，禽兽以时杀焉。”以义猎之，宾祭及养礼皆行王教之仁，猎之不尽，无四面交残也。贾谊《新书》云：“不合围，不掩群，不射宿，不涸泽，豺不祭兽，不田猎，獭不祭鱼，不设网罟。”又云：“取之有时，用之有

节，则物蓄多。”是伐一木杀一兽，当以其时，故钓弋仁术也；然纲与谢宿，则太过而为不仁，故圣人无是耳。孔子少贱，不得位，放钓弋犹行其道焉。而佛氏以戒杀为言者，非制也。吕留良

7.27 子曰：“盖有不知而作之者，我无是也，多闻择其善者而从之，多见而识之，知之次也。”

○言我没有像别人那样穿凿妄作篇籍，只是于所闻则择善而从，于所见则识其行事，如此亦可次于天生知之者也。程树德

○此章是孔子自叙求知之功以示人也。知故不作也。言不知而作者，恶其妄作，乖先王之法也。盖夫子作《春秋》，于所传闻世、所闻世兼采列国史文，取足张法以加王心；于所见世，识其行事而已。董子曰：“于所见微其辞，于所闻痛其祸，于所传闻杀其恩，与情俱也。是故逐季氏而言又雩，微其辞也；子赤弑，弗忍言日，痛其祸也；子般弑，而书乙未，杀其恩也。屈信之志，详略之文，皆应之。”《季氏第十六》云：“生而知之者上也，学而知之者次也，困而学之又其次也。”今孔子自言其学，以多闻多见而明，故曰知之次也。多闻多见，二者犹干禄章省文而互见焉。简朝亮

7.28 互乡难与言，童子见，门人惑。子曰：“与其进也，不与其退也，唯何甚！人洁己以进，与其洁也，不保其往也。”

○互乡，乡名。其乡人言语自专，不达时宜，而有年轻人来见孔子，门人疑而怪之。是不知夫子教诲之道，奖许人上进，而不与其退步也。唯

何甚，犹言何必如此过分呢。夫子之意，别人虚己自洁而来，当许其能自洁耳，固不能保证其往后会如何，但当能褒此上进之心。程树德

〇此天地父母之心也。童子可见，只就见在拈道理看，浑然天心无我。夫子以身为天下万世之身，即以其学为天下万世之学。互乡之见，正欲以天下同归于善转污为洁之机，深致意焉，又何忍以已甚阻人之进乎？故不与其退，言不以不善终锢此童子也；不保其往，若既退之后，殷殷望之矣。仲尼不为已甚，本诸此乃知不为已甚即圣人之仁也。刘宗周

7.29 子曰："仁远乎哉？我欲仁斯仁至矣。"

〇仁本我心所固有，不待外求也。为仁由己，求则得之，何远之有？此为放而不求反以为远者言，当下指点他转来反求耳。吕留良

〇此章是孔子勉人求仁也。仁者，心之德。心只是虚灵不昧，故能藏仁，非虚灵不昧即仁也。惟其虚灵不昧，为最活之物，故有人心道心之分。仁者道心也，故仁之量，竖穷横遍，可谓远矣。然不出我现前介尔一念之心，则远近一如也。是人心之欲仁，即道心之动处，故曰欲仁仁至。我欲仁，求放心也；仁至，操则存也。盖本心之仁返之即是，非欲者一物至者又一物也。特提撕警觉之后，当加涵养之功，庶可保而弗失。先儒以易复卦冬至日喻仁至，而以夏至日喻积累之功，其说极精。盖仁道之精进，无已时也。唐文治

7.30 陈司败问："昭公知礼乎？"孔子曰："知礼。"孔子退，揖巫马期而进之，曰："吾闻君子不党，君子亦党乎？君取娶**于吴，为同姓，谓**

之吴孟子，君而知礼，孰不知礼？”巫马期以告。子曰：“丘也幸，苟有过，人必知之。”

〇陈，国名。司败，官名，即司寇也。昭公，鲁君，名裯，习于威仪之节，时有善礼之名。司败既问昭公知礼乎，故答曰知礼。巫马期，孔子弟子，姓巫马，名施，字期。党，相助匿非也。鲁与吴皆姬姓，礼同姓不婚，而君娶之，是违礼也。孟，长女也。子，宋姓也。当称孟姬而讳曰孟子，掩耳盗铃也。是昭公非不知礼，不能守礼者也。程树德

〇此章见孔子为君受过也。善则称君，过则称己，圣人从容中道之妙，于此可见一斑。昭公知礼之对，臣子之谊委合如此。然自问者观之则党矣，司败之论恰是公议。故及闻巫马期之告，即引为己过而不与辩也，盖若下一辩语则有违讳君之意也。使昭公闻之，亦应忏悔。或曰圣人发心自然如此，及司败一言触着平日迁善改过学问，不觉欣然领受，自是切己痛痒，并无回护之情，无讳之讳也。看圣人只至诚心随处圆满，无纤毫夹带，便处处是道理。蕅益

7.31 子与人歌而善，必使反之，而后和（hè）**之。**

〇反，复也，即再歌之意。人歌而善，合于雅颂，夫子与之，故使重歌之，审其歌意，然后自和而应之。

〇孟子称舜善与人同，今孔子于一歌见之矣。《书》曰：“诗言志，歌永言。”《礼记》曰：“夫歌者直已而陈德也，动已而天地应焉，四时和焉，星辰理焉，万物育焉。”故歌者上如抗，下如坠，曲如折，止如槁，木

据中，矩句中，钩累累乎端如贯珠，歌之义大矣深矣。古之君子琴瑟在御，歌咏恒有之。子于是日哭则不歌，曾子曳履而歌，兴于诗者其必习于歌可知。 圣人一体万物，要在天下各尽其情，而无沴郁之病，则圣人之元气有以嘘之也。观夫子与歌一事，可见老安少怀如斯而已。刘宗周

7.32 子曰："文，莫吾犹人也。躬行君子，则吾未之有得。"

〇莫，疑辞，大概、大约。言学文大概尚可及人，然笃行君子之道则远未有得。犹言君子道者三，我无能焉。

〇此章是孔子勉人以实行也。文行相须，原无偏废之理，夫子正只患夺志耳。博文为入道之门，然必反身力致而要于成德，斯称躬行君子。躬行云者，心得之而措诸躬，即身是道也。行得尽，渣滓便浑化，上下与天地同流。虽圣人犹以为歉，况学者乎。夫博约虽一事，然圣人犹易言博，而惓惓于反躬之难如此，则世之徒博而不约者盖亦多矣。文者，道之华也。圣人于文无不学，故曰文莫犹人，非仅言语文辞之谓也。敛华而归，实则躬行君子之道矣。曰未之有得，则不敢不勉可知。刘宗周

7.33 子曰："若圣与仁，则吾岂敢？抑为之不厌，诲人不倦，则可谓云尔已矣。"公西华曰："正唯弟子不能学也。"

〇当时有称夫子圣且仁者，夫子谦辞之，而仅以为之不厌、诲人不倦自处也。抑之者，期之也，犹以今日期明日也。云尔者，不厌不倦云然也。不厌倦，正是夫子之圣仁处，非己有之则不能，公西华所以说弟子不能学也。朱子

○为、诲定根圣仁矣。为之，谓为仁圣之道。诲人，亦谓以此教人也。为不厌诲不倦，浅言之，即有恒之学，《易传》所谓恒杂而不厌是也。深言之，即无息之学，《中庸》所谓“纯亦不已”是也。惟为不厌，而后造于圣教不倦，而后进于仁。圣人自有其作圣之功，非徒恃乎天也。而唯善学者知圣功之不易学焉，公西华深知其意矣。唐文治

○圣者，大而化之，德之盛也；仁者，则心德之纯而全人道之备也。《孟子》云：“昔者子贡问于孔子，曰：‘夫子圣矣乎？’孔子曰：‘圣则吾不能，我学不厌而教不倦也。’子贡曰：‘学不厌智也，教不倦仁也，仁且智，夫子既圣矣。’”今此言圣与仁而不言智者，盖非仁无以成圣，非智无以成仁，言仁则智可该也。若夫圣，于我皆真，于物能化；与夫仁，于心皆得，于物皆顺。则以吾心自考，岂敢谓其已然乎？抑吾未尝不求至乎圣，未尝不求安乎仁也。夫子一生学问实从事此两言，而恒觉分量之难尽，又终不敢自诿其难也。简朝亮

7.34 子疾病，子路请祷。子曰：“有诸？”子路对曰：“有之，《诔(lěi)》曰：‘祷尔于上下神祇（qí）。’”子曰：“丘之祷久矣。”

○孔子病甚，子路请代祷于鬼神。有诸，问辞，有之乎。诔，本作讄，累功德以求福也。上下，谓天地。天曰神，地曰祇。孔子以死生有命，不欲祷祈，故诘问之。子路失孔子之旨，故曰有之，又引祷篇之文以对。孔子不直拒之，而但告以无所事祷之意。简朝亮

○此子路起念于祸福，夫子折之以立命之学也。昔武王有疾，周公自祷于三王，武王于是乎疾瘳，《书·金滕》可稽矣。子路忧师之疾，自祷

宜也，请祷非也。周公自祷，忠孝之诚也；孔子不祷，修身之义也。苟不辩焉，有陷于狄之酆舒儁才而不祀者矣。盖圣人未尝有过，素行合于神明，自无求祷之意。丘之祷久矣者，谓敬畏天命，尚不愧于屋漏，内省不疚之功也。是圣人之祷，在神明而不在形迹，在心性而不在祸福，在居恒而不在临时，《书》所谓“祈天永命”者是也。唐文治、简朝亮

7.35 子曰：“奢则不孙逊，俭则固。与其不孙也，宁固。”

〇奢者常欲胜于人。不孙，不让不顺义。固，固陋义。务求于俭，事事不欲与人通往来，易陷于固陋。二者均失，但固陋病在己，不逊则陵人。孔子重仁道，故谓不逊之失更大。钱穆

〇此章甚言奢之为害，而为维世之论也。盖孔子为周末文胜而言。文胜则奢，奢则骄溢而不顺。故圣人欲以俭求之。《八佾第三》与其奢也宁俭，指礼本而言。此章与其不逊也宁固，指心理而言，欲救人心其偏。晁氏曰：“不得已而救时之弊也。”唐文治

7.36 子曰：“君子坦荡荡，小人长戚戚。”

〇坦，平也。荡荡，宽广貌。戚戚，蹙缩貌，亦忧惧义。程子曰：“君子循理，故常舒泰；小人役于物，故多忧戚。”朱子

〇此章是即心术以严君子小人之辨也。《书》曰“王道荡荡”，坦荡荡者，孟子所谓居广居立正位，行大道是也。戚戚，乃蹙蹙之省文，言居心迫促而无所容，《诗》所谓“我瞻四方，蹙蹙靡所骋”也。屈子《离

骚》曰："彼尧舜之耿介兮，既遵道而得路；何桀纣之猖披兮，夫惟捷径以窘步。"盖遵道而后能得路，所以坦荡荡也；若捷径未有不窘步，所以长戚戚也。此以境喻心也。唐文治

7.37 子温而厉，威而不猛，恭而安。

○言孔子体貌温和而能严正，俨然人望而畏之而无刚暴，自持之际恭而不懈而能安泰。此皆与常度相反，唯孔子能然。《论语注疏》

○此章记孔子之容，以见盛德之征也。人之德性本无不备，而气质所赋，鲜有不偏，惟圣人全体浑然，阴阳合德，故其中和之气见于容貌之间者如此。李氏曰："温者春生之气，威者秋肃之气，恭者内温外肃，阴阳合德之气也。"温而厉，则阳中有阴；威而不猛，则阴中有阳；合二句，只一恭字尽之。又推出一安字，则见其一出于诚而无勉强，性之德固若是也。三句就一时想象亦可，然亦有迭见者。盖喜怒哀乐圣与人同，当其喜则温之气形，当其怒则威之气形，及乎喜怒未发则恭之意常在也。深体而默识之，则知圣人与天地相似。愚按："圣人全体太极，一阴一阳之道，存性存存。"《述而第七》记夫子之威仪容貌，以申申夭夭始，以此章终，盖涵养之功夫至矣。唐文治

泰伯第八

《正义》曰："此篇论礼让仁孝之德，贤人君子之风，劝学立身，守道为政，叹美正乐，鄙薄小人，遂称尧舜及禹文王武王。以前篇论孔子之行，此篇首末载贤圣之德，故以为次也。"凡二十一章。

8.1 子曰："泰伯其可谓至德也已矣，三以天下让，民无得而称焉。"

〇泰伯，周太王之长子，次弟仲雍，少弟季历。季历贤，又生子昌，有圣瑞，太王曰："我世当有兴者，其在昌乎？"泰伯知太王欲传位季历以及昌，即与仲雍逃之荆蛮。于是太王卒季历立，传国至昌，而三分天下有其二，是为文王。初，太王虽未有翦商之志，而始得民心，王业之成，实基于此。故自泰伯让王季而有四方者，《诗》称其以天下让也，故孔子称之曰至德。无得，犹无从、没办法。盖文王至德人皆知之，泰伯之至德，其行甚高，所谓知我其天也，其迹又泯，所谓荡荡无名也，民虽欲举一端而颂之，不可得耳。简朝亮

〇本章论泰伯之让，阐扬潜德也。三代圣人，皆以天命人心为重，有天下为轻。行一不义，杀一不辜，而得天下，皆所不为，太王、武王同也。得百里之地，皆足以朝诸侯、有天下，泰伯之所同，而泰伯不为，此泰伯之所以为至德也。故太王剪商，武王伐纣，与后世取天下心肠，天地悬隔。竖儒先看得翦商伐纣与后世取天下无异，故朱子与陈同甫论

汉唐之君，不可以接三代，宁可千年架漏，正为此也。盖古之兴衰，论德不论势，德盛而归之者多则为兴，德失而归之者少则为衰。文王三分有二，原是纣之天下，未尝割据而有也，然则太王德盛而人归之而已矣。善乎朱子之言曰："泰伯之心即夷齐之心，天地之常经也。"太王之心，即武王之心，古今之通义也。圣人未尝说一边不是，须见得二者并行而不相悖乃善。吕留良

〇君臣之义，原为天下而有。太王为天下而翦商，武王为天下而伐纣，泰伯为天下而让位，王季为天下而受命，其义一也。故《诗》曰："帝作邦作对，自泰伯王季，维此王季，因心则友。则友其兄，则笃其庆，载锡之光。受禄无丧，奄有四方。"作邦作对而曰自泰伯，则泰伯之宜有天下可知；称王季则曰友兄锡光受禄，言承泰伯之意，能笃周之庆而受天命，以彰其知人之明，为让德之光，则翦商亦为泰伯所遗也。泰伯自不欲为，且见王季之足以有为，故三让以自全耳。三让则让之诚，以天下则让之大，而又隐晦其迹，非有为名之累，所以为至。逃父纹身本非正理，必须行权乃为得中，故曰处君臣父子之变，此变字言礼之变，非变故之变也。圣人之德之至，皆是从变处看出，盖人之处变每易有不尽分处，而能变而不失其权，此圣人之所以为至德也。吕留良

8.2 子曰："恭而无礼则劳，慎而无礼则葸（xǐ），勇而无礼则乱，直而无礼则绞。君子笃于亲，则民兴于仁；故旧不遗，则民不偷。"

〇葸，畏惧貌。绞，急切偏激。偷，同媮，薄也。无礼则无节文，故有四者之弊。亲亲、敬故，礼之大者。有礼与笃亲、不遗故旧在先，则不劳、不葸、不乱、不绞在后。知所先后，民化而德厚矣。朱子

○此章明敦厚以崇礼也。君子笃于亲，以父子兄弟二伦说，要在孝悌。故旧不遗，则以君臣朋友二伦说，要在忠恕。君子为政，身教重于言教，当敦厚于亲，敦伦尽分也。敦伦尽分，则一家仁一国兴仁也。故能以顺天下，民用和睦，上下无怨。《孝经》曰："教民亲爱莫善于孝，教民礼顺莫善于悌。"此即孝治、礼治，孝经谓先王至德要道也。孝悌以淳厚心地，然不以礼饰乃质胜文，则野而失序。故要崇礼，尊崇礼节，以构建良治秩序。盖君子恭以远耻，慎以辟祸，勇以成义，直以正人，然而不中礼则有四者之失，唯礼可以已之也。蕅益

8.3 曾子有疾，召门弟子曰："启予足！启予手！《诗》云：'战战兢兢，如临深渊，如履薄冰。'而今而后，吾知免夫！小子！"

○启，开也。谓开启衣衾看看手足。曾子以身体发肤受之父母，故引《诗》以示己常戒慎，而得其所保全之意。而今而后，即从今而后，身疾而至于将死之意。吾知免夫，谓当自知免于毁伤也。君子保其身以没，为终其事也，故曾子示门人以全归为免矣。小子，门人也。语毕而又呼之，以至反复叮咛之意，其警之也深矣。朱子

○前两章论至德，德以敬为本，本章论敬身。《孝经》云："身体发肤受之父母，不敢毁伤，孝之始也；立身行道，扬名于后世，以显父母，孝之终也。"《诗》云者，《小雅·小旻》之篇也。战战，恐惧。兢兢，戒谨。引《诗》之义，明修身乃所以保身也，手不举非义，足不蹈非礼，循理尽道，方是不毁伤之实。夫孝者而行道之常，其明哲保身也，则恐毁伤而能无毁伤矣。夫孝者而行道之变，其杀身成仁也，则虽毁伤而如无毁伤矣。盖曾子教小子者以身教之，举其常而未及变焉。后世学

者不辩于斯，从游侠刺客之风死之，是不知孝之不敢毁伤之义也。《礼记·祭义》称曾子云：“父母全而生之，子全而归之，可谓孝矣；不亏其体，不辱其身，可谓全矣；故君子顷步而弗敢忘孝也。”此语当深思之，以明孝之终始之义也。《反身录》云：“保身全在修身，而修身须是存心，心存则不乱；临大事而不乱，方足以任大事；临生死而不乱，方足以了生死。”简朝亮、程树德

8.4 曾子有疾，孟敬子问之。曾子言曰：“鸟之将死其鸣也哀，人之将死其言也善。君子所贵乎道者三：动容貌，斯远暴慢矣；正颜色，斯近信矣；出辞气，斯远鄙倍矣。笾豆之事，则有司存。”

○孟敬子，鲁大夫仲孙氏，名捷，孟武伯之子。问之者，问其疾也。鸟畏死故鸣哀，人穷反本故言善。此曾子欲戒敬子知其所言之善而识之也。暴慢，粗暴怠慢也。鄙倍，浅陋乖戾也。动容则人敬其仪，故暴慢息也。正色则人达其诚，故信者立也。出辞则人乐其文，故鄙倍绝也。笾豆，礼器，笾竹为之，豆木为之。有司，管事者。若夫笾豆之事，器数之末，其分则有司之守，而非士大夫之所重矣。程树德

○此章是曾子以省身之学告临民者知所重也。道虽无所不在，然君子所重者，在此三事而已。三个斯字，皆是诚于中形于外，不假勉强。《邢疏》云：“人之相接，先见容貌，次观颜色，次交言语，故三者相次而言也。”《礼记·冠义》云：“礼义之始，在于正容体，齐颜色，顺辞令；容体正，颜色齐，辞令顺，而后礼义备。”《表记》云：“是故君子貌足畏也，色足惮也，言足信也。”《大戴礼记·四代》云：“盖人有可知者焉，貌色声众有美焉，必有美质在其中者矣，貌色声众有恶焉，必有恶

质在其中者矣。”是容貌颜色辞气皆道所发见之处，故君子谨之。子夏言君子三变，望之俨然，谓容貌也；即之也温，谓颜色也；听其言也厉，谓辞气也。《韩诗外传》云：“故望而宜为人君者，容也；近而可信者，色也；发而安中者，言也；久而可观者，行也。故君子容色天下仪象而望之，不假言而知宜为人君者。”故朱子谓“是皆修身之要、为政之本，学者所当操存省察，而不可有造次颠沛之违者也。”尹氏曰：“养于中则见于外，曾子盖以修己为为政之本。若乃器用事物之细，则有司存焉。”程树德

8.5 曾子曰：“以能问于不能，以多问于寡，有若无，实若虚，犯而不校，昔者吾友尝从事于斯矣。”

〇以能以多，盖学问有成，亦不耻下问。若无若虚，盖器量恢宏，与物无竞。校，计较也。遭冒犯而不校者，非不能不敢校也，盖宽宏不忍校也。友，马氏以为颜渊是也。颜子之心，惟知义理之无穷，不见物我之有间，故能如此。简朝亮

〇此章明颜子无我之学，所谓大也。人之生莫不有德，有德即有量。人莫不具天地之量，只以私欲锢蔽遂至动与物忤，而己之所知所能亦遂日以狭窄。颜子之徒事于斯，所谓有容德乃大也。进乎此，则如舜之如人为善，而与天地同其大矣。陆氏曰：“颜子已至充实光辉之域，而欿然不自足，方可谓若无若虚；今人未至充实境界，正当就正有道，虽博稽广询，不得谓之若无若虚。颜子立于无过之地而人自犯之，方可谓犯而不校；今人未能无过，我以非理加人，人亦以非理加我，此乃出尔反尔，非犯也，即使默然无言，亦不得谓之不校。欲如颜子之若无若虚，

当先如子夏之切问近思；欲如颜子之不校，当先如孟子之三自反。”盖圣贤无我之心尝如太虚，能容天下之理而不见己之有余，能容天下之物而不见人之不足。然非真积力久，以几于大而化之之境，则亦未足以语此也。唐文治

8.6 曾子曰：“可以托六尺之孤，可以寄百里之命，临大节而不可夺也，君子人与欤？君子人也。”

○六尺之孤，幼少之君也。古尺短，七尺年二十，六尺年十五以下。百里，诸侯之国。寄命者，言摄国政也。大节，安国家定社稷也。然非死生一心，何以能安定之乎？故其于死生之际而不可夺也。与，疑辞。也，决辞。设为问答，所以深着其必然也。程子曰：“节操如是，可谓君子矣。”程树德

○此章是曾子以全德望人之意，“君子人”者也。盖托孤寄命不是等闲事，如伊尹周公之任是也。当此等事，任生死利害，动辄踏着，是吾人大节关系处。才胜者多行险侥幸之计，此心未必对天地质鬼神，到紧关一着便差，直是卖国家叛君父而不恤；德胜者又未必济天下事，徒以身徇而已，如文信公方逊志是也。必也才诚两合，非君子其人不能矣。托孤寄命必是临大节而不可夺者，但可托可寄处亦有许多斡旋方克有济，而大节不夺者乃济天下之本也。古人济大事全靠脚跟定，只不从身家名位上起念便是，凡可夺处皆是此等作祟也。诚极则精，精极则变，一切作用皆从此出。诚中之识见是大识见，诚中之担当是大担当，是为大学术大经纶。故君子非有才之难，而诚之难。古人办此亦鲜其人，伊周而后诸葛武侯其庶几乎，其次霍子孟、韩魏公、郭汾阳差足当万一。临大

节而不可夺，是就上抽出言之，其气一直贯下，托孤寄命是大节不夺之事，大节不夺是托孤寄命的心肠。霍光出入殿庭有常度不失尺寸，金日磾不忤视，汉武即属以少主，知人哉。君子计是非不计成败，如陆秀夫抱赵氏幼主投厓山，何尝不是托孤寄命，到此虽圣人无下手，安论才不济。刘宗周

8.7 曾子曰："士不可以不弘毅，任重而道远。仁以为己任，不亦重乎？死而后已，不亦远乎？"

〇弘，弘大。毅，刚毅。非弘不能胜其重，非毅无以致其远。仁者，人心之全德，而必欲以身体而力行之，可谓重矣。一息尚存，此志不容少懈，可谓远矣。朱子

〇此章论士君子之德，弘毅为仁，死而后已。仁也难说重，圣贤却重视之如执玉捧盈，举之如不胜而后能胜也，此任仁之真力量也。任仁者真须用全副精神肢体发肤合下承当，无丝毫阙漏处便是弘，"造次必于是，颠沛必于是"便是毅。真能弘者取道必远，不远则前功尽废无所任矣。弘毅者为仁之功也，"仁以为己任不亦重乎，死而后已不亦远乎"，乃为弘毅也。任重道远不是为仁者独如此，仁者人也，有是人则有是仁，推诿不得歇住不得，故不可以不弘毅。弘毅所以任仁者，然则弘毅与仁，二乎一乎？曰："仁是性，弘毅是性之良知良能恢张乾济处，仁体自是弘毅，二而一也，即本体为工夫也。"仁不越几席之微，而天地万物囿焉。学者不得小小承当，如清任和才，举得一边遗却一边。仁者见之为仁，智者见之为智亦然，如发育峻极三千三百，大莫载小莫破，都是此中孕出。君子尊德性而道问学，致广大而尽精微，极高明而道中

庸，温故而知新，敦厚以崇礼，此全副精神也。然君子不从大处求则从微处求，故约而易操求而即至，重而轻远而近。死而后已，死亦未已，尧舜其心至今在。程子曰："学者须先识仁，义礼知皆仁也。"刘宗周

8.8 子曰："兴于《诗》，立于礼，成于乐。"

○《诗》礼乐，是古者教人躬行日习之事，非如后世士失其教，无其事而但从书本记诵也。兴，起也。诗本性情，其言易知，吟咏之间，抑扬反复，感人易入。故学者之能起发其心志，而不能自已者，每于诗得之。礼以恭敬辞逊为本，而有节文度数之详。学者之能卓然自立，不为事物所摇夺者，每于礼得之。乐者，更唱迭和以为歌舞，可以养人之性情，而荡涤其邪秽，消融其渣滓。故学者之所以至于义精仁熟，而和顺于道德者，每于乐得之。是学之成也。朱子

○上章记君子之本在仁，本章论君子养成之道。古者教人，从小便以歌诗习礼乐为事，直至老死不辍，故能使人志意得广，筋骸强固，耳目聪明，血气平和，移风易俗，天下皆宁。此是甚气象甚功用！其为兴立成皆不知其然而然，此其所以为妙也。盖六经之教皆以阐人心之蕴而示人以为学之方也。程子曰："天下之英才不为少矣，特以道学不明，故不得有所成就。夫古人之诗，如今之歌曲，虽闾里童稚，皆习闻之而知其说，故能兴起。今虽老师宿儒，尚不能晓其义，况学者乎？是不得兴于诗也。古人自洒扫应对，以至冠、昏、丧、祭，莫不有礼。今皆废坏，是以人伦不明，治家无法，是不得立于礼也。古人之乐：声音所以养其耳，采色所以养其目，歌咏所以养其性情，舞蹈所以养其血脉。今皆无之，是不得成于乐也。是以古之成材也易，今之成材也难。"吕留良

8.9 子曰："民可使由之，不可使知之。"

〇由者，从而行之也。士能学焉，知然后行，知即是由中所以然者矣。民，非士也，知其然而不知所以然者众也。故先王教民首重行，教士大夫以上方重知。简朝亮

〇上章言教化，本章言治民，而大义相通。孟子曰："行之而不著焉，习矣而不察焉，终身由之而不知其道者众也。"终身由之者，朱子谓"理之当然"，若人当忠孝也。其所以然者，若忠孝本天性之仁义也。《诗·天保》云"民之质矣，日用饮食"，盖可使由之也。《诗·皇矣》云"不识不知，顺帝之则"，盖不可使知之也。《易·系辞传》言继善成性者，则云"百姓日用而不知"，言民性之善而气禀不齐也。民从其善，日用行之，而不知其善所自来焉。是民性皆善，故可使由；民性不皆明，有智在中人以下者，故有不可使知者；其中稍有聪明者，先王即举而用之而为士矣。即论教化，诗与礼乐，仍在使由。由之而不知，自然而深入，终自可知。不由而使知，知终不真，而相率为欺伪。不可二字，正是观机之妙。机缘若熟，方可开权显实。简朝亮、钱穆、蕅益

8.10 子曰："好勇疾贫，乱也。人而不仁，疾之已甚，乱也。"

〇好勇而不安分，则必作乱。恶不仁之人而使之无所容，则必致乱。二者之心善恶虽殊，然其生乱则一也。朱子

〇本章是孔子示人以弭乱之道也。好勇疾贫，小人之乱也；人而不仁，疾之已甚，君子所以致乱也。夫好勇之人而疾失其业，则乱矣，《春

秋》所书“盗”皆是也。盖夫贫与贱是人之所恶也，今不言恶贫而言疾贫者，则必不安于贫而急欲去之，则必不择手段而作乱矣，若秦之適戍、明之流贼也。故孔子告冉有曰先富后教，见贫必救治。夫不仁者为不善矣，恶不仁则非必明言去之，疾不仁则必明言去之。不仁之人暴，疾之必动，已甚则尤动焉。盖不仁之人，当治之以智，若书言尧舜之去共工驩兜，左传言石碏之杀州吁也。如不仁者而疾之已甚，则必致乱矣，若东汉之中常侍，明之阉宦也。故春秋于叛逆则诛之，于吴楚则先治小恶，不为已甚。此其义也。惟主持治道，则须善体人情，导之以渐。一有偏激，世乱起而祸且遍及于君子善人，是不可不深察。简朝亮

8.11 子曰：“如有周公之才之美，使骄且吝，其余不足观也已。”

〇才美，谓多材多艺。才美而骄吝，其才即无可观。周公告武王曰：“不骄不吝，时乃无敌。孔子盖反其言以戒为人臣者。”

〇上两章言治民，本章言治理之德。季康子问政，子曰：“政者正也，子帅以正，孰敢不正”，言正人当先正己也。不骄不吝，即是正己。周公将相之才，而言无敌则在斯，则观周公者岂不在斯哉！《史记·周鲁公世家》周公戒伯禽曰：“我文王之子，武王之弟，成王之叔父，我于天下亦不贱矣。然我一沐三握发，一饭三吐哺，起以待士，犹恐失天下之贤人。子之鲁，慎无以国骄人。”故《韩诗外传》言周公曰：“布衣之士所贽而师者十人，所友见者十二人，穷巷白屋所先见者四十九人。”皆以明其不骄也。《书·洛诰》云：“惟公德明光于上下，勤施于四方，旁作穆穆，迓衡不迷，文武勤教。”此成王称周公，明其不吝也。盖不迷者不失也，言惟公之德明而光于君臣上下，勤而施于遐迩四方，大作

穆穆以美之治平，上下四方皆不失文武所勤之教。夫勤施若斯，吝于何有！成王为天子王而称周公也，则观其美于治平矣。简朝亮

〇其余不足观，正谓其才无足取。何以故？骄吝也。骄是待人骄傲，目中无人。吝是吝惜爵禄，不愿与人分享。骄者远人，吝者失人。故骄吝私贼也，虽才美而失色焉。又知有才便骄，自有其才而不能舍己从人便吝，二者同体而互发，总是器小情状所为。凡人矜夸鄙吝之气，无日不生，况挟美才乎，适足以济其骄吝而已。故子曰尚德哉若人，圣人始教，以德为本。小有才而未闻君子之大道者，到此便须学问也已。《中庸》曰“率性之谓道”，如何率？须德才相兼。才是建功，德是立业。无德，即不能以仁为己任，则不能行稳致远。无才，则德不越几席之微，而天地万物囿焉。才者性之具，德者性之相。性是体大，才是用大，德是相大。《中庸》谓“天命之谓性”，体大也；道问学而致广大尽精微，用大也；尊德性而极高明道中庸，相大也。故学者当发大心，学不厌而教不倦也。

8.12 子曰：“三年学，不至于谷，不易得也。”

〇谷，禄也。当时士人皆以学求仕，三年之期已久，而其向学之心不转到谷禄上，为难能。钱穆

〇上章言正己，正己在正学也。利禄之溺，人从矣，于是有干禄之学。当其学而无非谷也，况三年乎。三年学而心不至于谷，则其学纯矣，岂易得哉。充斯志也，虽遯世不见，知而不悔，唯圣者能之乎。学以至于圣人之道，非谷之谓也。至道则终身向往而不足至谷，则一念驰骛而有

余，此学中开不得丝毫窦漏，才漏便是伪学。刘宗周

8.13 子曰："笃信好学，守死善道。危邦不入，乱邦不居。天下有道则见，无道则隐。邦有道，贫且贱焉，耻也。邦无道，富且贵焉，耻也。"

〇笃信者信道之坚，好学者学道之勤，守死者笃信之效，善道者好学之功。有学有守，故能远危乱而洁身去之，天下无道安有可入可居之邦乎，惟隐焉而已。《易·文言》曰"见龙在田，天下文明"，言世之有道也，道见则君子亦见也。故邦有道而我禄薄，是我于道学有未至，故可耻；邦无道而我却禄厚，是我于道守有未坚，故亦可耻。

〇此章是孔子教人立身处世之道也。君子之于道也，笃信而不好学，恐或流于异说，或堕于空虚；好学而不笃信，恐不得师承，不明宗旨。守死而不能善道，是谓徒死，故善道者贵有守死而不渝之节，而后吾道可传诸永久。此圣门八字箴。上句乃尽心知性之功，下句乃事天立命之事。李氏曰："笃信好学，以所知言；守死善道，以所行言。"下文皆守死善道之事，而自笃信好学中来者。故笃信好学守死善道八字，是我辈四大项工夫，一步蹉跌，不得学者勗之。唐文治

〇夫君子之学，无时不在，而必于隐见之际，独观其大者而已矣。国本动摇谓之危邦，政刑不修谓之乱邦。不入不居，所以免祸。有道无道，指天下大局而言。有道则见无道则隐，到守死处已不会错，若孔颜用行舍藏时，则又有佳境在。是君子之进退出处，妙于时措而不穷，可以独善可以兼善，可以烛危乱之先几，可以准出处之常法，动无死地道必因时，此乐天知命之谊，品诣之最高者也。然士君子谈学术说道理亦易，

只格此两关，令人躲遁不去，有道不废无道则免，千载而下几人哉？只为合下信不笃，又无学问之功，执德不弘，见道不的，胸中有许多私意，廓除不去，未免临境扰，扰到此愈着忙了。故又言邦有道二句戒勉之辞，立品之初基也。盖世治而我身无可行之道，世乱而我心无可守之节，皆可耻之甚。大丈夫立身行事，一切皆求所以善其道而已。可以富贵，可以贫贱，可以生，可以死，唯道所在。

8.14 子曰：“不在其位，不谋其政。”

〇位，凡局于上下皆是。君子居官，尽心于职内，不侵越于职外，所以明守分也。陈恒弑其君，孔子沐浴而请讨，曰以吾从大夫之后不敢不告，犹然明个分守，况其它乎？刘宗周

〇上章言出处之道，出处之要在托位而明守分也。曰不在其位不谋其政，曰德不配位，天下得失皆由此判。天下之位有五：天子、诸侯、卿大夫、士、庶人也。天子之位，在德配天地，故唯大德者居之。诸侯者，一方之主，保其社稷而和其民者也。庶人者，庶民也，民之所欲，天必从之，唯敬德方可以保民也。士与卿大夫者，或处江湖之远，或居庙堂之高，皆以天下之忧乐为己任也。是天下之人，各有其位，各安天命，出位僭越，则乱矣。春秋乱世，故孔子是非二百四十二年之中，以为天下仪表，贬天子，退诸侯，讨大夫，以达王事而已矣。王者，往也，天下所归往也。天下归往，则各正性命，天地和序。是故，孔子于春秋历史一以王心义理裁之，以为万世立法也。《春秋》托位贬褒，义炳日月矣。马一浮

8.15 子曰："师挚（zhì）之始，《关雎》之乱，洋洋乎盈耳哉！"

○师挚，鲁太师乐官之长，名挚。始关雎之乱者，首理其乱也。《关雎》，《周南》篇名，正乐之首章也。周道衰微，郑卫之音作，正乐废而失节。鲁太师挚识《关雎》之声，而首理其乱，洋洋盈耳，听而美之。《论语集解》

○此章是孔子有志王化，而追念正乐之时也。《经学卮言》云："始者，师挚在官之时，雅颂尚未失所，自初奏迄以终乱，合乐《关雎》，洋洋尽美。今自师挚适齐，此音不可得闻矣，故追而叹之。"合乐《关雎》，乃合《周南》召南之关雎鹊巢以下六诗，于曲终变章乱节而合盛，故乱又曲终之谓。然夫子之言亦变文，补一始字而变乱为治也。故《晋书·司马彪传》云："《春秋》不修则孔子理之，《关雎》之乱则师挚修之。程树德

8.16 子曰："狂而不直，侗而不愿，悾悾而不信，吾不知之矣。"

○狂则无守，故直。侗，童稚，无知貌。童言无欺，故谨愿、诚实。悾悾，空空乎不为巧，诚悫貌，故信。狂而直，侗而愿，悾悾而信，此气质偏中之美宜然也。此而不然，为习所移也，故圣人绝之尔。简朝亮

○本章正气质之偏也。狂、侗、悾悾，气质之性也；不直、不愿、不信，习也。气质有偏而能矫之以学，犹可救也。若为恶习所染，浮伪巧滑，则终身不能入德，虽圣人无如之何矣，可畏哉。苏氏曰："天之生物，气质不齐。其中材以下，有是德则有是病，有是病必有是德。故

马之蹄啮者必善走，其不善者必驯。有是病而无是德，则天下之弃才也。”曾氏云：“人之气质，由于天生，很难改变，唯读书则可以变其气质。”唐文治

8.17 子曰：“学如不及，犹恐失之。”

〇不及，来不及、跟不上，形容其急迫。言人之为学，如有所不及，则其心竦然，惟恐失之，警学者当如是也。朱子

〇此章劝学也。及者，及前路也。失者，失当前也。学如不及犹恐失之，不得放过之意也，才说姑待明日便不可也。与“日知其所亡，月无忘其所能”相似。盖学问无穷，汲汲终日，犹恐不逮。惟其精勤是生恐惧，惟其恐惧愈加精勤，一时如此，终身如此，非有前后分际也。吕留良、唐文治

8.18 子曰：“巍巍乎，舜禹之有天下也而不与焉。”

〇有天下，有天子位也。舜禹有天下而不与私意，仍是极其忧勤劳苦，此其所以巍巍也。所谓与者，以有天子位为乐，此后世帝王之私心，无一不然者也。吕留良

〇此章言圣王公心也。有天下而不与非轻天下之谓也，惟借是尽吾职分所当为使天下无不治也。且凡有天下时，平成教养，万世仰赖之力，亦不过职分内事，又何与焉？所以巍巍也。是舜禹之有天下，自以大德受禅，故不以有天下而乐，而以王天下而乐焉。有天下之乐，斯乐有位

也。后世汉高祖耽乐，明太祖俭而逞威，亦关其有天下也，岂符舜禹哉？王天下之乐，斯乐行道也。孟子云“中天下而立，定四海之民，君子乐之”是也。《易传》云“古者包犧氏之王天下也”，则王天下云者可由舜禹而通欤！古来圣王皆不以天下动心，非独舜禹也。以匹夫而有天下，自舜禹始，却无几微沾带，此所以为舜禹耳。简朝亮、吕留良、程树德

○圣人气象度越千古也。圣人心普而天下冒，心运而天下转，将天下人在二圣人心中，湛然不堪些子，何与之有？此心体也，即性分也。巍巍乎，言其道之至极而无以加也。圣人之道不可见，但投之以势，分之得失而人心之盈歉见矣。圣人性分圆满，光洁无丝毫牵累处，视天下之大，总无碍吾胸次，故不必与。不必不与，适得吾心体而已。此圣人之道，所以超天下而独存，亘万古而立极也。圣人之心，只是凝然不动，将天下置在胸中，了不关涉，如一点浮云过太虚。如说我大而天下小，便有区别，相天下一物也。圣人视外物无小大，都作等闲看，打过得箪食豆羹关，便打过得天下关。 当是时有是事，当是事有是理，圣人之心廓然而大公，物来而顺应，此不与真面目也。刘宗周

8.19 子曰：“大哉尧之为君也！巍巍乎！唯天为大，唯尧则之。荡荡乎！民无能名焉。巍巍乎！其有成功也。焕乎！其有文章。”

○则，法也。美尧能法天而行化。荡荡，广远之称。言其布德广远，民无能识其名焉。成功，既成之功业。言其治民功成化隆，高大巍巍。焕，明也。言其立文垂制又著明也。尧之德不可名，所可名者此尔。程树德

○此章极赞帝尧君德之大也。《史记》云“《尚书》独载尧以来”，盖尧典立万世君道之常经也。《易·系辞传》云“法象莫大乎天地”，故云“易与天地准”。朱子谓尧法天而与之准也，《易传》所谓“圣人则之”也。圣人则之，广远无涯。《尧典》称尧之德曰“钦明”，此史之能名也，而民无能名焉。钦，敬也，万几之本，圣人之要道也。能敬故明，尧无不明，其德如天，故莫大而难名也。然观其治功之成就，《尧典》所称放勋也。放，大也；勋，功也。故曰成功也，下一也字，曲而递下，功业之隆盛，莫得而尚也。又观其治功之显烁，则格被昭垂。文章者，万世人文由尧而著，《尧典》所称钦明之文平章百姓也。《易·彖传·贲》云“文明以止人文也，观乎人文以化成天下”，其大而可见者又若此。大哉帝尧，洵千古复绝者矣。后世人主，舍尧，其奚法哉？简朝亮

○尧之法天而治，千古圣道之常准也。天者，万物之总名也。《礼运》曰：“必本于太一，分而为天地。”有天地，然后有万物。万物之数不可以毕举，其变化亦不可以终穷，故约之以阴阳而遍覆天下之变，定之以五行而统摄天下之物。董子曰：“天地阴阳木火土金水，与人而十者，天之数毕也。”是总名一个天，分言则有十端。此乃一生态的演化的宇宙观也。本此宇宙观，吾人无需全知全能的人格神来为人间立法，法天而治可也。天不言，然四时行百物生，维天之命於穆不已。圣人则之，故有尧之法天而行化。盖十端乃人设视角，起于天，至于人而毕。万物则以其可归属于十端之下，而不在十端之中。以此见人之超然万物之上，而最为天下贵也。人何以贵？盖能仰观天文，俯察地理，赞天地之化育也。人居于天地之间，好比鱼在水中，其治乱之所为，足可摇荡四海。董子曰：“治则以正气殽天地之化，乱则以邪气殽天地之化。”是故，人气调和，而致天地之化美，此即王天下也。是吾人文明，早就

从根本上超越神教，跃迁至于敬天也。董子曰："春秋之道，奉天而法古。"《春秋繁露》

8.20 舜有臣五人而天下治。武王曰："予有乱臣十人。"孔子曰："才难，不其然乎？唐虞之际，于斯为盛。有妇人焉，九人而已。三分天下有其二，以服事殷。周之德，其可谓至德也已矣。"

○五人，禹、稷、契、皋陶、伯益。乱，治乱也。十人，谓周公旦、召公奭、太公望、毕公、荣公、太颠、闳夭、散宜生、南宫适，其一人谓文母文王妃大姒。故下文云有妇人焉，九人而已。才难，人才难得。言周室人才多，惟唐虞之际乃盛于此，然犹但有此数人尔，是才之难得也。又言文王足以代商，天与之，人归之，乃不取而服事焉，所以为至德也。夫子两论周事，才盛德远，此周之所以建卜世之长也。简朝亮

○此章叹美周才比隆唐虞，因思至德，以推原所自也。才者，治天下之才也，亦其才可治天下之乱者也。故古语才难是泛言，如"末世无人物，衰期无遇合"，此通行议论。圣人所叹，却从舜武多才际会极盛时，尚且不易得如此，难字意又进一层。圣人心胸大，所叹在古今运会衰隆，世道升降，纯是天理上事。后人所见，却止得后世英雄豪杰失路不得志心事，淋漓悲壮，只成自己功利，皆意气之私。先列舜武两案，后继周才之盛几于唐虞尽矣，忽称周之至德，若不相蒙，实推原所自，非盛德之极能如是乎？盖才者，德之用也。建一代之治以定天下者，存乎才；而立远大之基，以合天心而为臣民之所咸服者，存乎德。正因德难，故才难耳。周之媲美唐虞者，实以德，而不止于才也。不曰文之德而曰周之德，原从武王得天下追论至未有天下时，以见周才皆受命于

德，此所以足继唐虞，非谓武专用才取天下，而文以至德不用才也。吕留良

8.21 子曰："禹，吾无间然矣。菲饮食而致孝乎鬼神，恶衣服而致美乎黻（fú）冕，卑宫室而尽力乎沟洫。禹，吾无间然矣。"

〇间，隙也。门有罅隙则月入焉，非议者之得间若斯也。菲，薄也；致孝鬼神，谓享祀丰洁。衣服，常服；黻，祭服之衣，冕其冠也。沟洫，田间水道，以正疆界、备旱潦者也。或丰或俭，各适其宜，所以无罅隙之可议也，故再言以深美之。简朝亮

〇此章极赞大禹，以见王道之纯也。《书》曰："克勤克俭。"菲饮食三者，克俭也；致孝鬼神三者，克勤也。惟俭而后能勤，洵足以为万世人君法也。故不言禹之丰功伟绩，而独举衣食居三者，此其穷理之极精密，无间之至也。或疑尧舜禹皆无间，夫子独称禹者何？曰："禹于中古帝王中，为至艰至苦之人，所以独推禹也。"禹于尧舜之圣同，尧舜较大，禹较精严，其分际正在此耳。无间只是事事恰好，所谓各适其宜，正见其心法之密，动容周旋中礼，非盛德之至者，不能纤微都到也。后世帝王德行不修，无一善之足述，尚不可谓之有间，而况无间乎。读此章急宜猛省也。唐文治、吕留良、《日讲四书解义》

子罕第九

《正义》曰：“此篇皆论孔子之德行也，故以次泰伯、尧、禹之至德。”凡三十章。

9.1 子罕言利与命与仁。

〇罕者，希也。利者，义之和也。命者，天之命也。仁者，行之盛也。三者皆易之精蕴，寡能及之，故希言也。皇侃

〇此章记圣教之所谨也。夫子教人，有常言者，《诗》《书》执礼是也；有不言者，怪力乱神是也；有罕言者，利命仁是也。云利者义之和也，《易·乾·文言》之文也。凡易言利者，皆义之得宜而和也。此义中之利焉，若大学所称不以利为利以义为利也。君子以义为利，明于义利，故能喻义。小人以利为利，言利不及义，昧于义利也。故此云利者，谓君子利益万物，使物各得其宜，足以和合于义，法天之利也。云命者天之命也，谓天所命生人者也。天本无体，亦无言语之命，但人感自然而生，有贤愚、吉凶、穷通、夭寿，若天之付命遣使之然也。《谷梁传》云：“人之于天也，以道受命。”故《论语》言道之将行将废，皆云命也。伯牛有疾，则云命矣夫，故曰不知命无以为君子也，孟子所以言修身立命也。故此云命者，《中庸》曰“天命之谓性，率性之谓道”是也。云仁者行之盛也，仁者爱人以及物，是善行之中最盛者也。如云君子体

仁足以长人，如所谓仁以行之，如何以守位曰仁等是也。此三者，法天之利远，命之理微，仁之道大，而中知以下寡能及知，故孔子希言，恐其玩视之而躐等以行也。此子贡夫子之性与天道不可得而闻者是也。于此见圣人教人，至意有在言语之外者，学者宜深体之。简朝亮

9.2 达巷党人曰："大哉孔子，博学而无所成名。"子闻之，谓门弟子曰："吾何执？执御乎?执射乎？吾执御矣。"

〇达巷者，党名也。五百家为党，此党之人，美孔子博学道艺，而不能以一艺名之也。执，执掌。射御二艺，射是专注如一，御则重在统筹协调，把控方向。夫子以此譬喻，以明为万世立法之志，故曰吾执御矣。吕留良

〇此章见孔子御道之意，当与仪封人请见章合观。博学而无所成名，犹如尧德荡荡民无能名也，亦即君子不器之意。此孔子所以为大也，党人真乃孔子知己矣。谓门弟子之言，不敢自安之语也。射御者，小六艺礼乐射御书数之二目也。射者目注一的；御则有六辔如组，两骖如舞之妙用焉，则是执无所执也。无所执故能大，故博学而无所成名也。《易传》"时乘六龙以御天"，龙者变化不测之象也，即此执御用之注脚。蕅益

9.3 子曰："麻冕，礼也，今也纯，俭，吾从众；拜下，礼也，今拜乎上，泰也，虽违众，吾从下。"

〇麻冕，缁布冠也，古者绩麻三十升布以为之。纯，丝也，丝易成，故从俭。今从众，礼从俗也。臣与君行礼，拜于下然后升而成礼。时臣骄

泰，故多拜于上。今违众，礼从恭也。程树德

〇此章是圣人维礼之意。程子曰：“君子处世，事之无害于义者从俗可也，害于义则不可从也。”盖礼以义起，礼者履此者也，义者宜此者也，故曰君子时中。夫礼本是性德之发于用者，性无有不善，即用无有不中，其要则在时措之宜也。夫子随在所是，时中之圣也。又曰礼者何也，即事之治也，君子有其事必有其治。今人治世动辄权利与义务，而往往顾此失彼，打成两截，盖不识礼义真谛也。权利与义务，折衷之便是礼之宜也。圣人治世，立于礼以奠定规则秩序，准之以义而拱卫秩序弹性，而成可大可久之道也。又制度节文之细，犹可随时；三纲五常之礼，万世不易。孔子维持世教之意深矣哉！蕅益、《日讲四书解义》

9.4 子绝四：毋意，毋必，毋固，毋我。

〇意，私意也。必，期必也。固，执滞也。我，私己也。四者相为终始，于浑然无物之中而生一意，已而执意不化必然如此，而辗转一意如坚垒之莫破则固矣，究也以客为主认贼作子成为我矣。四者是私累，是心病，有一端则人心死，子绝四其夫子之仁乎。刘宗周

〇此章记圣人心体之虚也。人心与太虚同体，不惹纤毫物累，才有物累，四者循环而起始焉。圣人之心，从江汉秋阳洗暴过来，渣滓浑化天理周流，何四者之累？圣人以道为度，故无私意；言不必信，行不必果，惟义所在，故无期必；用之则行，舍之则藏，故无执滞；述而不作，舍己从人，皆不因我而私己也。不曰无而曰毋，何如？曰生生不息，不使不仁者加乎其身。孔子曰“君子之于天下也无适也无莫也，义

之与比”，又云“无可无不可”，此足以知其绝四也。绝者，杜绝也，不禁而化，物来顺应也。我乃私意之根，虽不动念而不化者，易之艮所谓身也。有我则不能廓然大公，故不能物来顺应。而有意有必有固，若物来顺应，则物未来而私心妄念之不生，何意之有？应物而不累于物，何必之有？顺理以应之，而不滞于物，何固之有？如是则复远于太虚而无迹，何我之有？盖毋意，则所发者皆天地之心，元之德也。毋必，则为不计效，施不望报，亨之德也。毋固，则因物付物，利之德也。毋我，则不言所利，贞之德也。三者皆归于毋我而行乎毋我，犹贞之始终万物也。不获其身而不私于己，故能不见其人而不系于物，圣人之与天地相似者如此。简朝亮、唐文治

9.5 子畏于匡，曰："文王既没，文不在兹乎？天之将丧斯文也，后死者不得与于斯文也，天之未丧斯文也，匡人其如予何？"

〇匡，地名。《史记》云阳虎曾暴于匡而颜刻在侧，及孔子过匡，颜刻为仆，匡人疑为阳虎而欲围之。孔子已而有戒心而仓卒避难，故不曰围于匡，而曰畏于匡。文，指文武周公相传之礼乐制度，时夫子即道在己身也。文王既没，故孔子自谓后死者。言天将丧此文者本不当使我知之，今使我知之乃未欲丧也，则匡人其奈我何？非谓匡人不能害我，圣人只自信以天，便令匡人无权灭道而绝世也。与上篇桓魋事旨同。简朝亮、唐文治

〇此章见圣人事天立命之学也。孔子之道由文王而溯尧舜，是尧舜为祖而文王其祢也。后死者皆文王之裔，而孔子其适也，故曰“文王既没，文不在兹乎”。道脉流通即是文，故曰在兹，洋洋乎发育万物峻极于天，

礼仪三百威仪三千皆是也。所谓文武之道未坠于地，在人贤者识其大者，不贤者识其小者是也。夫文非孔子所得而私也，不以为私而无乎不合，乃见圣人之大，分明天地气象。人得与斯文便是天未丧斯文，圣人以天自处如此。如说天未欲丧斯文，故我得与于斯文，便听天分付了。后死是文王以后极之万世而下皆是，圣人胸襟大，直欲继往开来，不只图目前未丧者。夫子其天乎，通天下为一体，联万古为一息。刘宗周

9.6 太宰问于子贡曰："夫子圣者与？何其多能也？"子贡曰："固天纵之将圣，又多能也。"子闻之，曰："太宰知我乎，吾少也贱，故多能鄙事，君子多乎哉？不多也。"牢曰："子云'吾不试，故艺'。"

〇太宰，吴太宰嚭（pǐ）也。太宰盖以多能为圣也。将，大也。实天纵之大圣，又兼多能也。多能者，若能辩楛矢、坟羊、防风氏之骨，六艺以外之博物才艺也。然此才艺以暇日而兼之，非急务，盖不试之艺焉，故曰鄙事。是夫子师徒之间，明析圣与多能为二事，非以圣而无不通也，故谓君子不必多能以晓之也。简朝亮

〇牢，孔子弟子，姓琴，字子开，一字子张。试，用也。言由不为世用，故得以习于旁艺而通之。吴氏曰："弟子记夫子此言之时，子牢因言昔之所闻有如此者，其意相近故并记之。"朱子

〇此章是圣人不贵多能之意。执御自鸣言不贵博也，多能鄙事言不贵多也。然则执御非鄙事乎，曰所骛者多则道亦艺，所守者约则艺亦道。前章病在博，此章病在多，其旨一也。博学是就道理上理会，只是汗漫无归，故圣人以所执反之；多能是就才伎上铺张，更为粗恶，故圣人直鄙

之而已。不多者一而已矣，有一在便是多多种子，上天之载无声无臭至矣。不知反约，如温公念中字，亦是多。圣人初学时，恁地埋头，事事经历过来，使此心有所持，循而不放，得鱼忘筌，回视平生得力处，殊觉索然无味，故曰“鄙事”。子曰“多闻择其善者而从之，多见而识之”，又曰“多识前言往行，以蓄其德”，可见多不足病也，徒多为病耳。盖修己之道自有大本大原，治人之道自有大经大法，博学多能非所急也。刘宗周

9.7 子曰：“吾有知乎哉？无知也。有鄙夫问于我，空空如也，我叩其两端而竭焉。”

〇夫子自谦无知，唯敏求以教人也。空空如，谓其意空空然也。叩，发动也。鄙夫力不能问，故须反问以发之。两端，终始也。言鄙夫之问虽甚空洞，我仍发事之终始以究原委，竭尽所知以告之也。程树德

〇此章是孔子辞生知而居敏求，犹辞圣仁而居为诲也。“有知”即是谓生知之知，人以夫子诲人无所不知而称之。故夫子逊谢以为无知，只告之不敢不尽耳。说“无知”便见其求知，说告人无不尽，便见其求知无不尽。有空空之问，两端之竭，此圣人与人浑成一体，递来递往无纤毫隔壅处，都从无知中孕出。天命流行，物与无妄，圣非有余，凡非不足，才拈一物，便有两端，如有是则有非，有本则有末，有精则有粗，才有过便有不及，两端之道阴阳而已。空空孕出两端，两端孕出万象，物物各具一太极也。圣人无知，因物付物，此天地之所以为大也。刘宗周、吕留良

○孔子不执己见，因人启发，正教人不倦之意，学者当所深思而自得也。程子曰："圣人之教人，俯就之若此，犹恐众人以为高远而不亲也。圣人之道，必降而自卑，不如此则人不亲，贤人之言，则引而自高，不如此则道不尊。观于孔子、孟子，则可见矣。"尹氏曰："圣人之言，上下兼尽。即其近，众人皆可与知；极其至，则虽圣人亦无以加焉，是之谓两端。如答樊迟之问仁知，两端竭尽，无余蕴矣。若夫语上而遗下，语理而遗物，则岂圣人之言哉？"朱子曰："两端犹言两头，言终始、本末、上下、精粗，无所不尽。"故此两端，即中庸，舜执其两端用其中于民之两端。处则以此为学，用则以此为治，皆圣人通变神化之妙也。朱子、唐文治

9.8 子曰："凤鸟不至，河不出图，吾已矣夫。"

○圣人受命，则凤鸟至，河出图。今则无此祥瑞也。吾已矣夫者，伤不得见也。《论语集解》

○此章是孔子叹道之不行也。大道将行，则天兆文明，必有祥瑞以应之。虞舜时凤仪于庭，文王时凤鸣于岐山，伏羲时龙马负图而出，虽圣王不重祥瑞，而文明之兆于此可征，天人感应如是也。至于今凤鸟不至已，非虞舜文王之时矣；河不出图已，非伏羲之时矣。世莫有用我者，道其不行矣夫。盖孔子非思凤鸟河图也，思大道之行也。圣人身不行羲文之道，而致叹于春秋气数之阨也。已矣夫，道之不行也，一征之梦寐，再征之天道。刘宗周

9.9 子见齐 (zī) **衰** (cuī) **者、冕衣裳者与瞽** (gǔ) **者，见之，虽少必作，**

过之必趋。

〇齐衰，麻缝之丧服。冕而衣裳，贵者之盛服也。瞽，无目者。言夫子见此三种之人，虽少于我必作而起，行过其前必急而趋。程树德

〇此章见圣人仁敬之心，随感而应也。圣人之心，寂感自然，内外如一。方其未感如止水明镜，一有所感则油然而生。故遇此三种人，哀有丧，尊有爵，矜残疾，不期然而然也。哀矜是仁所发见处，尊礼是敬所发见处。仁敬之心充积于中，故随感随应，不待勉强，动容周旋，无不中礼，盛德之至也。《四书困勉录》云宋儒谢良佐常举此章及师冕章，曰圣人之道无微显无内外，由洒扫应对而上达天道，本末一以贯之，一部《论语》只如此看。《日讲四书解义》

9.10 颜渊喟然叹曰："仰之弥高，钻之弥坚，瞻之在前，忽焉在后！夫子循循然善诱人，博我以文，约我以礼，欲罢不能；既竭吾才，如有所立，卓尔，虽欲从之，末由也已。"

〇弥高不可及，弥坚莫能入，言道之广大无穷尽也。不及则在前，过之斯在后，其神不可测，是道之无方体也。故颜渊喟然而叹学道之难也。幸夫子博文约礼，循循有序，善于诱人而使之欲罢不能。而既竭吾才，及观夫子所立，则又卓然不可及，虽欲从之而无由得及矣。

〇此章是颜子希圣之学也。颜子学既有得，故自叙其入道始末，与夫子志学章同例，颜子平生用功得力处，俱在此中勘验。其首先赞叹圣人之道之高妙不测，次言圣人之教亲切可循，末言其用功得力几微难至，益

见圣道之难，以见喟然神理。《易・系辞》云“一阴一阳之谓道”，又云“阴阳不测之谓神”，故曰“神无方而易无体”，此圣道之高妙也。《中庸》云“仲尼祖述尧舜，宪章文武”，盖仰之弥高若斯矣。《礼记》云“大礼与天地同节”，《礼器》云“如竹箭之有筠也，如松柏之有心也”，盖钻之弥坚若斯矣。孟子云“孔子圣之时者也”，故曰“可以速而速，可以久而久，可以处而处，可以仕而仕”，盖“瞻之在前忽焉在后”若斯矣。故圣道莫测，何处下手？夫子拈出博约二事，圣人教人，惟此二事而已。博文则学六艺，盖文之教也；约礼则忠信以行礼，盖行忠信之教也，四教备焉。侯氏曰：“博我以文，致知格物也；约我以礼，克己复礼也。”博约之教，彻始彻终，其中次第浅深，正自无穷，如子贡所云文章性道之可闻不可闻，曾子之真积力久而语一贯，可知有多少功侯在，乃所谓善诱也。博我约我，是颜子身体圣教而言，正见其欲罢不能之文礼功夫。而既竭其力，功侯所至，又是一层境界。程子所谓“直是峻绝，大段着力不得”，到此地位，功夫尤难，又在卓尔上转出。当此之时，则自大以趋于化，自思勉而至于不思不勉，介乎二者之间，非人力所能为。唯有黾勉于文礼之中而已，末由正有进境。非深知圣道者，胡能形容亲切如此哉？颜子入道功侯源流，已尽于此。吕留良、简朝亮

9.11 子疾病，子路使门人为臣。病间，曰：“久矣哉！由之行诈也，无臣而为有臣。吾谁欺？欺天乎？且予与其死于臣之手也，无宁死于二三子之手乎？且予纵不得大葬，予死于道路乎？”

○昔孔子疾甚，子路虑及身后之事，欲以家臣治其丧，盖从流俗之见以尊圣人耳。病间，病稍愈。行诈，非礼举动。谓由之行事向来诈而不实也。时夫子去位不当有家臣，而为有臣岂非欺天乎。人而欺天莫大之

罪，子路未知所以尊之之道，故深责之。尊之必以礼，与其死于家臣之手而非礼自处，无宁死于二三子之手而自安其礼之为愈乎？且使我无家臣不得行大葬之礼，然有二三子在予岂死于道路而不得葬乎？由前言之见家臣之不当有，由后言之见家臣之不必有。《日讲四书解义》

〇此章见圣人守礼以正，不自欺也。圣人致谨于死生之际，将些小错失看作天来大。又将门人罪过担在自家，何等严切，无非自策自厉也。曾子将死，起而易箦，曰“吾得正而毙焉，斯已矣”，与此意同。而子路意实尊圣人，而未知所以尊也。贤人之学只是择善不精，才动便有过当处，便是恶。家臣之举，理不合如此，非欺天而何？天者理而已矣，欺天者谓不信于理也。杨氏曰：“非知至而意诚则用智自私，不知行其所无事，往往自陷于行诈欺天而莫之知也，其子路之谓乎。”可见爱人者当爱以德，敬人者当敬以礼，庶乎理顺心安，而无逾越之失也。朱子

9.12 子贡曰：“有美玉于斯，韫（yùn）**椟**（dú）**而藏诸，求善贾**（gǔ）**而沽诸。”子曰：“沽之哉，沽之哉，我待贾者也。”**

〇韫椟，收在匣子里。贾，商人，引申为买卖。沽，售卖也。子贡以孔子有道不仕，故设藏与沽二条以质夫子。而夫子只以沽意答之，但言外见得子贡之求不若夫子之待。曰待，正见夫子未尝顷刻忘天下之心。刘宗周

〇此章言孔子藏德待用也。君子未尝不欲仕也，又恶不由其道。士之待礼，犹玉之待贾也。《礼记·聘义》曰“昔者君子比德于玉焉”，《儒行》曰“儒有席上之珍以待聘”，盖儒者人所需也，既为人所需则当待人之

求，故曰待贾。《易传》曰："君子藏器于身，待时而动，何不利之有。"若伊尹之耕于野，伯夷、太公之居于海滨，世无成汤文王，则终焉而已，必不枉道以从人，炫玉而求售也。圣人用舍行藏之心可见矣。盖藏则抱道忘世，圣人不忍；求则枉道徇人，圣人不为；惟待则循乎天理，而安于义命之正，圣人之出处，诚时中之道也。唐文治

9.13 子欲居九夷，或曰："陋，如之何?"子曰："君子居之，何陋之有?"

〇九夷，东方之群夷。子欲居之，亦乘桴浮海之意。陋者，以无礼义也。君子所居者化，则陋有泰也。程树德

〇此章明孔子以道正天下之自信也。或谓九夷，嵎夷之地，今朝鲜国也。昔武王克殷，释箕子之囚，箕子不忍为周所释，走之朝鲜。武王因而封之，后为武王陈《洪范》九畴，以明天道。孔子既不得用于鲁，自以殷人思箕子之风，故欲居其国也。初，箕子受封于朝鲜，推道训俗，教民礼义田蚕，至今民饮食以笾豆为贵，衣冠礼乐与中州同，以箕子之化也。故孔子托之，以明礼义由贤者出，有君子居而化之，夷变于夏矣，何陋之有？是上下古今，东西南朔，道自无外，此心同此理同，圣人之化原无分于中外也。戴望、唐文治

9.14 子曰："吾自卫反鲁，然后乐正，《雅》《颂》各得其所。"

〇反鲁，事在鲁哀公十一年。时孔子六十九岁，知道终不行，退而删诗书，定礼乐，故乐音得正。乐音得正，所以《雅》《颂》之诗各得其本所也。《雅》《颂》是诗义之美者，美者即正，则余者正亦可知也。皇侃

〇此章是孔子自叙正乐之事也。礼乐是治天下大经大法。春秋之时，周道陵夷礼乐大坏，遗籍虽在而守府无人，日流于散乱矣。圣人之道不行，而思欲以身留文武之道，传之万世，故自卫反鲁之后，惓惓正乐焉。雅颂失所，则郊庙朝廷之礼坏，而治理塞矣。先王所以正心修德，洽神人，和上下之意泯矣。失在乐章，病在世道，圣人身任正乐之责，使文武之道焕然复明于世，厥功伟矣。刘宗周

9.15 子曰："出则事公卿，入则事父兄，丧事不敢不勉，不为酒困，何有于我哉。"

〇酒困，犹今言酒后乱性。何有于我，从何而有于我，追不足也。言孔子于忠顺孝悌哀丧慎酒之事，自省精进也。

〇此章是圣人于庸德之行常见不足也。人于伦理日用之间，虽甚卑近、甚微小之事，视之若易能，而其实每多欠缺。即如出而在邦国则事公卿，必有所以事之者，当尽其忠顺，而不失上交之道也。入而在家庭则事父兄，必有所以事之者，当尽其孝弟而克脩子弟之职也。若有丧事，不特三年之丧，即期功缌麻皆不可忽，必于情所当致礼所当尽者，不敢不勉力以从也。至于饮酒，原以合欢，若饮之过节，易于乱性而为所困，必操存有主，勿使多饮，至神昏气乱也。此四者，虽若近易，然身体而力行之，工夫却极细密，道理却极广大，非仁熟义精、涵养纯粹者不能也。以我自审，何者有于我哉？可见为学当不忽于卑近，不遗于微小，诚能于天理之当然者求尽其量，而于人情之易动者不逾其则，虽希圣希贤，不外是矣。《日讲四书解义》

9.16 子在川上曰："逝者如斯夫，不舍昼夜。"

〇天地之化，往者过，来者续，无一息之停，乃道体之本然也。然其可指而易见者，莫如川流。故于此发以示人，欲学者时时省察，而无毫发之间断也。朱子

〇此章是孔子就川流以指道妙也。《诗》云"维天之命，于穆不已"，又曰文王之德之纯，"纯亦不已"。然则无息者，其道之体乎？道不可见，乘气机而流行，阖辟于其间，此逝者机也。故曰"一阴一阳之谓道"，天理流行触处皆是。程子曰："此道体也。天运而不已，日往则月来，寒往则暑来，水流而不息，物生而不穷，皆与道为体，运乎昼夜，未尝已也。是以君子法之，自强不息，及其至也纯亦不已焉。"盖论本体则自然不息，论工夫则自强不息，勉强之久，至于自然而纯亦不已焉。则天德在是，王道亦在是，所谓中和位育，无非此理，惟在天纵之。圣人察识其本体而扩充之，存诚主敬无少间断，以造乎其极而已。刘宗周、《日讲四书解义》

9.17 子曰："吾未见好德如好色者也。"

〇疾时人薄于德而厚于色，故发此言。《史记》载孔子居卫，灵公与夫人同车，使孔子为次乘，招摇过市，孔子丑之。简朝亮

〇此章是言好德之贵诚也。德色二者，理欲之分判然也。德者天所赋之正理而得之于心者也，所谓有德尤今言健康生命也。色者人之大欲焉，生命发动之机也。发动得正便是有德，发动不正皆因好色。好色最易溺

情乱性者也，人之情多如是，故欲念常胜而理念常衰也。此即德常为气禀所拘，物欲所蔽之由也。故大学重诚意，比之如好好色，好德之诚也。好德则修身亲贤，其益无穷；好色则伤生伐性，其害不小。使好德如好色，则弃邪而反正矣。《日讲四书解义》

〇德与色对，犹性与相对。凡夫着相而不悟性，故好恋色身，好吃美食，好着美衣，好居美室，皆是好色。颜子在陋巷，一箪食一瓢饮，不改其乐，方是好德；禹之菲饮食而致乎鬼神，恶衣服而致美乎黻冕，卑宫室而尽力乎沟洫，方是好德。蕅益

9.18 子曰："譬如为山，未成一篑，止，吾止也；譬如平地，虽覆一篑，进，吾往也。"

〇篑，土笼也。言山成而但少一篑，其止者，吾自正耳；平地而方覆一篑，其进者，吾自往耳。开口便着譬如二字，则进止之义已在言先。朱子

〇此章见为学进止之机皆由于己也。盖学者自强不息，则积少成多；中道而止，则前功尽弃。其止其往，皆在我而不在人也。荀子曰："积土成山，风雨兴焉；积水成渊，蛟龙生焉。"然积时而进，惟在于我。若必借他人之策励，必无所成。故《易传》言自强，《大学》言自明，而孟子则言自暴自弃。君子终日乾乾，所以贵因时而惕也。唐文治

9.19 子曰："语之而不惰者，其回也与欤。"

〇孟子曰“有如时雨化之者”，语之则化之，心解而力行，明其不惰也。简朝亮

〇此章是孔子深赞颜子之能受教也。《礼记》曰：“力不能问，然后语之。”语者，不待问而告之者也。不惰，此为极深细之功也。以克己言，非礼勿视听言动，无丝毫之或惰也。以复礼言，三月不违，无顷刻之或惰也。以博约言，欲罢不能，既竭吾才，无一知一行之或惰也。故为其余门弟子所不能及。唐文治

〇体道之勇莫如颜子。未语时生意洋洋，原有全体不息之心。才经指点，天机迅发，如蛰虫发于春雷，草木滋于时雨，停滞不得，何其神也。语下承当无等待，无凑合，颜子于圣人之道相为一体，并授受之迹亦化矣。刘宗周

9.20 子谓颜渊，曰：“惜乎，吾见其进也，未见其止也。”

〇进止二字，说见上章。颜子既死而孔子惜之，言其方进而未已也。朱子

〇此章是孔子追思颜子之好学也。道本无穷，故学无止法。吾见其进者，日进无疆，竭力以赴而不已也。未见其止，即进也。《四书通》云：“大抵上章‘语之而不惰’是颜子之心如川流不舍昼夜，此章‘见其进未见其止’，是颜子之用力不肯如为山之未成一篑而止也。”是此二章皆言心体之无息也。圣人独窥颜子心法，故勘的如此，不作窥测见。刘宗周

9.21 子曰：“苗而不秀者有矣夫，秀而不实者有矣夫。”

○谷之始生曰苗，吐穗曰秀，成谷曰实。苗而不秀，秀而不实，在人以为必无此理，惟老农知之，才知其有，便自不得不愈加奋励。吕留良

○此章是孔子勉学者以有成也。《诗·黍离》云“彼稷之苗”，又云“彼稷之穗”，终云“彼稷之实”。苗是生信，秀是开解起行，实是证成，举事理之变者言之也。苗而不秀，质美而不学也；秀而不实，半途而中止也。苗之不秀不实，地有肥硗雨露之养，人事之不齐也。而学之不成，则皆由于人事，可不惧哉。盖为浮而不实者戒尔。浮而不实，则妄念胜而学逐废。故《易·无妄卦》曰：“不耕获，不菑畲，凶。”唐文治

9.22 子曰：“后生可畏，焉知来者之不如今也；四十、五十而无闻焉，斯亦不足畏也已。”

○后生可畏，以其积学而有待也，焉知将来不如今日之可畏乎？然至四十五十之年而不以善闻，衰老无成，则不足畏矣。孔子先言可畏是期望以勉励人，后言不足畏是绝望以警戒人，总是教人及时勉学也。《日讲四书解义》

○此章是勉后生之惕于将来也。继往开来之业，后生无不可任；参赞位育之事，后生无不可为。盖作圣之功全在春秋方富之年，日新不已，日进无疆，则功崇业广，岂有不造其极者乎！是以可畏也。若悠忽因循，知行不能精进，气质不能变化，至于老而无闻，则一庸俗人而已。纵使幡然悔悟，其年已非向时之年，其力已非向时之力，而况习气日深，天

性日汩，其能有成者鲜矣。夫子所以为后生痛下针砭也。正所谓少壮不努力，老大徒伤悲，年轻人读此章，尤当猛省。唐文治

9.23 子曰：“法语之言能无从乎，改之为贵；巽（xùn）与之言能无说悦乎，绎之为贵；说悦而不绎，从而不改，吾末如之何也已矣。”

○法语者，正言之也。巽言者，婉而导之也。绎，寻其绪也。法言人所敬惮，故必从；然不改，则面从而已。巽言无所乖忤，故必说；然不绎，则又不足以知其微意之所在也。朱子

○此章言行贵有受言之实也。《孝经》云“非先王之法言不敢道”，盖正言之也。《易·象传·巽》云“柔皆顺乎刚”，《说卦》云“巽为进退”，盖婉而导之也。从与悦，未始非本心之发见，无如电光火石，稍纵即逝。不绎不改，则终其身无成矣。是故学者贵有猛进之心，尤贵有强毅之力也。陆氏曰：“从与悦权在言者，改与绎权不在言者。”故曰吾末如何以激励之。或读也字绝句，已矣句，言止也。唐文治

9.24 子曰：“主忠信，毋友不如己者，过则勿惮改。”

○重出，且较君子不重章少二句。圣人随机立教，时或再言，弟子重师训，故复书而存之。简朝亮

○此章主友俱以交际言，戒人忠信改过也。《礼记·儒行》“忠信之美，优游之法”，《郑注》美忠信法和柔者也。盖君子之学，合内外之道也。唐文治

9.25 子曰：“三军可夺帅也，匹夫不可夺志也。”

○可夺者所主在人，不可夺者所主在我。故帅可夺而志不可夺，如可夺，则亦不足谓之志矣。程树德

○此章是孔子勉人立志也。志，气之帅也。气之刚大，塞天地，配道义，皆志为之。今人只无志者，多恁地鹘突。若志一立，天地鬼神避之，何夺之有。富贵不能淫，贫贱不能移，威武不能屈，皆此志也。故曰：“志立而学半。”圣人才志于学，便贯到从心所欲不逾矩。刘宗周

9.26 子曰：“衣敝缊（yùn）**袍，与衣狐貉**（hé）**者立，而不耻者，其由也与！‘不忮**（zhì）**不求，何用不臧？’”子路终身诵之，子曰：“是道也。何足以臧？”**

○缊，乱麻絮。缊袍，盖衣之贱者也。狐貉，以狐貉之皮为裘，衣之贵者。子路之志如此，不以贫富动其心也。忮是妨人利己，求是贪得无厌。大凡贫与富交，强者必忮，弱者必求。臧，善也。子路不忮害不贪求，则何为不善乎？此引《邶风·雄雉》之诗美子路也。子路诵之若将终身然，诚自守也，将不知进焉。故夫子复又警之：进道之阶也，何足以尽善哉。简朝亮

○此章言进道不可自足也。诗之妙，在一用字。夫子说子路之病，在一足字。用则日进，足则谓误到家。子路不耻衣敝缊袍，与箪瓢陋巷同一胸次，非徒勉强，矜持之力直破忮求之根矣。用得尽，渣滓便浑化，上下与天地同流，乐亦在其中矣，故曰何用不臧。若终身诵之，只就平日

得力地用功，更无求进之机，何臧之有。故君子之学，日新而不已。子路地步尽高，只输却颜子未见其止精神。赐也愿息，冉求自画，子路终身诵之，皆半途而废也。刘宗周、蕅益

9.27 子曰："岁寒，然后知松柏之后凋也。"

〇凋，半伤也。大寒之后，松柏形凋而不易其心。积恶之世，君子道消而不改其操。岁不寒无以知松柏，事不难无以见君子。戴望

〇此章勉人为松柏焉。《礼记·礼器》曰："其在人也，如柏松之有心也。"盖松柏之后凋，非谓不凋，只旧叶未谢，而新枝已继。后凋者，不惟明一己之节，实赖以回造化之春，而壮乾坤之色。是松柏之心，固贞下而起元者也。故君子之所守可见焉。道之将废，虽圣贤不能回天而易命，但能守道而不与时俗同流，则其绪有传而其风有继也。《诗》云："风雨如晦，鸡鸣不已，既见君子，云胡不喜。"又云："蒹葭苍苍，白露为霜，所谓伊人，在水一方。"皆言贤人君子处淫昏悍戾之邦，而喈喈者不辍其音，苍苍者不改其色，故愿见而思从之也。谢氏曰："士穷见节义，世乱识忠臣，欲学者必周于德。"唐文治

9.28 子曰："知智者不惑，仁者不忧，勇者不惧。"

〇智以明道，仁以体道，勇以强道。知仁勇，言其德；不惑不忧不惧，言其效。《中庸》曰"知仁勇三者，天下之达德也"，及其成功一也。唐文治

○此章示人以成德者心体也。知所以知此道也，真知道者不可眩以几微，故不惑。仁所以体此道也，真体道者不以牵于情欲，故不忧。勇所以强此道也，大勇者不可夺以变故，故不惧。知仁勇皆进学之力，不惑不忧不惧体道之实功也。为学之功，就觉察处入门则曰知，择善之谓也，故不惑，不惑之知真知也；就体验处融洽则曰仁，诚身之谓也，故不忧，不忧之仁至仁也；就知精仁熟处担当则曰勇，自强不屈之谓也，故不惧，不惧之勇大勇也。三者工夫次第并进，知之真切笃实处，即是仁，仁之灵觉明莹处即是知，知仁之全体不息处即是勇。刘宗周

9.29 子曰："可与共学，未可与适道，可与适道，未可与立，可与立，未可与权。"

○三千之游可以共学乎，志于圣学也。七十之子可与适道矣，知所往也。冉闵由赐之徒可与立，择善而固执也。颜氏之子可与权，时措之宜也。权，称锤也，象其称锤之行运往来，活无定体，应变适宜也。刘宗周

○此章是孔子以全学望人也。可与共学，知力求正学者也，则惑于异端者去矣。可与适道，知力行正道者也，则迷于歧途者黜矣。可与立，知笃志固执者也，则转移于风气者退矣。可与立未可与权者，盖立者事有一是一非，而能固守其一是；权则审度于两是并存之时，而取其至重者也。《易传》言："巽以行权，惟守经而后能行权。"权者，学问尽头处，到大而化，圣人之时中也。汉儒以反经合道为权，先儒多辩之者，以易为权术权诈者所借口，反经而不合于道也。盖权之于称也，随物之轻重以转移之，得其平而止。圣人之权，变而不失常，

权而后经正矣。唐文治、程树德

9.30 “唐棣之华花，偏翩其反翻而。岂不尔思？室是远而。”子曰：“未之思也，夫何远之有？”

〇唐棣之花翩翩翻摇，能不想念你那如此美景吗，只是你家太远了呀。此逸诗也，借以起兴，以言思学之远。夫子反诘之，谓实不思学而已，否则近在我心，何远之有。

〇此章是勉人笃学近思也。思之为妙，不疾而速，不行而至。今诗所谓室远，毕竟是未之思耳。若果思之，则此心之灵明，虽千万里之外千百年之上，一思即至，初无障隔壅蔽，夫何远之有。夫道在于心，思乃尽心求道之功，人之于道只徒事口耳，而不求之于心，故以为远。若求诸心，则欲仁斯至，何远之有。仁是心之全德，思是心之所行处。子夏曰：“博学而笃志，切问而近思，仁在其中矣。”是以君子贵近思之学也。《日讲四书解义》

乡党第十

杨氏曰："圣人之所谓道者，不离乎日用之间也。故夫子之平日，一动一静，门人皆审视而详记之。"尹氏曰："甚矣孔门诸子之嗜学也！于圣人之容色言动，无不谨书而备录之，以贻后世。今读其书，即其事，宛然如圣人之在目也。虽然，圣人岂拘拘而为之者哉？盖盛德之至，动容周旋，自中乎礼耳。学者欲潜心于圣人，宜于此求焉。"旧说凡一章，今分为十九节。

10.1 孔子于乡党，恂恂如也，似不能言者；其在宗庙朝廷，便便言，唯谨尔。

〇乡党，犹今言乡里。恂恂，犹循循，恭顺貌。似不能言者，谦逊寡言，未尝敢自专也。便便，流畅貌。宗庙礼法之所在，朝廷政事之所出，故必便便辩其条理而言之，但谨而不放尔。

〇此节记孔子在乡党、宗庙朝廷言貌之不同。礼仪三百威仪三千，《乡党》一章，其孔子一部《曲礼》乎？孔子于乡党，道在乡党；在宗庙朝廷，道在宗庙朝廷。孔子于乡党，而孝弟之道着矣；其在宗庙朝廷，而忠爱之道着矣。恂恂，逊实之貌，似不能言，恂恂之状也。便便，辩而有伦也，唯谨之状也。方应乾曰："道始家庭，达于乡党，是做人第一步，他日立朝庙、交邻国，至辙环四方，俱在此起脚，故以冠篇。"刘宗周

10.2 朝，与下大夫言，侃侃如也；与上大夫言，訚（yín）訚如也。君在，踧（cù）踖（jí）如也，与（yù）与如也。

〇侃侃，和乐爽朗貌。訚訚，正直恭敬貌。踧踖，恭敬局促貌。与与，犹徐徐也，威仪中适貌。

〇此节记孔子在朝廷事上接下之不同也。侃侃、訚訚，此中正有不同在。如与下大夫言，其势分犹卑，言或可以直遂，则当言即言，正辞断义无所委曲，但见其侃侃然爽朗活泼也。若与上大夫言，其体貌尊重，言不可以径情，虽理之所在持正不阿，然必颜色和婉辞气从容，但见其訚訚然和悦而诤也。踧踖、与与，皆敬也。君出视朝，夫子极其敬谨不敢一毫怠忽，则踧踖如而恭敬不宁也；但常人过于矜持未免失之拘迫，夫子却又从容和缓，动容周旋不过，其则与与如而威仪中适也。从与与、踧踖中看出，此即是圣人从容中道处。圣人之事上接下各中其节如此。《日讲四书解义》

10.3 君召使摈，色勃如也，足躩（jué）如也。揖所与立，左右手。衣前后，襜（chān）如也。趋进，翼如也。宾退，必复命曰："宾不顾矣。"

〇出接宾曰摈。勃如，勃然庄矜貌。躩如，逡巡不前貌。所与立，谓同为摈者也。朝两旁作揖，向左向右轮番拱手，衣裳前后俯仰，飘飘荡荡，整而不乱，甚有仪容，此谓襜如也。疾趋而进，然身正端直，手容自恭，如鸟舒翼而翔，故曰翼如。宾出，不再回头，摈者反告复命，礼成。

〇此节记孔子为君摈相之容。古者诸侯朝聘往来，主谓之摈，言其接待宾客也；客谓之相，言其辅相行礼也。夫子当君命而召使之为摈，闻命而顿改常容，不类平时之安和自适；观其步履，则盘桓不安，屏营不宁，有似欲前进而不能之状，其敬有如此。及宾至而君迎之时，宾主有命为摈者，递传宾主之命以相达夫子。此时适为次摈，有上摈居于身之右，有末摈居于身之左。故拱揖所与同为摈者，左右拱手作礼，而身则端整自如，未尝随之而动，但见其衣之前后襜如其整齐也。及宾主相见之后，主君延宾而入，为摈者当从其后而趋，入以有事。夫子于疾趋而进之时，足容虽疾，手容自恭，张拱端好，如鸟之舒翼。然此是行礼之时，其敬有如此。行礼既毕，主君送宾以出，宾方退出之际，主君之敬未解，夫子必复命于君曰："宾已出不复回顾矣。"所以舒君之敬，不使劳于瞻望也。此是礼毕之后，其敬有如此。夫以为摈一事，自始至终，无不中礼如此，此所以为盛德之至也。《日讲四书解义》

10.4 入公门，鞠躬如也，如不容。立不中门，行不履阈（yù）**。过位，色勃如也，足躩如也，其言似不足者。摄齐**（zī）**升堂，鞠躬如也，屏气似不息。出，降一等，逞颜色，怡怡如也。没阶趋，翼如也，复其位，踧踖如也。**

〇公门，君门。不容，敛身。公门高大而若不容，敬之至也。中门，中于门也。阈，门槛。不立门中间，不踩门槛，行必以度也。位，门屏之间，人君宁立之处。君虽不在，过之必敬，不敢以虚位而慢之也。言似不足，不敢肆也。摄齐，提起衣摆，恐蹑之而倾跌失容也。屏息者，近至尊，气容肃也。降一等，即下一台阶。逞，放也。渐远所尊，舒气解颜。怡怡，和悦也。没阶，即下尽台阶。趋，走就位也。复位踧踖，敬之余也。

〇此节记孔子趋朝之仪容。孔子趋朝，入门则敬，过位则加敬，升堂则愈敬。至屏气不息无可加矣，便是阴极阳生之候。故出降一等而舒矣，此圣心之变化也。怡怡如者，亦适得吾常敬之体也。翼如踧踖，非复起敬也，臣度然也，安舒中有踧踖也。圣人惨舒之气，如四时之代谢绝无痕迹。刘宗周

10.5 执圭，鞠躬如也，如不胜。上如揖，下如授，勃如战色，足蹜蹜如有循。享礼有容色，私觌（dí）愉愉如也。

〇出使外国，举着圭，小心翼翼，好似力不胜。手与心齐，上台阶如同作揖，下台阶如同授物。面色如同作战般严峻，行步促狭好像沿着轨道在走。行享献之礼时满脸和气，私下会见则轻松愉快。

〇此节记孔子为君聘于邻国之礼容也。圭，诸侯命圭。聘问邻国，则使大夫执以通信。如不胜，执主器，执轻如不克，敬谨之至也。上如揖下如授，谓执圭平衡，手与心齐，高不过揖，卑不过授也。战色，战而色惧也。蹜蹜，举足促狭也。如有循，记所谓举前曳踵，言行不离地如缘物也。享，献也。既聘而享，用圭璧，有庭实。有容色，和也，《仪礼》曰发气满容。私觌，以私礼见也。愉愉，轻松愉快，则又和矣。盖出使聘问，首要在敬，次则敬与和并言，末则专言和，圣人之尽礼尽情如此。朱子

10.6 君子不以绀（gàn）緅（zōu）饰，红紫不以为亵（xiè）服。当暑，袗

(zhěn) 絺 (chī) 绤 (xì)，必表而出之。缁衣羔裘，素衣麑 (ní) 裘，黄衣狐裘。亵裘长，短右袂 (mèi)。必有寝衣，长一身有半。狐貉之厚以居。去丧，无所不佩。非帷裳，必杀之。羔裘玄冠不以吊。吉月必朝服而朝。

〇绀，深青扬赤色。緅，绛色，比绀更暗。亵服，私居服也。絺绤，葛布也。衣，裼衣，古人皮衣毛向外，故套毛色相称之裼衣。缁，黑色。麑，幼鹿，色白。亵裘，在家穿的裘衣。去丧，丧期结束。帷裳，谓朝祭之服，其制正幅如帷，腰有襞积而旁无杀缝。羔裘玄冠，吉服也。吉月，月朔也。

〇此记孔子衣服之制也。圣人持身不苟，不以绀緅二色作衣之领缘。盖绀緅皆近于庄重礼服之黑色，故不以之饰常服也。私居之服不用红紫，非正色也正色谓青赤白黑黄，其致谨于服色之辨如此。时当乎暑，则服单葛之衣，或取夫絺而精者，或取夫绤而粗者，外出则必先着里衣表絺绤而外，盖暑服宜于轻浅而不宜见体也。时当乎冬，则衣以裼裘欲其相称，黑羊之裘服以朝觐则裼以缁衣，白麑之裘服于聘享则裼以素衣，黄狐之裘服于蜡祭则裼以黄衣，皆中外之色相称，此公服之制也。若私居之裘，其制则长取其温暖，而短其右边之袖所以便作事也，且用狐貉为之以其毛深温厚，可以御寒而适之。时去文就简非所宜佩，若已免丧乃去凶即吉之时也，必玉以象德器以备用，无所不佩焉。衣必有裳也，若非正服之帷裳，则不用襞积而旁有斜裁倒合之杀缝矣，以其杀于下齐者一半故谓之杀缝，其制上窄下宽取其省约而不妄费也，其丰俭各有所宜如此。如吊服所以哀死也，若羔裘之朝服元冠之，祭服则不用之以吊，盖不以吉服而用之于凶服也。朝服所以觐君也，孔子时虽致仕，每月之朔必服其朝服而北面以朝，盖不以致仕而忘乎君也。其谨于吉凶之礼又

如此，盖衣服所以文身，亦圣人之所必谨也。苏氏曰："此孔氏遗书，杂记曲礼，非特孔子事也。"《日讲四书解义》

10.7 齐斋**必有明衣，布。齐**斋**必变食，居必迁坐。**

〇斋必沐浴，浴竟即着明衣，所以明洁其体也，以布为之。此下脱前章寝衣一简。变食谓不饮酒、不茹荤，迁坐谓易常处，皆无非求清洁也。朱子

〇此节记孔子谨斋之事。杨氏曰："齐所以交神，故致洁变常以尽敬。"

10.8 食不厌精，脍（kuài）**不厌细。食**（sì）**饐**（yì）**而餲**（ài）**，鱼馁而肉败，不食。色恶不食，臭恶不食，失饪不食，不时不食。割不正不食，不得其酱不食。肉虽多，不使胜食气。惟酒无量，不及乱。沽酒市脯不食，不撤姜食，不多食。祭于公，不宿肉。祭肉不出三日，出三日，不食之矣。食不语，寝不言。虽疏食菜羹瓜祭，必齐**斋**如也。**

〇食，谷物粮食。牛羊与鱼之腥，聂而切之为脍。食精则能养人，脍粗则能害人。不厌，言以是为善，非谓必欲如是也。饐，饭伤热湿也。餲，味变也。鱼烂曰馁，肉腐曰败。色恶臭恶，未败而色臭变也。饪，烹调生熟之节也。不时，五谷不成，果实未熟之类。此数者皆足以伤人，故不食。割肉不方正者不食，造次不离于正也。汉陆续之母，切肉未尝不方，断葱以寸为度，盖其质美，与此暗合也。食肉用酱，各有所宜，不得则不食，恶其不备也。此二者，无害于人，但不以嗜味而苟食耳。食以谷为主，故不使肉胜食气。酒以为人合欢，故不为量，但以醉

为节而不及乱耳。程子曰："不及乱者，非惟不使乱志，虽血气亦不可使乱，但浃洽而已可也。"

○沽、市，皆买也，恐不精洁，或伤人也，与不尝康子之药同意。姜，通神明，去秽恶，故不撤。不多食，适可而止，无贪心也。助祭于公，所得胙肉，归即颁赐。不俟经宿者，不留神惠也。家之祭肉，则不过三日皆以分赐，盖过三日，则肉必败，而人不食之，是亵鬼神之余也。但比君所赐胙，可少缓耳。答述曰语，自言曰言。范氏曰："圣人存心不他，当食而食，当寝而寝，言语非其时也。"杨氏曰："肺为气主而声出焉，寝食则气窒而不通，语言恐伤之也。"亦通。陆氏曰："《鲁论》瓜作必。"古人饮食，每种各出少许，置之豆闲之地，以祭先代始为饮食之人，不忘本也。齐斋，严敬貌。孔子虽薄物必祭，其祭必敬，圣人之诚也。朱子

○此节记孔子饮食之节。谢氏曰："圣人饮食如此，非极口腹之欲，盖养气体，不以伤生，当如此。然圣人之所不食，穷口腹者或反食之，欲心胜而不暇择也。"朱子

10.9 席不正，不坐。

○正，正之也。必正席然后坐。

○此节记孔子所处必以正也。谢氏曰："圣人心安于正，故于位之不正者，虽小不处。"朱子

10.10 乡人饮酒，杖者出，斯出矣。乡人傩 (nuó)，朝服而立于阼 (zuò) 阶。

〇杖者，老人也。六十杖于乡，未出不敢先，既出不敢后。傩，驱鬼逐疫之仪式。阼阶，东阶，迎宾之位。傩虽古礼而近于戏，亦必朝服而临之者，无所不用其诚敬也。或曰："恐其惊先祖五祀之神，欲其依己而安也。"朱子

〇此节记孔子居乡之事。夫观于乡而知王道之易易也。观于乡饮酒之礼，而孝弟之道达于下矣。观于乡人傩之礼，而忠敬之道达于下矣。

10.11 问人于他邦，再拜而送之。康子馈药，拜而受之，曰："丘未达，不敢尝。"

〇托人与他邦问讯，拜送使者，如亲见之，敬也。未达，未晓也。杨氏曰："大夫有赐，拜而受之，礼也。未达不敢尝，谨疾也。必告之，直也。"

〇此节记孔子与人交之诚意。交道贵敬，圣人拜送拜受，一于礼而不苟如此。未达不敢尝，示无所欺也。

10.12 厩焚。子退朝，曰："伤人乎？"不问马。

〇马厩着火，乃遽问人，异乎常人以马厩则遽问马也，其记者善形容圣人者乎。

〇此节记孔子仁民先于爱物也。厩，孔子家厩也。非不爱马，然恐伤人之意多，故未暇问。盖贵人贱畜，理当如此。朱子

10.13 君赐食必正席先尝之，君赐腥必熟而荐之，君赐生必畜之。侍食于君，君祭先饭。疾，君视之，东首，加朝服，拖绅。君命召，不俟驾行矣。

〇腥，生肉。荐，荐之祖考。礼，食必祭，臣先饭，示为君尝食也。东首，不敢以足向所来尊者也。绅，大带也。不俟驾，不等待车驾。

〇此节记孔子事君之礼。食，馂余而赐，故不以为荐。正席，敬君赐也。先尝后颁赐，以广君惠也。腥，熟而荐之祖考，荣君赐也。生，牲也，畜之，仁君赐也。祭，祭豆间也。宾主敌则宾先祭，臣不敢祭而先饭也。病卧不可以亵服见君，身加朝服拖大带其上，如平时见君然也。趋君命，不待车驾备好而急行出也。夫子于纤悉委曲无所不竭其诚敬，是不独特一身之小节，而正以立万世人臣之大常也。

10.14 入太庙，每事问。

〇此与《八佾第三》重出，乃见孔子执礼之恭也。

10.15 朋友死，无所归，曰："于我殡。"朋友之馈，虽车马，非祭肉，不拜。

〇于，介词，给，让。朋友以义合，死无所归，权代为殡，见义之尽

也。若夫通财之常义，虽车马之重亦不拜也。祭肉则拜者，敬其祖考，同于己亲也。朱子

〇此节记孔子交朋友之义。圣人处朋友，道义之爱，骨肉之情，无所不至。死而殡，必拜祭肉，情至义尽也。

10.16 寝不尸，居不容。

〇尸者神魂所去之余骸也，不尸使神存其中也。不容内自足故，不须端庄仪容也。

〇此节言孔子寝息居家之礼也。范氏曰："寝不尸，非恶其类于死也，惰慢之气不设于身体，虽舒布其四体，而亦未尝肆耳。居不容，非惰也，但不若奉祭祀、见宾客而已，申申夭夭是也。"朱子

10.17 见齐衰者，虽狎，必变。见冕者与瞽者，虽亵，必以貌。凶服者式之，式负版者。有盛馔，必变色而作。迅雷风烈，必变。

〇狎谓相知，亵谓私亲。见可哀者辄忘狎而变颜色，见可敬者辄忘亵而改容貌也。式，车上之礼，凭轼致敬也。负版，持邦国图籍者。式此二者，凶服者哀其有丧，负版者重其民数也。作，起也，敬主人之亲馈也。《礼记》曰："若有疾风、迅雷、甚雨则必变，虽夜必兴，衣服冠而坐。"必变者，所以敬天之怒也。

〇此节记孔子见所哀恤及敬重之事为之变容也。盖容貌乃德之符，夫子

随事顺应，适当乎理，其形诸身而见于色者各有不同。夫圣人动容周旋无不中礼，其出之也，非有心而观之者则各异。至如见负版而式，遇风雷而变，则尤所以重邦本而畏天威也哉。

10.18 升车，必正立执绥（suí）。车中不内顾，不疾言，不亲指。

○绥，车中把索，正立执之，安而中礼也。内顾，回视也。疾言，急暴言语。亲指，任意妄指。三者皆失容，且惑人。

○此节记孔子升车之容也。夫子正直存于中，而肃恭著于外，随其所在莫不见其有敬容，无肆容。范氏曰："正立执绥，则心体无不正，而诚意肃恭矣。盖君子庄敬无所不在，升车则见于此也。"夫礼，大夫得乘车，苟或稍纵，即不足以见盛德之容，而且惑人之视听。《礼》曰："顾不过毂。"夫子之不待谨而自谨也，此其所以为圣人也与！

10.19 色斯举矣，翔而后集。曰："山梁雌雉，时哉时哉。"子路共之，三嗅而作。

○色斯，色然，惊骇貌。惊而飞，又必回翔审视，择可止之地而后复集。夫子诵《诗》叹之曰：彼山梁之雌雉，当飞则飞，其飞也以时；当下则下，其下也以时。共，同拱，向也。嗅，当作狊（jú），张两翅也。子路闻之竦然向之，雌雉遂三张其翅，见几而作也。

○此节见孔子时中之圣，其所防心者无非时也。《易·彖传·艮》曰："时止则止，时行则行，动静不失其时。"钱按："此章实千古妙文，而

《论语》编者置此于《乡党》篇末，更见深义。”孔子一生，车辙马迹环于中国，行止久远，无不得乎时中，而终老死阙里。其处乡党，言行卧起，饮食衣着，一切以礼自守，可谓谨慎之至，不苟且不鲁莽之至。学者试取庄子《逍遥游》《人间世》与此对读，可见圣人之学养意境，至平实至深遂，较之庄生想像，逷乎远矣。然犹疑若琐屑而拘泥。得此一章，画龙点睛，竟体灵活，真可谓神而化之也。钱穆

○《论语》之编辑，非成于一时。自此以前十篇为上篇，终之于《乡党》，为第一次之结集，下论十篇为续篇。此篇本不分章，今依朱子分为十八节，而最后别加山梁雌雉一章，亦犹下论末《尧曰》不分章，最后亦加不知礼不知命不知言一章。《乡党》汇记孔子平日之动容周旋，与其饮食衣服之细，《尧曰》则总述孔子之道统与其抱负。雌雉章见孔子一生之行止久远，不知礼章则孔子一生学问纲领所在。钱穆

先进第十一

《正义》曰："前篇论夫子在乡党，圣人之行也。此篇论弟子贤人之行，圣贤相次，亦其宜也。"凡二十五章。

11.1 子曰："先进于礼乐，野人也；后进于礼乐，君子也。如用之则吾从先进。"

〇先进后进，谓先辈后辈之学者。野人、君子，以当时气象言，盖当时君子文饰过甚，不如乡人之质朴也。用之，谓从其学礼乐，还得从先辈的质朴率性学起。

〇此章是孔子思复古以维世也。礼乐，君子用之以养德也。故忠信其质，而礼云乐云，其文也。文胜则史，质胜则野，文质彬彬然后君子。虽然世人无日不用礼乐，而实与之背驰也。缘饰愈多，而本心愈丧，用之适为贼，性荡情之资而已。礼与其奢也宁俭，谓其近于本也。先辈风味大率以朴胜，其后乃渐入于烦缛。盖人心递降，而习尚随之，故曰"先进于礼乐，野人也；后进于礼乐，君子也"。习尚之弊从矣，圣人有忧之，故曰"如用之则吾从先进"。或曰周文郁郁矣，先进礼乐犹以为野，何也？曰：制礼乐者，立隆为极，万世勿可加；行礼乐者，国初士大夫，气习还多悃塞之意，自后进看非野而何？刘宗周

11.2 子曰："从我于陈、蔡者，皆不及门也。"德行：颜渊，闵子骞，冉伯牛，仲弓；言语：宰我，子贡；政事：冉有，季路；文学：子游，子夏。

○不及门，不在门也。孔子尝厄于陈、蔡，时年六十一岁，弟子多从之者。孔子此叹，当在七十以后，众弟子已多不在门，故孔子思之。弟子因孔子之言，记此十人，而并目其所长，分为四科。孔子教人各因其材，于此可见。

○此章见圣门之多才也。德行者，潜心体道，默契于中，笃志力行，不言而信者也。直言曰言，论难曰语，言语者，善为辞令，可使于四方者也。政事者，食货宾师之事，任有司者也。文学者，学于《诗》《书》《礼》《乐》之文，而能言其意者也。盖夫子教人，使各因其所长以入于道，然其序则必以德行为先。德行以修己，政事以安人，言语以为法于天下，文学以流传于后世。圣门具此四科，而木铎之全体大用全矣。然非谓孔门设此四教也，《诗》《书》《礼》《乐》，质之躬履则德行宜之，口辨则言语施之，日用则政事传之，道义则文学要之，故特别诸子才质所长言之耳。观门人四科之言，而孔子造就人才之法可见矣，即朝廷因材器使之道亦从可知矣。《论语或问》、江谦

11.3 子曰："回也，非助我者也，于吾言无所不说悦。"

○助我，若子夏之起予，因疑问而有以相长也。颜子于圣人之言，默识心通，无所疑问。故夫子云然，其辞若有憾焉，其实乃深喜之。朱子

〇此章是孔子深喜斯道之得人也。道本难穷，问难愈多，精微益显。颜子闻一知十，不复问难，故曰“非助我者”。盖颜子所见已到至处，默识心通，非经说义解也，然却只在无行不与处。实地勘验，见其不违足发，如时雨化之者。胡氏曰：“夫子之于回岂真以助我望之，盖圣人之谦德又以深赞颜氏云尔。”吕留良

11.4 子曰：“孝哉闵子骞，人不间于其父母昆弟之言。”

〇间，谓有罅隙之可议也。闵子骞之孝，父母昆弟称之，人亦无间言也。

〇此章是孔子赞闵子之孝行著于乡党也。闵子之德行，内感于父母昆弟，外感于乡党，故亦感于圣人，可谓德行之甚者也。古今论孝者，自大舜而下称闵子焉，皆遭人伦之变而不失其常，非至诚能动何以与此，故人言易乎，而惟无间于父母昆弟之言斯为难，此闵子所以称孝也。胡氏曰：“父母兄弟称其孝友，人皆信之无异辞者，盖其孝友之实，有以积于中而着于外，故夫子叹而美之。”刘宗周

11.5 南容三复白圭，孔子以其兄之子妻之。

〇《诗·大雅·抑》曰：“白圭之玷，尚可磨也；斯言之玷，不可为也。”白圭，白玉。玷，疤点。南容读诗至此，三反覆之，是其心慎言也。此邦有道所以不废，邦无道所以免祸，故孔子以兄子妻之。朱子

〇此章见孔子谨言之教也。放言不检自是学者大病，只能谨言，精神便收敛，天理存矣。南容学问近里，故三复白圭之诗，平生得力之地尽在

于此，庶几慥慥君子欤。范氏曰：“言者行之表，行者言之实，未有易其言而能谨于行者。南容欲谨其言如此，则必能谨其行矣。”刘宗周

11.6 季康子问：“弟子孰为好学？”孔子对曰：“有颜回者好学，不幸短命死矣，今也则亡。”

〇或曰哀公康子之问同，而对有详略者，盖对君宜详尽，若康子则冀其能问而后告之，此教诲之道也。

〇此章见好学之人不易得也。颜子好学，非夫子不能窥见。颜子没而此学亡，须知所学者何事。颜子专用力于内求，故后儒亟称之，却费一段苦心在此，其所以几于圣也。若曾点漆雕开只见得大意。刘宗周

11.7 颜渊死，颜路请子之车以为之椁（guǒ）**。子曰：“才不才亦各言其子也，鲤也死有棺而无椁，吾不徒行以为之椁，以吾从大夫之后不可徒行也。”**

〇颜路，颜渊之父。椁，外棺也。请为椁，欲卖车以买椁也。《春秋传》曰：“丧事无求，求车，非礼也。”鲤，孔子之子伯鱼也，先孔子卒。“士有棺而无椁”，亲儿子也是薄葬。徒行，步行。从大夫之后，谦辞，即尚从大夫之列也。大夫去车徒行为非礼，然夫子言此亦权论耳。颜子死，家贫不必厚葬便是道安，非吝于一车也。

〇此章见孔子之爱回以义也。颜路以为颜渊之德出于诸子之上，故欲请夫子之车作其椁厚其葬，以表其德。此不辨家之有无，以为委曲之行者

也。夫子以为，凡葬礼有其制，有棺而无椁无害于礼，且颜渊之志不外于此，成其志可也。盖颜渊一生安贫乐道，死生一致，虽无椁何伤？惟孔子知之深，故不以薄为嫌。不论才而各言其子，乃为父道，庶几与颜路共之也。夫车也者，君之赐也，不徒行以为之椁者，尊君之道也。夫子之行，既成父之道，又成子之志，又成尊君之道，则又将使颜路舍委曲之行处此三道，此圣人以忠恕成颜路之行也。

11.8 颜渊死，子曰："噫，天丧予！天丧予！"

〇噫，伤痛声。天丧其人，若丧己也。再言之者，痛惜之甚。

〇此章是孔子悼道之无传也。夫子视诸弟子，唯颜子学德纯实，足以能缵夫子之绪，以施于斯民，以垂之后世矣。而今颜子早夭，无复可赖，故诚不能释然于天道矣。孔子上接文王之传，则曰天将丧斯文；下失颜渊之传，则曰天丧予。然则道统之绝续，皆天也。《日讲四书解义》

11.9 颜渊死，子哭之恸（tòng）**。从者曰："子恸矣。"曰："有恸乎？非夫**（fú）**人之为恸而谁为。"**

〇恸，哀过也。从者之劝，欲其节哀也。夫人，斯人也，指颜渊。言其死道废，非为夫人恸而更为谁人乎？

〇此章见孔子哀之发而中节也。凡尊其人之德，则称夫人也，言颜渊之死，道之兴废系焉。夫子吊之，哀伤之至，不自知也。盖夫子兴道之人也，夫人死则道亦废矣，故哭之宜恸，非他人之比也。此夫子为道深惜

颜渊也。胡氏曰："痛惜之至，施当其可，皆情性之正也。"《论语象义》

11.10 颜渊死，门人欲厚葬之，子曰："不可。"门人厚葬之，子曰："回也视予犹父也，予不得视犹子也，非我也，夫二三子也。"

○丧具称家之有无，贫而厚葬，不循理也，故夫子止之。颜路终听门人言而厚葬之，夫子遂叹不得如葬鲤之得宜，以责门人也。

○此章是孔子以循理责门人，正所以爱回之深也。子与回情之至关切者，故有父子云云。门人厚葬，尊贤之情；子曰不可，安贫之义。不以情胜义，爱人以德而不以姑息也。黄勉斋云：丧子之叹，哭之而恸，非厚于颜子为道也；请车却之，厚葬责之，非薄于颜子为道也。圣人之心无适非道也。杨大受

11.11 季路问事鬼神，子曰："未能事人，焉能事鬼？"曰："敢问死。"曰："未知生，焉知死。"

○问事鬼神，盖求所以奉祭祀之意。事人，事父母也，其礼详见于《礼记·内则》；事鬼，祭祖考也，其礼详见于《礼记·祭义》。人鬼一理，不能奉事人，何能奉事鬼？而子路未达，看得生死是两截，故人鬼乃两事。夫生者寄也，死者归也，幽明始终，初无二理。是死生一体，那有二致，正是深答子路处。

○此章是孔子戒人务远之心也。事鬼之道，即在人事之中，此圣人教学者，用力只在日用平实处，而其道无所不达也。《中庸》言君子之道，

“行远自迩，登高自卑”。由顺父母推而至于继志述事，事死如事生，事亡如事存，是必能事人而后能事鬼也。生有生之理，良知也；有生之气，良能也。人秉天气地质以生，即受天地之中以生，知能尽则理气亡，故立命之学，必本于存心养性。《易传》曰：“昼夜者，死生之象也。”又曰：“精气为物，游魂为变，原始反终，故知死生之说。”其理精微而不可穷，然皆在人伦日用之间矣。程子曰：“昼夜者，死生之道也。知生之道，则知死之道；尽事人之道，则尽事鬼之道。死生人鬼，一而二，二而一者也。或言夫子不告子路，不知此乃所以深告之也。”唐文治

〇天地之性人为贵，所以生也。能尽其性则能尽人之性，所以事人也。有生也者则有未始，有生也者是生死之说也。有体于明者，则有体于幽者，是鬼神之说也。问事鬼神者，事吾心之鬼神也。子曰未能事人焉能事鬼，即人以达天也。知死者，知未始有生之理也。子曰未知生焉知死，尽性以至命也。幽明生死初无二理，而学者易溺于玄远之见，至有忽庸行而不修，舍日用饮食而外求道者。故夫子两以儆子路，其所以教天下万世微矣。人鬼死生只是一个，才问死与鬼神，便是支离之见。故圣人就从一处指点之。盖生可以该死，而溺于死之说者反至于远；生人可以尽鬼，而溺于鬼之故者反至于远人。故曰“下学而上达”。刘宗周

11.12 闵子侍侧，訚訚如也；子路，行行如也；冉有、子贡，侃侃如也。子乐。“若由也，不得其死然。”

〇侍侧，伺候在孔子旁边。訚訚，正直恭敬貌。行行，刚强负气貌。侃侃，和乐爽朗貌。子乐者，乐其各自真性情流露也。然子路以刚，恐不

得寿终，故又关切忧虑之也。

○此章是门人记诸贤之气象也。昔夫子在坐，而闵子侍侧，则见其外和内刚，訚訚如也。至于子路则见其果敢发越行行如也，冉有子贡则见其端庄正直，侃侃如也。观四子之气象，即以知四子之造诣，斯道有人，斯世有赖。其时夫子若有欣欣然不自禁其乐者。然四子之中，惟子路过于刚强非终吉之道。故夫子亦尝警之曰："若由也，不得其死然。"此不过据理而论，欲子路之损过以就中也。而不意子路之终不能也，可惜矣夫。《日讲四书解义》

11.13 鲁人为长府，闵子骞曰："仍旧贯，如之何？何必改作？"子曰："夫人不言，言必有中。"

○长府，府库名，藏货财之所曰府。为，改作之。仍旧贯，犹云照旧制。盖改作，劳民伤财也。故夫子赞闵子骞言不妄发，发必当理也。

○此章见圣贤维鲁之心也。昔鲁有长府，其来旧矣，一旦欲改作而更新之，此乃变制之渐，亦聚利之萌也。闵子骞婉言以止之曰："天下事创作者难为功，完旧者易为力，彼长府虽久，未至大坏，因其旧制稍加修葺，何为不可，何必改作而为劳费之事乎？"孔子闻而赘之曰："夫人不轻于言者也，惟其不轻于言，故一言而关生民之大计，动当事之深思，言必有中，可谓仁人之言哉！"大抵劳民伤财之事，所损虽在一时，而变历代之规模，启聚敛之苛法，关系正自不小。闵子不极言其弊，所以婉而易人。孔子复称说其美，愈令闻者知愧。圣贤之爱鲁民，正其深于爱鲁君臣也。《日讲四书解义》

11.14 子曰："由之瑟，奚为于丘之门？"门人不敬子路，子曰："由也升堂矣，未入于室也。"

〇古者八音，丝音居其一，分为琴瑟。疾律曰瑟也，男子学之，严正其行；徽音曰琴也，女子学之，柔美其德。《周南》《召南》之乐是也。子路将学瑟养其德，而其性刚强，其鼓瑟有北鄙杀伐之声，于是夫子谓这如何能鼓于我门呢。此夫子使子路退其刚强，养中和之德也。而门人以为子路之德不足以学，遂不敬子路，故夫子释之。闻六艺之教，能通古今，辩然不，是升堂者；达于礼乐之原，而智足知圣，是入室者。盖以升堂入室喻入道之次第也。

〇此章见孔子作人之法也。闻其乐而知其德，由之德著于瑟矣，暴厉之气胜于中和，曾是游圣人之门，而成就变化止于是乎，故夫子闻而儆之也。虽然由之学固已卓然见其大矣，惜也择善不精，履仁未熟，于道犹未至耳。使由此而进，则致广大而尽精微，极高明而道中庸，粹然成德之君子矣。学莫先于变化气质，气质甚害事，才气拘便物蔽，学者须从躯壳上极力消融，至于渣滓浑化，天理周流，便是究竟工夫。或问气质害事还须涵养否？曰："能克己方是真涵养。"夫子裁子路之勇，而但教之以进学，便是探本治病之方，非徒就标处挽回者。然先儒谓学莫先于变化气质，何如？曰："学乃所以变化气质也，要之果能变化气质，则学亦无余事。"刘宗周

11.15 子贡问："师与商也孰贤？"子曰："师也过，商也不及。"曰："然则师愈与？"子曰："过犹不及。"

〇师，子张。商，子夏。子张子夏其性相反，子贡不知其优劣，故以问之。过者过乎中，不及者不及乎中，皆偏也。愈，犹胜也。譬之如射，过与不及，皆未至于鹄的，何胜之有？或曰“然则师愈”，子贡却呈自己供状，“过犹不及”，夫子亦下子贡钳锤，是也。尹氏曰：“中庸之为德也，其至矣乎。夫过与不及，均也，差之毫厘，缪以千里。故圣人之教，抑其过，引其不及，归于中道而已。”朱子

〇此章见孔子以中道约人也。师之过商之不及，各囿于气质之偏。子张才高意广，而好为苟难，故常过中；子夏笃信谨守，而规模狭隘，故常不及。子张问“士何如斯可谓之达矣”，此其才高意广者也。子游曰“吾友张也为难能也，然而未仁”，此其好为苟难者也。子夏告司马牛云“商闻之矣”，盖守所闻以告，此其笃信谨守者也。子夏言交者则云“其不可者拒之”，乃为门人小子言交，故子张以为异乎大贤容人，此其规模狭猛者也。子告子夏云“无欲速无见小利”，亦虑其失而戒之欤。《中庸》云：“子曰：‘道之不行也，我知之矣，知者过之，愚者不及也；道之不明也，我知之矣，贤者过之，不肖者不及也。’”盖知愚之知有过不及，则道故不行焉；贤不肖之行有过不及，则道故不明焉。《仲尼燕居》云：“子曰：‘师，尔过，而商也不及。’子贡越席而对曰：‘敢问将何以为此中者也？’子曰：‘礼乎礼，夫礼所以制中也。’”盖礼者，理也，理无不得谓之中。又礼者，即事之治也，事得其理谓之治。此正显理遍于事，所以制中也。制者以义裁之，乃无过、不及之患。圣人欲订定万世学术，故于及门之彦互相断量，以示大中至正之准也。简朝亮

11.16 季氏富于周公，而求也为之聚敛而附益之。子曰：“非吾徒也，小子鸣鼓而攻之，可也。”

〇周公，天子之宰、卿士，有食采之地所入，其富宜矣。季氏以诸侯之卿，而富过之，非攘夺其君、刻剥其民，何以得此？冉有为季氏宰，又为之急赋税以益其富。故曰非吾徒，绝之也。小子鸣鼓而攻之，使门人声其罪以责之也。圣人之恶党恶而害民也如此。然师严而友亲，故已绝之，而犹使门人正之，又见其爱人之无已也。

〇此章是孔子正党恶之罪以警权臣也。范氏曰："冉有以政事之才，施于季氏，故为不善至于如此。由其心术不明，不能反求诸身，而以仕为急故也。"冉有以圣门之高弟而为季氏之家臣，自宜救正其过，上全国体，下安民命，斯为尽忠之道也。乃不能以道事主，而为之聚敛而增益其富，其不义甚矣。此而不声其罪，则不肖之徒亦何所不至哉，可见圣人恶恶必先绝其党。在冉有不过欲邀季氏之欢心，而不知难逃于圣门之公论，使小子传之而共惧，即季氏亦闻之而知警，真仁人之心哉！《日讲四书解义》

11.17 柴也愚，参也鲁，师也辟，由也喭。

〇高柴字子羔，参即曾参，师即子张，由即子路。愚，愚直、戆直。鲁，鲁钝、朴拙。辟，偏执、偏激。喭，鲁莽、粗俗。四子气质有偏，语之使知自励。盖识得病，便是药也。蕅益

〇此章是示人宜进学以化气质之偏也。孔子尝评论及门之才质，谓凡人气质不能无偏，而皆不妨于进道，特患不能自知其偏，则无以施转移之功耳。即如柴也谨厚有余而明智不足，可谓曰愚；参也资禀迟钝而警敏不逮，可谓曰鲁；师也容止可观而少诚实恻怛之意，是之谓辟；由也粗

直自遂而少温润和雅之文，是之谓喭。使此四子者各任其偏，与庸俗人何以异？而不知能进之以学，则皆任道之器也。故四子气质亦就学问上见，愚者躬行有余而解悟不足，于道在离合之间；鲁者担荷甚力而奏功甚难，于学在困勉之候；辟者制乎外而中或不根，神情微有渗漏；喭者规模已成但未经炉锤，升堂未入于室。然学而不已，则愚可破，鲁可化，辟可实，而喭可文也。厥后曾氏之子独得其传，则进学之力不可诬矣。刘宗周、《日讲四书解义》

11.18 子曰："回也其庶乎，屡空；赐不受命而货殖焉，亿则屡中。"

○庶，庶几近道也。屡空，衣食屡次空匮也。不以贫窭动心而求富，故屡至于空匮，言其近道又能安贫也。货殖，货财生殖也。亿，通臆，臆度也。言子贡不如颜子之安贫乐道，然其才识之明，亦能料事而多中也。

○此章是孔子称人所长以进其所不足也。回赐其聪识未尝不相近也，而中实有不同者焉。回也以明睿之姿，务深潜之学，其于道也殆庶几乎！但见其陋巷食贫屡至空匮而处之泰然，何其澹忘若此也。若夫赐则不听受贫富之命，而务生财以致富焉，较之安贫乐道者为何如乎？然其才识明敏，凡所亿度每每切中，实有过于人者。倘由此而充之其进，于回何难乎？此可见气质偏杂者不可以自画，而赋资明达者尤不可以自炫。《论语稽》云："颜子安命，卒未尝为命所困。子贡不安命，而其实穷通贫富仍在命中。任智而行，徒多憧忧，何如任天而动，较为坦荡也。"《日讲四书解义》

11.19 子张问善人之道，子曰："不践迹，亦不入于室。"

○践迹，践行前人之迹，以喻学也。善人不践成法，而自不为恶，此生质之美也。然由不学，故无自而入圣人之室。

○此章是孔子论生质之美而进之以学也。凡人之囿于气质者多矣，即或有志向上，亦必循途守辙而后可以合道。惟善人不拘圣贤之成法，而自无偏杂之患殆，不践迹者然。每自任其性情之本，然未尝加以深造之功，而亦不入于室。合而观之而善人之为善人可知矣，盖生质之美不可易得，亦不可尽恃。故善人之道必由学焉，由学而至于圣人，如践迹而入于室也。孟子云："可欲之谓善，有诸己之谓信，充实之谓美，充实而有光辉之谓大，大而化之之谓圣，圣而不可知之之谓神。"此践迹而入于室之序也。《日讲四书解义》

11.20 子曰："论笃是与，君子者乎，色庄者乎。"

○与，许与也。庄，通妆，饰也。若但许可其言论之笃实，则不知其为君子者乎，抑或饰为色庄者乎？两"者乎"语气，从上"是与"生来，是要人识取真君子。

○此章是孔子示人考行之法也。人之情伪不可见，所可见者容貌词气之间而已。然容貌词气有一见而即决者，更有屡见而未易测者，若专以论之笃实似乎有德而即许与之，则安知其为表里如一之君子者乎？亦安知其为外笃而内不笃之色庄者乎？以君子待人，虽忠厚之道而倘为色庄所欺，则迎合之弊自我开之矣。甚矣，容貌词气不可以定人品也！所以古

帝王取人之法，既观敷奏之言，尤详明试之功，然后赐之车服，申之考绩，不遽以知人自任，所以无失人之讥也。《日讲四书解义》

11.21 子路问："闻斯行诸？"子曰："有父兄在，如之何其闻斯行之？"冉有问："闻斯行诸？"子曰："闻斯行之。"公西华曰："由也问闻斯行诸，子曰'有父兄在'，求也问闻斯行诸，子曰'闻斯行之'，赤也惑，敢问。"子曰："求也退，故进之；由也兼人，故退之。"

○闻斯行，谓闻义即当勇为。诸，之乎。然有父兄在，则有不可得而专者，是子路好勇，故患其过之也。而冉求资禀失之弱，患其不及，故勉其进也。兼人，谓胜人也。冉有懦弱，子路好胜，故圣人一进之，一退之，所以约之于义理之中，而使之无过不及之患也。

○此章是孔子因人施教之意也。闻斯行之，为学自当如此，何与父兄事？有父兄在，只是不敢径直行将去，若有所禀承者。然道体大段易见得，只是微处难窥，才着小心便是凑泊处。子路力行可畏，只是粗，兼人处全是气魄用事，如人下食贪多便嚼不化胡乱咽下。退之者，欲其诸事从容，勿遽作向前想也。求也退故进之，猛着一鞭，令人住足不得。圣人造就二贤，具见化工之妙。师与商是过不及一对，由与求亦是过不及一对。但彼以造道已成言，此以进学之力而言。刘宗周

11.22 子畏于匡，颜渊后。子曰："吾以女汝为死矣。"曰："子在，回何敢死。"

○子畏于匡，见《子罕第九》，颜渊处变在后也。"吾以汝为死"，惊喜

之辞。“子在回何敢死”，非颜渊谁人说得出？盖“回也视予犹父也”。

〇此章见圣贤遇变而惟以道自信也。昔孔子为匡人所围仓卒遇难，颜渊偶失在后，其时匡人肆恶，在孔子自不能无虑焉。及其遇也乃不胜其喜而谓之曰：“吾与汝相失，以汝被围而死矣，今幸在邪。”颜渊对曰：“回于夫子身虽二而道则一，今也道未坠地，文既在兹，匡人自不得害夫子，是夫子在也。夫子既在，则回亦以道为重，岂敢轻于赴斗以死乎。”可见圣贤以道义自重，虽死生在前，审处不苟，而况区区进退得失之故邪。《日讲四书解义》

11.23 季子然问：“仲由、冉求可谓大臣与欤？”子曰：“吾以子为异之问，曾由与求之问。所谓大臣者，以道事君，不可则止。今由与求也，可谓具臣矣。”曰：“然则从之者与欤？”子曰：“弑父与君，亦不从也。”

〇子然，季氏子弟。季氏得二子为家臣，故问之。异，非常也。曾，犹乃也。民生疾苦，国家大政，非常之事应问国老者甚多，然子然仅以门弟子为问，故夫子云然。

〇具臣，谓备臣数而已。二子明于大臣之道者也，乃不见用于天子诸侯而为家臣，可慨也已。从字对止字言，子然意二子既不在不可则止之列，则从季氏之所为否？言二子虽不足于大臣之道，然君臣之义则闻之熟矣，弑逆大故必不从之。盖深许二子以死难不可夺之节，而又以阴折季氏不臣之心也。

〇此章见孔子沮僭窃扶纲常之深心也。所谓大臣者，以道事君，不可则止。以道事君者，不从君之欲；不可则止者，必行己之志。大臣以学术正君心，周公其选已，臣尽臣道，如责难于君，陈善闭邪，皆是不可则止，始终进退一道而已。道只是一道，行道处有不同，即道之时中，《易传》谓“有正而无中，无中而不正”，非二道也。道字精微广大，无所不举，后世止向功用上看，未尝不是道，却全体本领不是，即功用亦不能到伊周界分。以字合穷达说，能以道者，即未当大任，亦所谓大臣。有不可则止句，才见以道事君之严正。才说个道，便有不可之理在，便有则止之义在矣。不可则止，以道固不止此，然正在此处见得分明，看孔孟程朱事君皆如是，而天下以为不必然者也。由求具臣，正为无此一句力量，如伐颛臾、旅泰山之对可见也，还赖与闻圣人之道，故弑逆不从，犹存斯意耳。吕留良

11.24 子路使子羔为费（bì）宰。子曰：“贼夫（fú）人之子。”子路曰：“有民人焉有社稷焉，何必读书然后为学。”子曰：“是故恶（wù）夫佞（nìng）者。”

〇子羔，高柴。子路为季氏宰而举之也。贼，害也。孔子以子羔学未熟习，而使为政，所以为贼害也。子路则以治民事神皆所以为学辩之。治民事神，固学者事，然必学之已成，然后可仕以行其学。若学之未成，而使之即仕以为学，其不至于慢神而虐民者几希矣。子路明知此理，因爱才心切，特为高论以相答。故夫子不辨其非，而特斥其佞耳。

〇此章见学乃为政之本也。子夏曰：“仕而优则学。”《礼记·学记》曰：“凡学，官先事，士先志。”是古者学校本有学仕之法，学古入官必先从事于学，而后于修齐治平之理持之有本，而施之有渐，有天下国家之责者，诚不可不以典学为要务也。故何必读书然后为学，活处只在何必、

然后四字，此是子路不着边际语。范氏曰：“古者学而后入政，未闻以政学者也。盖道之本在于修身，而后及于治人，其说具于方册。读而知之然后能行，何可以不读书也？子路乃欲使子羔以政为学，失先后本末之序矣。不知其过而以口给御人，故夫子恶其佞也。”

11.25 子路、曾皙、冉有、公西华侍坐。子曰：“以吾一日长乎尔，毋吾以也。居则曰‘不吾知也’，如或知尔，则何以哉?”

〇皙，曾参父，名点。尔即汝。言我虽年长于尔辈，然勿以我年长而难言。盖诱之尽言以观其志，而圣人和气谦德，于此亦可见矣。居，平素家居。言尔等平居自念人不知我，如或有人知汝，则汝将何以为用?

子路率尔而对曰：“千乘之国，摄乎大国之间，加之以师旅，因之以饥馑，由也为之，比及三年，可使有勇，且知方也。”夫子哂（shěn）之。

〇率尔，轻遽之貌。摄，管束也。二千五百人为师，五百人为旅。因，仍也。谷不熟曰饥，菜不熟曰馑。方，向也，谓向义也。民向义，则能亲其上，死其长矣。哂，微笑，略带讥嘲也。孔子闻而哂之，非哂其志之小，乃哂其言之轻也。

“求！尔何如?”对曰：“方六七十，如五六十，求也为之，比及三年，可使足民。如其礼乐，以俟君子。”

〇求尔何如，孔子问也，下同。方六七十里，小国也。如，犹或也。五六十里，则又小矣。足，富足也。俟君子，言非己所能。冉有谦退，又以子路见哂，故其辞益逊。

“赤！尔何如?”对曰：“非曰能之，愿学焉。宗庙之事，如会同，端章甫，愿为小相焉。”

〇公西华志于礼乐之事，嫌以君子自居。故将言己志而先为逊辞，言未能而愿学也。宗庙之事，谓祭祀。诸侯时见曰会，众眺曰同。端，玄端服。章甫，礼冠。相，赞君之礼者。言小，亦谦辞。

“点！尔何如?”鼓瑟希，铿尔，舍瑟而作，对曰：“异乎三子者之撰。”子曰：“何伤乎，亦各言其志也。”曰：“莫春者，春服既成，冠者五六人，童子六七人，浴乎沂，风乎舞雩（yú）**，咏而归。”夫子喟然叹曰：“吾与点也。”**

〇三子问答之时，晳方鼓瑟，至此而希，思所以对也。铿尔者，投瑟之声也。舍瑟而作，置瑟起对也。撰，才具。伤，妨害。莫春，即暮春，三月近末，时气方暖。浴，盥濯也。沂，水名，在鲁城南，地志以为有温泉焉。风，讽诵文章也。舞雩，祭天祷雨之处，有雩坛树木也。咏，咏先王之道。归，归夫子之门。吾与点者，伤世不吾用，虽有三代之英，而将隐居以老也。

三子者出，曾晳后。曾晳曰：“夫三子者之言何如?”子曰：“亦各言其志也已矣。”

〇隐居求志，行义达道，固圣人所期许；然成材于身，以著用于世，乃是学问至实处。曾皙知夫子之意未尝不与二三子，故问之。

曰："夫子何哂由也？"曰："为国以礼，其言不让，是故哂之。"

〇点以子路之志，乃所优为，而夫子哂之，故请其说。盖军属五礼，故曰为国以礼，明非哂其治军，徒哂其言不让尔等。

"唯求则非邦也与？""安见方六七十，如五六十，而非邦也者？""唯赤则非邦也与？""宗庙会同，非诸侯而何？赤也为之小，孰能为之大？"

〇曾点以求、赤亦欲为国而不见哂，故微问之。而求只言能仕小地，赤只言能为小相，则所言皆让，与子路异，故夫子反言以明之。言方六七十如五六十，安见非邦？宗庙会同，皆诸侯之事，安见不能为大相？此承为国以礼而言，夫子之答无贬词，盖许其为邦之才耳。

〇此章见圣贤用世必先考志也。孔子之志，在于老者安之，朋友信之，少者怀之，使万物莫不遂其性。是圣人以老安少怀为极致，宇宙内事皆吾分内事，此洙泗学术之宗也。群居讲求莫非用世之道，如有用我执此以往，如不用我守此以藏，正所谓"用之则行，舍之则藏"也。

〇故由之有勇知方，求之足民，赤之礼乐，其施为气象不凡矣；曾点狂者也，胸次洒脱，志趣超远，舍瑟一对，悠然独见性分之全，素位而行，浮云富贵，莫春即景。四子皆志于为国与天下，由求知军、富民志在拨乱，赤点礼乐、教化志在致太平也。刘宗周〇及曾点请问辨三子之异同，而夫子一则曰为国，一则曰为邦，又曰诸侯，惓惓用世之心见乎辞矣。为国以礼，使三子知所以为国乎？夫子既与点之见道，而又终与三子之为邦意，是知明心与度世不是两截，莫春游咏与尧舜事业不是两境。盖点尔何如气象，便是为国以礼手段。夫子初发问商个用世之业，觉眉宇间有津津喜色。子路率尔之对，不觉一哂，亦志喜也。及至曾点乃舍却知尔公案，别寻个丘壑意味出来，将夫子一片热肠顿然灰冷，然其道则是，故叹息而与之。刘宗周

〇孔子与点，盖与圣人之志同，便是尧、舜气象也。朱子云："盖有以见夫人欲尽处，天理流行，随处充满，无少欠阙，故其动静之际，从容如此。而其言志，则又不过即其所居之位，乐其日用之常。而其胸次悠然，直与天地万物上下同流，各得其所之妙，隐然自见于言外，视三子之规规于事为之末者，其气象不侔矣。"故点尔何如一节书最难看，当知此理有本分自然处，有圣贤功用处，若只见一边道理，便蹉过葱岭去。

〇又须知同是此理，点有点见处，夫子有夫子见处，两边也掂一放一不得。诚异三子者之撰，特行有不掩焉耳，此所谓狂也。然曾皙之狂，非晋人老庄疏脱事也，原从圣人源头直下，但见太高而行不掩耳，正所谓游心千里，却只身在此。故夫子说吾与点，乃提醒前三人君子不器，而后三答曾点之问，乃揄扬三子而提撕曾点也。阳明曰："圣人教人，不是个束缚他通做一般，只如狂者便从狂处成就他，狷者便从狷处成就他。"夫子应机设教，不着迹痕，大化流行，气象万千也。吕留良

颜渊第十二

《正义》曰："此篇论仁政明达、君臣父子、辨惑折狱、君子文为，皆圣贤之格言，仕进之阶路，故次《先进》也。"凡二十四章。

12.1 颜渊问仁。子曰："克己复礼为仁。一日克己复礼，天下归仁焉，为仁由己而由人乎哉?"颜渊曰："请问其目。"子曰："非礼勿视，非礼勿听，非礼勿言，非礼勿动。"颜渊曰："回虽不敏，请事斯语矣。"

〇为仁者，全其心之德也。如何全之？克己复礼也。克己复礼，则事事皆仁，故曰天下归仁。又言为仁由己，是其机在我，我欲仁斯仁至矣。请问其目，则视听言动一之于礼。视听言动皆身，而勿在心也。事斯语，即事于此语，按这个话去做。

〇此章是孔门治心之实学也。仁者，本心之全德。礼者，天理之节文。人得仁之理于天，其有节文而不可易者，礼也。故颜渊问仁，而孔子以礼言之，明乎本心之全德即天理之节文，凡天下之人皆同此天理也。以舞者譬喻之，那种整全的动感之美便是本心之全德，便是仁；而舞者那种娴熟的步步踏中的节奏便是天理之节文，便是礼。只有时时踏中而合于理之节奏，才有那种整全的动感之美，故曰本心之全德即天理之节文。而这个时时踏中以合于天理之节文的努力，就是复礼，礼复，则仁体全矣。但是，如何能复礼做一个合格的舞者？无他，克己而已。克者，克制，约束。克己复礼，即约之以礼。然须逮循习之久方有天则可归，方是约。犹如舞者的那种艰苦训练，不断约束自己而渐至娴熟于时时踏中。惜人常好恶无节于内，知诱于外，人欲肆虐，不能反躬，天理灭矣。故朱子解克己，其要在克己身之私欲，是也。谢氏曰："克己须从性偏难克处克将去。"日日克之，不以为难，则私欲净尽，天理流行，而仁不可胜用矣。是己者，身也，自人欲而称己则曰克己，自天理而称己者则曰由己，皆己也。颜渊闻夫子之言，则于天理人欲之际，已判然矣，故不复有所疑问，而直请其条目也。非礼者，己之私也。程子曰："非礼处便是私意。既是私意，如何得仁？须是克尽己私，皆归于礼，方始是仁。"勿者，禁止之辞。四勿者，约之功夫也。是人心之所以为主，而胜私复礼之机也。私胜，则动容周旋无不中礼，而日用之间，莫非天理之流行矣。程子曰："四者身之用也。由乎中而应乎外，制于外所以养其中也。颜渊事斯语，所以进于圣人。后之学圣人者，宜服膺而勿失也。"

〇圣人之教多矣，此孔门授受第一义也，学者体之。此章论仁是学问全局，既就形骸中直指夫礼，而先天之体睹；又就本体中胪列视听言动，而后天之用彰。既从天下归仁着圣神之功化，又从一日由己决反约之要。归高之不堕于玄，虚卑之不溺于形器，此万世儒道之极规也。分己礼而对立其要，归于克复而为仁，是虞廷之训也。提一礼以溯性命之体，而合之于睹，闻显见发必中节，是《中庸》之教也。首括克复为纲领，终分视听言动为四目，壹是修身为本，是大学之道也。学者明克复之旨而六经无余蕴矣。刘宗周

12.2 仲弓问仁。子曰："出门如见大宾，使民如承大祭。己所不欲，

勿施于人。在邦无怨，在家无怨。”仲弓曰：“雍虽不敏，请事斯语矣。”

〇大宾，朝觐。大祭，郊禘也。曰出门曰使民，其心皆不敢肆，敬之至也。不欲勿施，则就出门使民，此心而推之于万物，能近取譬，恕之无闲于人己也。如是则邦家无怨，亦即不怨天不尤人，天下归仁气象也。此敬、恕与不怨之三者，皆指心言，即复礼归仁之要端也。刘宗周

〇此章是以省心为仁也。敬以持己，恕以及物，则私意无所容而心德全矣。内外无怨，亦以其效言之，使以自考也。盖出门使民，心广体胖，动容周旋中礼，则其未出门未使民之时，涵养深邃可知也。程子曰：“此俨若思时也，有诸中而后见于外。”此敬之无闲于动静也。又敬以直内，义以方外，故体勘于人己之间，絜矩及物者必恕焉。非敬无以行恕，非恕无以行仁厚之义也。则其所行皆利，求仁得仁，又何怨乎？如此居心，则视听言动自然无不合于礼，而我心之仁亦自然呈露，心行相发，内外交融，亦一以贯之也。朱子曰：“克己复礼，乾道也；主敬行恕，坤道也。”乾坤合德，敬恕正是克己工夫，为己不易克，故设此易简法门，体仁之要也。朱子、钱穆

12.3 司马牛问仁。子曰：“仁者其言也讱。”曰：“其言也讱，斯谓之仁矣乎？”子曰：“为之难，言之得无讱乎？”

〇司马牛，孔子弟子，向魋之弟。讱，不忍言也。仁者坚忍木讷而慎言也。夫子以牛多言而躁，故告之以此。牛则更云里雾里，这难道就叫仁吗？得无，犹言能不。谓勉仁为难，必须讱而言之。盖讱而言正所以致其不忍之情，故夫子以为仁。

○此章见为仁在于存心也。仁者其言也讱，则讱言为仁人之心矣。仁者心存而不放，虑始图终必敬必慎，故随在缄默。盖心常存，故事不苟，事不苟，凡启口之际，若有所隐忍而不敢轻发者焉。子欲为仁，亦惟在乎谨言而已矣。朱子案：“牛之为人如此，若不告之以其病之所切，而泛以为仁之大概语之，则以彼之躁，必不能深思以去其病，而终无自以入德矣。”盖圣人之言，虽有高下大小之不同，然其切于学者之身，皆为入德之要，则又初不异也。读者其致思焉。朱子、《日讲四书解义》

12.4 司马牛问君子。子曰：“君子不忧不惧。”曰：“不忧不惧，斯谓之君子矣乎？”子曰：“内省不疚，夫何忧何惧？”

○向魋作乱，牛常忧惧。故夫子告之以此。牛之再问，犹前章之意，故复告之。疚，病也。言由其平日所为无愧于心，故能内省不疚，而自无忧惧，未可遽以为易而忽之也。朱子

○此章见君子无入而不自得也。晁氏曰：“不忧不惧，由乎德全而无疵。故无入而不自得，非实有忧惧而强排遣之也。”是君子有内省之学也。《中庸》曰：“内省不疚，无恶于志。”盖君子之不忧不惧，实从忧惧中来，戒慎不睹，恐惧不闻，然后能无愧于心，而自无忧惧。所谓有终身之忧，无一朝之患也。此诣岂易几哉！唐文治

12.5 司马牛忧曰：“人皆有兄弟，我独亡无。”子夏曰：“商闻之矣，死生有命，富贵在天；君子敬而无失，与人恭而有礼，四海之内皆兄弟也，君子何患乎无兄弟也？”

〇牛有兄弟而云然者，忧其为乱而将死也。子夏述所闻以宽之，庶几如《易》所谓“乐天知命”，故不忧也。既安于命，又当修其在己者。故又言苟能持己以敬而不间断，接人以恭而有节文，则天下之人皆爱敬之如兄弟矣，何患之有？朱子

〇此章见人当修己以听天也。富贵兼贫贱患难而言，莫之为而为者天也，莫之致而至者命也。居易俟命，君子之学也，后天而奉天时者也。乐天知命，圣人之道也，先天而天弗违者也。敬者敬天命也，无失者念兹在兹，顾諟天之明命也。恭而有礼者，循礼以尽仁。敬人者人恒敬之，爱人者人恒爱之，民吾同胞，故四海之内皆兄弟也。此章虽系宽牛之忧，实与上数章论仁论君子，及答樊迟居处恭、执事敬、与人忠之义息息相通。圣门敬天命之学不外乎是矣。唐文治

12.6 子张问明。子曰：“浸润之谮（zèn）**，肤受之愬**（sù）**，不行焉，可谓明也已矣；浸润之谮，肤受之愬，不行焉，可谓远也已矣。”**

〇谮，诬陷。谮人之言，如水之浸润，渐以成之。愬，今作诉，诽谤。肤受，谓切肤之痛，利害切身。谮者毁人行，愬者诉己冤也。浸润之谮最易麻痹人，肤受之愬最易触痛人，能洞察之而不令其行，这就是明了。远只是明之尽量处，非明之外别有远也。

〇此章见人心自有真明，不必骛乎高远也。陆氏曰：“子张才高，其问明之意，或欲究天地古今之理，而转忽于人情阅历之常。”不知明者，是非邪正不惑而已。而是非邪正淆于谮愬者最多。谮之术不一，而莫难辨者，浸润之谮；愬之术不一，而莫难辨者，肤受之愬。况后世人情益

险，谮愬益工，我防其缓，彼偏用急，我防其急，彼偏用缓，千态万状，虽工于逆亿，亦属无益。惟有居敬穷理，则彼之术穷矣。是极近而易蔽者，于此能察，便不第为明。唐文治

○《尚书》言尧德，归于钦明，备万物于一己而已矣。钦者举重而敬，条理无违，而大明终始，圣人之明以钦为本也。钦之所存而明生，诚则明也；明之所照而必钦，明则诚也。故明、诚，相资者也。诚者，心之独用。明者，心依耳目之灵而生者也。圣人立心以为体，而耳目从心，则闻见之知皆诚，理之著矣。由此言之，圣人之所以文、思、恭、让而安安者，惟其明也。明则知有，知有则不乱，不乱则曰生，日生则应无穷。故曰日新之谓盛德，富有之谓大业。盛德立，大业起，被四表，格上下。用明之远者，岂非是哉！《书》曰："视远惟明。"王夫之、《尚书引义》

12.7 子贡问政。子曰："足食，足兵，民信之矣。"子贡曰："必不得已而去，于斯三者何先？"曰："去兵。"子贡曰："必不得已而去，于斯二者何先？"曰："去食，自古皆有死，民无信不立。"

○足食者，民之食与国之食而两足也。足兵者，训练之而使战不北、守不溃也。去兵者，贫弱之国，恐以训练妨本业，且无言兵，而使尽力于耕作也。去食者，极乎贫弱之国，耕战两不能给，且教之以为善去恶，而勿急督其农桑也。是足食足兵，民乃信之；去食去兵，民亦信之矣。立民之道，以信为本。王夫之

○此章见为政者有经有权，而总以信为立国之要也。立政凡以为民

耳，食以养民，兵以卫民，信以教民，而先王治天下之道不外是矣。三者信为要，食次之，兵又次之。必不得已而去兵，见教养之具隐然有御侮之威焉。又必不得已而去食，见亲上死长之心隐然有国存与存、国亡与亡之势焉。是以君子居恒，固尝以信为兵食之本，而遇变尤以信为生民之道也。自古皆有死，民无信不立，见国可灭君可亡而民心不可不立，此天理之所以常存而世道所以不坠也与！三代圣王，君民上下相许为一心，固结不散。虽纣亡而顽民历世不变，七国兴而天下竟不肯帝秦。及秦得天下，权使其士虏使其民，不二世而天下叛之，失民信也夫。刘宗周

12.8 棘子成曰："君子质而已矣，何以文为？"子贡曰："惜乎夫子之说君子也，驷不及舌，文犹质也，质犹文也，虎豹之鞟（kuò）犹犬羊之鞟。"

○棘子成，卫大夫。疾时人文胜，故为此言。君子也，赞其尚质也。驷不及舌，过言一出驷马难追，惜其废文也。鞟，皮革，皮去毛曰鞟。言文之用非不贵，以文犹以质也；质之用非独贵，以质犹以文也；今以质不以文，若鞟之去皮毛然。盖虎豹之皮去毛，是失其文矣，而与犬羊何以别？朱注："若必尽去其文而独存其质，则君子小人无以辨矣。"程树德

○此章既救文胜之弊又救质胜之弊，皆维世之深心也。文质同体而异情，质必有文，文乃见质，可合看不可相离，故曰"文犹质也，质犹文也"。阴阳质也，而阴阳之变化则文也；孝弟忠信质也，而其所当然之理则文也；视听言动质也，而动容周旋中礼则文也。才说孝，便须昏定而晨省，冬温而夏凊，舍此便做孝不得；才说忠，便须犯颜授命，鞠躬尽礼，舍此便成忠不得。人知文去而质显，不知文亡而质与俱亡也。故

曰“虎豹之鞟犹犬羊之鞟”，以虎豹之鞟同于犬羊，则质不可见矣。世道不可一日无君子，文胜则为伪君子，文亡则为真小人。故子成欲去文以存君子之质，而子贡欲合质以存君子之文，无非为君子谋也。盖子成所谓文乃小人之文，而非君子之文，羊质虎皮者是。子贡所谓文乃君子之文，而即君子之质，君子豹变者是。得子成之论可以救世，得子贡之论可以明道。问：“文质是表里之体，是对待之体?”曰：“道一而已矣，文质其撰也，毕竟是对待之体，道之一而实者为质，道之二而虚者为文，质立而文行焉。若相对待，然其实亦非一物，而为两体阴阳变化之象也，非表里二致之谓也。一而实，二而虚，皆心也，其发而可见者则谓之质，谓之文。仰观于日月星辰之质，则天之文也；俯察于水火土石之质，则地之文也；中体于日用云为之质，则人之文也。”刘宗周

12.9 哀公问于有若曰：“年饥，用不足，如之何?”有若对曰：“盍彻乎?”曰：“二，吾犹不足，如之何其彻也?”对曰：“百姓足，君孰与不足？百姓不足，君孰与足?”

〇称有若者，君臣之辞。用，谓国用。公意盖欲加赋以足用也。盍，何不也。周制，什一而税谓之彻。彻，通也，为天下之通法也。有若请但专行彻法，欲公节用以厚民也。二，即所谓什二也。公以有若不喻其旨，故言此以示加赋之意。有若则深言君民一体之意，民富则君不至独贫，民贫则君不能独富，以止公之厚敛，为人上者所宜深念也。朱子

〇此章见足国莫先于足民也。杨氏曰：“仁政必自经界始。经界正，而后井地均、谷禄平，而军国之需皆量是以为出焉。故一彻而百度举矣，上下宁忧不足乎？以二犹不足而教之彻，疑若迂矣。然什一，天下之中

正。多则桀，寡则貉，不可改也。后世不究其本而惟末之图，故征敛无艺，费出无经，而上下困矣。又恶知盍彻之当务而不为迂乎？”朱子

〇又此章非仅泛言君民一体之义，实专主年饥时用不足而言。救荒莫如节用，节用则薄赋敛。薄赋敛则小民无昏阽之虞，而大君作父母之戴，安富尊荣之业在是矣。鲁饥，所患者不在用度，而在民生矣。有若虑切民隐，故亟劝行彻法以苏之未暇，计及于足国也。至曰百姓足君孰与不足，百姓不足君孰与足，则君民宛然有一体之情，而足国之道固不外足民矣。此为万世荒政之龟鉴也。刘宗周

12.10 子张问崇德、辨惑。子曰：“主忠信，徙义，崇德也。爱之欲其生，恶之欲其死，既欲其生又欲其死，是惑也。‘诚不以富，亦祇以异。’”

〇主忠信则本立，徙义则日新，此穷理之学智者之事也。爱恶当有常，一欲生之一欲死之，是不智者之惑也。盖能穷理则知人，能知人则不惑。富者，富于闻见。异者，异于庸俗也。此引《诗·小雅·我行其野》之辞，言欲崇德辨惑，岂在富于闻见哉？亦只求存养省察之精，有以异于庸俗而已。朱子、唐文治

〇此章是言治心之学贵于诚与明也。忠信，德之本也；义，德之制也。主忠信，有其本也；徙义则日新而不穷，日新之谓盛德，故曰崇德也。夫德，本固有，而不能不受蔽于有生之情识，则辨惑要焉。从情识用事时一勘即破，如大梦之获醒，便觉本体昭著，从此渐加培养渐加省察，而天理造其极至矣。问：“《易》曰‘忠信所以进德也’，此复云‘徙义’，何也？”曰：“易进德对修业而言，此则盛德大业一以贯之者，知

终。终之可与存义也，则徙义之谓也。”又曰：“敬以直内义以方外，只是一心，而心所散见处便是义，便有无穷境界。我这主一之心，既葆得此理完固，足以为日用云为之本。由是随事精察而力行之，日新又新，转徙无端，小而证之日用饮食，大而察之纲常伦理，无不得其泛应之妙，所谓徙义也。此道问学之功也，崇德得力处在此。”刘宗周

12.11 齐景公问政于孔子，孔子对曰：“君君臣臣父父子子。”公曰：“善哉，信如君不君、臣不臣、父不父、子不子，虽有粟，吾得而食诸?”

○齐景公，名杵臼。鲁昭公末年，孔子适齐。是时景公失政，而大夫陈氏厚施于国。景公又多内嬖，而不立太子。其君臣父子之间，皆失其道，故夫子告之以此。管子云：“君不君则臣不臣，父不父则子不子。”景公，齐君也，知管仲之说，故信许夫子之言。虽有其粟，吾得而食之乎？言将见危亡，必不得食之也。惜景公善善而不能用，其后果以继嗣不定，启陈氏弑君篡国之祸。杨氏曰：“景公知善夫子之言，而不知反求其所以然，盖悦而不绎者。”朱子

○此章见为政者必以敦伦为要。为政固自多端，而其要则在于尽伦。为君者主治于上而止于仁，为臣者承事于下而止于敬，为父者作则于前而止于慈，为子者祗载于后而止于孝，斯大伦既敦而治理可由此而举，君臣父子岂非人道之大纲而为政之根本欤！信如君不尽君道，则不成其为君；臣不尽臣道，则不成其为臣；父不尽父道，则不成其为父；子不尽子道，则不成其为子；君臣父子彝伦既斁，则纪纲法度亦文具耳。吕留良云：“君君臣臣父父子子，须将八个字一气念来，便有个万物得所，各正性命气象，便见得一篇《西铭》道理、一部《周礼》

制度在内，根本却只在自尽。”《日讲四书解义》

〇君臣父子，其要则在正名分也。“必也正名”一语，实春秋之要义。春秋之大用在于夷夏、进退、文质、损益、刑德、贵贱、经权、予夺，而其要则正名而已矣。董生曰：“春秋慎辞，谨于名伦等物者也。”深察名号为名伦，因事立义为等物。孟子曰：“舜察于人伦，明于庶物。”名伦等物，得其理则治，失其理则乱。故曰：“拨乱世反之正，莫近于春秋。”人事浃，王道备，在得正而已矣。《易》曰：“知进退存亡而不失其正者，其唯圣人乎？”心正则天地万物莫不各得其正。伦物者，心之伦物也。世愈乱而春秋之文愈治者，托变易之事，显不易之理而成简易之用也。名伦等物为正名之事。正名也者，正其心也，心正则致太平矣。董生曰：“春秋之道，以元之深正天之端，以天之端正王之政，以王之政正诸侯之即位，以诸侯之即位即竟内之治，五者俱正而化大行。”故为人君者，正心以正朝廷，正朝廷以正百官，正百官以正万民，远近莫不一于正，而无邪气奸于其间者，此政之说也。政有大纲，君臣父子是也。君尽君道，臣尽臣道，父尽父道，子尽子道，而政无余蕴矣。故君君臣臣父父子子，含蓄无限道理，九经三重从此出。马一浮

12.12 子曰：“片言可以折狱者，其由也与。”子路无宿诺。

〇片言，一言也。子路忠信明决，故言一发而可以断狱也。宿，留也，犹宿怨之宿。急于践言，不留其诺也。此记子路平日素养，性笃信而足以服人，故片言可使罪人服也。唐文治

〇此章见服人贵于素养也。凡人各怀求胜之心而讼成焉，讼则情伪多端

变诈百出，听讼者虽竭力讯鞫，多不能得其情而使之服。若不事繁词推问，而止于片言之下剖断曲直，各得其宜，无不爽然输服者，其惟仲由也欤。仲由为人忠信明决，足以服人如是，非以言折直，以心折之也。是子路平日未尝以一言负人，有所应诺必急践之而不留宿。盖有言必践是其忠信也，无宿诺是其明决也。彼服人有素，故言出而人自服之。夫子之所以许由者乃在平日，固不必于折狱之时，而亦不必有折狱之事也。然则观人者亦唯觇其素行，考其生平而后可乎。否则漫然而许之，漫然而信之，鲜不失之轻忽矣。一字褒贬严于衮钺，唯圣人能之。《日讲四书解义》

12.13 子曰："听讼，吾犹人也，必也使无讼乎。"

○审案吾与人同，要之，化之在前，使无讼也。子路片言可以折狱，故又记孔子之言进之，以使民无讼为贵也。

○此章言治贵崇本也。为治者当图其本，若徒治其末，非上理也。如民有争讼，而为上者审其是非，晰其情伪，吾亦可以及人也。必也正本清源，有所以感格于先，使民知耻向化，相率而归于无讼乎！然此非有法以驱之也，盖平日道之以德，齐之以礼，潜消默夺，若或使之耳。可见为治者不贵有听讼之才，而贵乎无讼之可听。此本之所以当崇，而不必徒治其末也。《礼记》曰："大畏民志，此谓知本。"《尚书》曰："刑，期于无刑，民协于中。"其斯之谓与？范氏曰："听讼者，治其末，塞其流也。正其本，清其源，则无讼矣。"《日讲四书解义》

12.14 子张问政，子曰："居之无倦，行之以忠。"

〇居之，指居位，在职。行之，指执行政令。言为政之道，居其位当无得懈倦，施政于民必以忠信。程子曰："子张少仁，无诚心爱民，则必倦而不尽心，故告之以此。"

〇此章言为政本于诚也。为政之道，必所存所发各尽其诚，而后治可成。居当存诸心，如养民则必思何以遂其生，教民则必思何以复其性。无倦者，心之贞也。故一日百年无有间断，自然经营图度，用心精详，而成效可期矣。行谓发于事，以忠则表里如一。如养民则必实使得所，教民则必实使成俗，良法美意不事虚文，自然设施措注实意流通，而上理可臻矣。要之政本于心，总不外乎一诚而已。惟诚则始终无改，内外相符，而政宁有不善者乎？先儒谓有纯王之心，而后有纯王之政。此即无倦以忠之説也。《日讲四书解义》

12.15 子曰："博学于文，约之以礼，亦可以弗畔矣夫。"

〇重出，见《雍也》篇。累言之者，谆复之意也。

〇此圣门之家法。由博至约，遵道而行，君子事也。学不由斯而他求，则畔也。

12.16 子曰："君子成人之美，不成人之恶，小人反是。"

〇君子爱人，美者助之，恶者止之，是其存心厚也。小人则恶者济之，美者毁之，是其存心薄也。简朝亮〇此章是孔子论君子小人用心之不同也。成者，诱掖奖劝以成其事也。君子小人，所存既有厚薄之殊，而其所好又有善恶之异，故其用心不同如此。不言善而言美者，善蕴诸心，美则兼名实而言也。扩而充之，与人为善之道在是矣。盖君子之心，以为美乃天下之美，非一人之美也，有以成之，天下皆进于美矣；恶非一人之恶，天下之恶也，无以成之，天下皆改其恶矣。小人之心以为美者，一人之美也，一人擅其美，而我无美名矣；至于同恶相济，更无待言，要其性情心术、公私厚薄，各因其类而殊，而人心风俗，遂因以转移焉。唐文治

12.17 季康子问政于孔子，孔子对曰："政者正也，子帅以正，孰敢不正？"

〇季康子，鲁上卿，诸臣之帅也。帅，同率，表率义。上者表也，下者影也，表正则影端，上行则下效。故其身正，则不令而行也。胡氏曰："鲁自中叶，政由大夫，家臣效尤，据邑背叛，不正甚矣。故孔子以是告之，欲康子以正自克，而改三家之故。惜乎康子之溺于利欲而不能也。"简朝亮

〇此章言为政在乎修己。孟子曰："大人者，正己而物正。"执政者正，则内外莫敢不正。正即大学修身之义。一身正而后一家正，一家正而九族之丧祭冠昏皆正，由是而百官以正，吉凶军宾嘉官守言责亦正，而万民亦无不正矣。董仲舒曰："为人君者，正心以正朝廷，正朝廷以正百官，正百官以正万民。"故春秋先正京师，后正诸夏，乃正夷狄，自近者始，以渐治之。孔子此言不独告鲁大夫，实治天下之要道也。程树德

12.18 季康子患盗，问于孔子，孔子对曰：“苟子之不欲，虽赏之不窃。”

〇言子不贪欲，则虽赏民使之为盗，民亦知耻而不窃。盖民化于上，不从其令，从其所好也。朱子、钱穆

〇此章言弭盗者贵清其源也。胡氏曰：“季氏窃柄，康子夺嫡，民之为盗，固其所也。盍亦反其本耶？孔子以不欲启之，其旨深矣。”《大学》曰：“尧舜率天下以仁而民从之，桀纣率天下以暴而民从之。”盖上多欲则下行窃，此感应自然之理。民化君行，君若好货，而禁民淫于财利，不能正也。故不从君民起念，只为自己利害，康子患处便是盗心。做官不为地方计，只为自己考成，纵讳与捕逐，亦总是盗术。是经济事功，圣贤都从心上做起。吕留良

12.19 季康子问政于孔子，曰：“如杀无道以就有道，何如？”孔子对曰：“子为政焉用杀？子欲善而民善矣。君子之德风，小人之德草，草上之风必偃。”

〇为政者，民所视效，何以杀为？欲善则民善矣。君子、小人，此以位言。偃，仆也。夫上之化下，犹风靡草，无不仆也。此亦欲令康子先自正也。吕留良

〇此章言为政者当用德而不用刑也。尹氏曰：“杀之为言，岂为人上之语哉？以身教者从，以言教者讼，而况于杀乎？”为政不废刑，而刑非所恃也。刑以弼教，教行而善，则刑设而不用矣。是孔子之意专在以善率民，呼吸一气，有风行草偃之机焉。盖以刑齐民者日求民善而民未必

善，以善率民者不求民善而民自无不善。下之应上，如影之随形，响之应声，人主可不以躬行德教为化民之本哉！刘宗周、《日讲四书解义》

12.20 子张问："士何如斯可谓之达矣？"子曰："何哉，尔所谓达者？"子张对曰："在邦必闻，在家必闻。"子曰："是闻也，非达也。夫达也者，质直而好义，察言而观色，虑以下人，在邦必达，在家必达；夫闻也者，色取仁而行违，居之不疑，在邦必闻，在家必闻。"

○子张务外而求闻达，故夫子反诘之，将以发其病而药之也。闻者，名誉著闻，流于外者也。达者，德孚于人而行无窒碍者也。闻与达相似而不同，乃诚伪之所以分，学者不可不审也。故夫子既明辨之，下文又详言之。夫达者，质直好义，内主忠信而所行合宜也。又审于接物，察乎人情，思其所处，而退让以下之。此所以诚孚行著，而邦家必达也。夫闻者，善其颜色以取于仁，而行实背之，又自以为是而无所忌惮也。此不务实而专务求名者，故虚誉虽隆而实德则病矣。是子张之学，病在乎不务实。故孔子告之，皆笃实之事，充乎内而发乎外者也。朱子

○此章言士行当明辨闻达之诚伪也。闻达同是一般，但达者总是义，闻者总是利，迹是而实违。盖达者，诚而务实者也。以《易》义言之，履卦初爻曰"素履往无咎"，素者质也；二爻曰"履道坦坦"，言行乎义之正路也。谦卦初爻传曰"谦谦君子，卑以自牧"，即所谓虑以下人也。履，德之基也；谦，德之柄也。君子处忧患之世，能和而至，尊而光，则无所不达矣。而闻者，所谓伪而求名者也。然有与乡原不同者，盖乡原阉然阴柔以媚世，此则好为大言，务在压倒一切，虽君子不免受其欺矣。一达一闻，情状较然。学者未尝不志于达，而不免他岐于闻，

毫厘之差，谬以千里，审之审之。故夫子既表达者之心，而又借闻以发伪学盗名之情状，为万世学者垂法戒也。唐文治、刘宗周

12.21 樊迟从游于舞雩（yú）之下，曰：敢问崇德、修慝（tè）、辨惑。子曰："善哉问，先事后得，非崇德与？攻其恶，无攻人之恶，非修慝与？一朝之忿（fèn），忘其身以及其亲，非惑与？"

〇舞雩，求雨之坛。慝，音忒，恶之匿于心者。修者，治而去之。三者皆修身之要，故善之。事，勤也。先勤于事，然后得报，犹先难后获，先义后利也。攻，治也。专于治己而不责人，则己之恶无所匿矣。知一朝之忿为甚微，而祸及其亲为甚大，则有以辨惑而惩其忿矣。时人多粗鄙近利，故告之以此，三者皆所以救其失也。朱子

〇此章是言治心之学也。德与慝相为存亡，惑则慝中之蔽也。查勘到此，可为拔本塞源之见。或曰樊迟从游，有感昭公逊齐之事，意欲本人心以对答天心也，故夫子善之。盖先勤求贤，任之以政，乃能得民。昭之失民失政久矣，以致出奔，是不能崇德也。子家驹言"诸侯僭天子，大夫僭诸侯"，而公曰"吾何僭"，是知人之恶而不知己之恶也。至不忍一朝之忿，而身不容于齐晋，辱及宗庙，则惑之甚矣。夫子此言，切中当日人心之患也。戴望

12.22 樊迟问仁。子曰："爱人。"问知智。子曰："知人。"樊迟未达，子曰："举直错诸枉，能使枉者直。"樊迟退，见子夏，曰："乡（xiàng）也吾见于夫子而问知智，子曰：'举直错诸枉，能使枉者直'，何谓也？"子夏曰："富哉言乎！舜有天下，选于众，举皋陶（yáo），不仁者

远矣；汤有天下，选于众，举伊尹，不仁者远矣。”

〇夫子所告者，皆外用于人者也，故仁之施在爱人，智之务在知人。樊迟疑之，以为仁无不爱，而智有分别似乎有妨于爱。举直错枉者，智也。使枉者直，则仁矣。智以成仁，其妙只在一使字见得。樊迟仍未想明白，故退而问子夏。乡，同向，刚才义。富哉言乎，叹其含义深广也。舜与汤之举皋陶、伊尹，是举直，远不仁者是错枉，此即智也。不仁者远，则人皆化而为仁，是使枉者直，此即仁也。是问者疑智碍仁，答者辨智，辨其正为仁也。简朝亮

〇此章言仁智有相成之用也。仁主于爱，必也亲疏厚薄皆在怙冒之中，斯可谓仁矣。智主于知，必也邪正贤否无逃洞鉴之下，斯可谓智矣。然仁智虽有二用，其实只是一理。如立心正大，行事端方，此人之直者也，吾真知其为直，则举而用之。若立心邪，曲行事偏僻，此人之枉者也，吾真知其枉，则舍而错之。将见甄别，方行而感化，立效平日，邪枉之人亦莫不翻然愧耻，去恶从善而俱变为直矣。故曰惟仁者能爱人，能恶人。仁是心之全德，智是仁中之有分别者。仁乃天地之量，智如日月之明。日月遍照万物而不出覆载之大，天地并育群生而必须照临之功。仁智二者信人君之全德，王道之大端也。《日讲四书解义》

12.23 子贡问友，子曰：“忠告而善道之，不可则止，毋自辱焉。”

〇友所以辅仁，故尽其心以告之，善其说以道之。然以义合者也，故不可则止。若以数而见疏，则自辱矣。朱子

〇此章言交友贵始终相成也。忠告善道，仁也。不可则止，智也。仁智流行于交际之间，故《里仁》篇首言仁智，亦以朋友数斯疏终也。唐文治

12.24 曾子曰：“君子以文会友，以友辅仁。”

〇文，六经之文，载道者也。讲学以会友，则道益明；取善以辅仁，则德日进。朱子

〇此章是曾子示人以取友之益也。不言取友而言会友者，会集也。《易·兑卦》曰“君子以朋友讲习”，惟会友而后能取友也。不言成仁而言辅仁者，辅助也。吾心之仁有欠缺，有间断，必赖友以辅助之，惟辅仁而后能成仁也。《大戴礼记·曾子疾病》曰：“与君子游，如长日加益而不自知；与小人游，如履薄冰，每履而下，岂有不陷乎?”故取友不可不慎也。唐文治

子路第十三

《正义》曰："此篇论善人君子为邦教民、仁政孝弟、中行常德，皆治国修身之要，大意与前篇相类，且回也入室，由也升堂，故以为次也。"凡三十章。

13.1 子路问政，子曰："先之，劳之。"请益，曰："无倦。"

〇先谓以身先民，倡率之也。劳谓不辞劳瘁，与民同辛苦也。苏氏曰："凡民之行，以身先之，则不令而行；凡民之事，以身劳之，则虽勤不怨。"子路嫌其少，故请益。答以无倦者，谓先之劳之，惟不倦者能如此也。"吴氏曰：勇者喜于有为而不能持久，故以此告之。"唐文治、朱子

〇此章言政贵有恒也。盖为政是极苦事，惟以为乐，则自然不肯先劳，即先劳亦易倦。圣人说理，定是上下俱彻，先指行，劳指事，无倦不在先劳外也。君子以一心之精神运天下于声色之外，我倡导而民自正，我厉精而事自康，若提纲挈领然，而天下治矣。然则先劳之外又何益哉，人情靡不有初，鲜克有终，亦永持此先劳而已。语曰："一息不运，机缄绝学如是，政亦如是。"先劳乃迈往之精神，无倦乃贞固之精神，皆从忧勤惕厉中来。须直见得天理所以必先劳无倦，方是天德王道之至。故《子路第十三》言政治以是为首。吕留良、刘宗周

13.2 仲弓为季氏宰，问政，子曰："先有司，赦小过，举贤才。"曰："焉知贤才而举之？"曰："举尔所知，尔所不知，人其舍诸？"

〇有司，指官吏，各有司职焉。言为政，当先任有司，而后责其事。过，失误也。大者眚灾肆赦，非宰之政所能及；小者赦之，则刑不滥而人心悦矣。贤，有德者；才，有能者。举而用之，则有司皆得其人而政益修矣。仲弓又虑无以尽知一时之贤才，故孔子告之曰举尔所知可也，汝所不知者，人将自举之。是各举其所知，则贤才无遗也。简明亮

〇此章言为政宜敦大体也。为政有体，要先有司赦小过，宽大之体也。举贤才，则辅理得人而政要举矣。范氏曰："不先有司，则君行臣职矣；不赦小过，则下无全人矣；不举贤才，则百职废矣。失此三者，不可以为季氏宰，况天下乎？"盖三者俱从廓然大公中流出，非私智小惠也。故曰"人其舍诸"，汝若好举贤才，则民必从汝所好，各举其所知也。以天下之才公天下之举，如天地之化，物各付物而己不劳焉。至于天下已治而不知谁之为此，王道也。天下事才着有心做，便不是这私意济得甚事。刘宗周、朱子

13.3 子路曰："卫君待子而为政，子将奚先？"子曰："必也正名乎。"子路曰："有是哉，子之迂也，奚其正？"子曰："野哉由也，君子于其所不知，盖阙如也。名不正则言不顺，言不顺则事不成，事不成则礼乐不兴，礼乐不兴则刑罚不中，刑罚不中则民无所措手足。故君子名之必可言也，言之必可行也。君子于其言，无所苟而已矣。"

〇卫君，出公辄也。时鲁哀公之十年，孔子自楚反乎卫。是时出公不父

其父而祢其祖，名实紊矣，故孔子谓为政当以正名为先。迂，谓迂远不切事情。子路以为卫君之事，正名则其情将难行也。野，谓鄙俗。责其不能阙疑，而率尔妄对也。夫子之意，正名乃理必当尔，故叠言“不……则”，非此不可，更无委曲调停也。末节结之，名必可言故无不正不顺之患，言必可行故无不顺不成之患，而礼乐刑罚之兴中，包在事成中。可行即指事成以下诸句，总结于其言不苟，便是正名。程子曰：“名实相须，一事苟，则其余皆苟矣。”吕留良

〇此章言明伦为出治之本也。国家名分一不正，而礼乐刑政举受其弊，国非其国矣，正名所系大矣哉。故君子名之必可言，言之必可行，而礼乐刑政举而措之矣。范氏曰：“事得其序之谓礼，物得其和之谓乐。事不成则无序而不和，故礼乐不兴。礼乐不兴，则施之政事皆失其道，故刑罚不中。”此治世之要务，当在天理上断定。故正名只论理当如此，看必也二字便见。名必正大是谓可言，言必副实是谓可行。君子于言无所苟，即是名之必正，圣人正为言之重大如此，关系成事礼乐刑罚，可知正名便须有实事，正须大正之。故君子为政，其名也必可以上告祖宗下示臣民，见之称谓而无愧斯；其言也必可以正纲常，昭伦纪，见之行事而可法。有谓不能大正，而仅以言小正之，使足以有辞，是于不正之事，委曲调停，乃所谓苟道也。故孔子严之，况事关人道之大，天伦之重，而可以掩天下之耳目，欺万世之公论哉。然则《春秋》之作，即孔子正名之意也夫。刘宗周、吕留良

13.4 樊迟请学稼，子曰：“吾不如老农。”请学为圃，曰：“吾不如老圃。”樊迟出，子曰：“小人哉樊须也，上好礼则民莫敢不敬，上好义则民莫敢不服，上好信则民莫敢不用情，夫如是则四方之民襁负其子而至矣，焉用稼？”

〇种五谷曰稼，种蔬菜曰圃。樊迟学稼之请，欲究农家之说以治民，故孔子拒之。小人，谓细民，并耕者也。《尚书·无逸》云：“知稼穑艰难，则知小人之依。”上即大人，兼天子、诸侯、卿大夫、士，与小人对。孟子谓有大人之事，有小人之事。礼义信，大人之事也。其用大而樊迟不识，请学稼乃用小也。襁，襁褓，织缕为之，负小儿于背之具。夫子之意，但当志于大人之事，则民自向化而拖家带口至，安用此学稼之事哉？程树德

〇此章是孔子教樊迟以经世之学也。古者士农工商，四民之业皆不废学，即道即艺而大小则有判矣。故士为四民之首，尤专责以大学之道，修己治人之方，而世道所赖以不坠者也。大人之学，礼义信而已，仁则在其中矣。道一也，而其肃然整齐者谓礼，截然果断者谓义，肫然恳至者谓信，皆仁体之流露也。以此明德，即以此亲民，敬、服、用情之化，有莫知其所以然者。夫如是者，谓果能礼以作民敬，义以作民服，信以作民情，而王道可四达而不悖矣。此学问之极功，儒者之能事，初非有待于外而得之者，视区区稼圃一身之图眇乎小矣，故曰焉用稼。《礼记·礼运》曰：“圣王修义之柄、礼之序以治人情，故人情者，圣王之田也，修礼以耕之，陈义以种之。”又曰：“讲信修睦，以固人肌肤之会，筋骸之束。”则礼义信三者，实君子经世之大学欤？刘宗周

13.5 子曰：“诵《诗》三百，授之以政不达，使于四方不能专对，虽多，亦奚以为？”

〇达者，谓明达治理。专对，谓应对有专长。若诵《诗》而不能明达治理，不能自为应对，则记诵虽多，亦何用乎？程子曰：“穷经将以致用

也。世之诵《诗》者，果能从政而专对乎？然则其所学者，章句之末耳，此学者之大患也。”朱子

○此章言穷经将以致用也。穷经不能致用，其穷经时工夫先用错，则日用皆面墙矣。授政使命，亦指其大者而言耳。夫六经皆经世之道也，而《诗》三百篇是昭代精神命脉所寄，于当世之用尤切焉。是故本之二《南》，以求其端，参之列国以尽其变，而民情土俗之变征矣。正之以《雅》，以大其规而纲纪治乱汙隆之运著矣。和之以《颂》，以要其正而先王出身加民之道彰矣。此所谓达于政也。诗言志歌永言，故曰不学《诗》无以言，此所以优于专对也。大凡《诗》《书》所载，皆经世之大典，修身之实学，不徒托之言，原欲见之行事。故读书必明其理，明理必达诸用。不明其理，口耳之习也。不达诸用，章句之功也。况帝王之学尤与儒生异，岂可不审所要务乎。刘宗周

13.6 子曰：“其身正，不令而行；其身不正，虽令不从。”

○令，教令也。《表记》云：“下之事上也，不从其所令，从其所好。”故治平当以修身为本。

○此章言为政者当以身先也。身者，天下之表也，《尚书·洪范》所谓“皇建其有极”是也。《易纬》曰：“正其本，万事理。”孟子曰：“国之本在家，家之本在身。”身苟不正，修教空文，徒为民所蔑视而已。此章乃《大学》之精义也。唐文治

13.7 子曰：“鲁卫之政，兄弟也。”

〇鲁，周公之封；卫，康叔之封。周公康叔既为兄弟，康叔睦于周公，其国之政，亦如兄弟也。此孔子当鲁卫衰乱时，而追言其盛治时也。简朝亮

〇此章是圣人慨鲁卫之衰而惜其无人振兴之也。鲁秉周礼，卫多君子，周公康叔之遗风犹在。夫子由后溯前，望其皆变而至道也。惜无人振起，徒袖手旁观而无如之何？故夫子又曰“死病无良医”，此之谓也。虽然，即鲁卫而天下可知，滔滔者天下皆是也，其容已于周流之迹乎？唐文治

13.8 子谓卫公子荆：“善居室。始有，曰：‘苟合矣。’少（shāo）有，曰：‘苟完矣。’富有，曰：‘苟美矣。’”

〇公子荆，卫大夫。居室，犹今云持家。有，谓积蓄或家业。苟，苟且将就之意。始有未合聚也，稍有未完备也，富有未尽美也。然公子荆皆知足苟然，不累于物，故夫子称之。钱穆

〇此章言君子齐家之德也。善居室，善其能以勤俭起家也。居室之善，不欲速焉，不尽美焉，斯其家理也。朱子曰：“其循序而有节，不以欲速尽美累其心也。”杨氏曰：“务为全美，则累物而骄吝之心生。公子荆皆曰苟而已，则不以外物为心，其欲易足故也。”盖惟居室之善，以居心自能淡泊以明志。由居室之善，以居国自能廉静而寡欲。《孝经》云：居家理，故治可移于官。故孔子贤之所以风有位者深矣。程树德

13.9 子适卫，冉有仆。子曰：“庶矣哉。”冉有曰：“既庶矣，又何加焉？”曰：“富之。”曰：“既富矣，又何加焉？”曰：“教之。”

〇仆，御车也。孔子适卫见众庶而圣心自流，庶矣哉三字，即具老少安怀之意。此时富教二字已旋转洋溢于方寸之中，待冉有之问而即发也。唐文治

〇此章是因卫民而发王道之全也。众庶治乱之原也，富而教则王道成矣。孔子策卫，孟子策齐梁，若合符节。三代而后富强之术代有举之者，教则罔闻焉。曰富曰教，亦举文武之政而已。庶而不富，则民生不遂，故制田里，薄赋敛以富之；富而不教，则近于禽兽，故必立学校，明礼义以教之。盖庶而富既厚其生，富而教又正其德，王道之大端尽于此矣。要之，富教二者，为治世不易之常经，圣贤一问答间施为次第规模，毕具可见。圣贤无念不存乎天下，无事不切于民生，有君师之责者尚其留意哉。《日讲四书解义》

13.10 子曰："苟有用我者，期（jī）月而已可也，三年有成。"

〇期月，周月也，指一年。言苟能用我为政，一年而大纲立，三年而治功成。《史记》言此盖为卫灵公不能用而发。

〇此章是孔子自拟用世之效，望世之终其用也。可者，仅辞，言纲纪布也。有成，治功成也。然三年之所成者，即其期月所立之规摹者也，充之而已矣。以富而言，三年耕必有一年之蓄，九年耕必有三年之蓄，是仓廪足也。以教而言，比年入学，中年考校，三年大比，是礼义明也。圣人秉政，革故鼎新，纲举目张，为深见王道施行之次第也。唐文治

13.11 子曰："'善人为邦百年，亦可以胜残去杀矣。'诚哉是言也。"

〇杀，虐也。言善人为邦百年，则残虐之事可以胜而去之也。盖古有是言，而夫子称之。程子曰："汉自高惠至于文景，黎民醇厚，几致刑措，庶乎其近之矣。"程树德

〇此章言善人久道之化也。善人之治以忠厚为本，虽德教未纯，而刑罚非所恃者。至于相继百年，而善政之所浃洽者深矣。胜残去杀，庶几小康之治云尔。夫子目击当时好杀滥刑之弊，而致思于善人之化，故曰诚哉是言也。王者之不作而思，善人亦中行狂狷之意也。刘宗周

13.12 子曰："如有王者，必世而后仁。"

〇三十年为一世。王者起，一天下而治之，与"善人为邦"不同，然求仁道之化行于天下，亦必以三十年为期。程子曰："周自文武至于成王，而后礼乐兴，即其效也。"程树德

〇此章言王道无近功也。以圣人受命而王天下，其仁覆之德既以天下为一体矣。然而未仁也，仁则不徒肤革之贯通，而在精诚之融浃，有仁心有仁闻，而天下各尽其性，所谓不识不知，顺帝之则是也。王者久道之成，倘亦从一世中转动精神，施为有次第，德教有浅深，非必世何以臻此？天地万物生于仁，成于仁，圣人全天地万物之性，亦还之以仁而已矣。此非岁月俄顷之化可知也。或问："三年、必世，迟速不同，何也？"程子曰："三年有成，谓法度纪纲有成而化行也。渐民以仁，摩民以义，使之浃于肌肤，沦于骨髓，而礼乐可兴，所谓仁也。此非积久，何以能致？"朱子、刘宗周

13.13 子曰：“苟正其身矣，于从政乎何有？不能正其身，如正人何？”

○苟，诚也。何有，何难之有也。如正人何，何以正人也。当为从政之大夫而言也。简朝亮

○此章是孔子示端本之化也。为政，所以正人也，而其本在于正身。苟居心制行动，遵礼法，不悖纲常，不乖宪度，先自正其身矣。则上行下效，防于影响，其于从政而正人也，何难之有？若立身行己，一有未善不能自正，其身则表仪不端焉，能率下未有己不正而能正人者也，其如正人何哉？从政者惟反求诸身而可矣。《日讲四书解义》

13.14 冉子退朝，子曰：“何晏也？”对曰：“有政。”子曰：“其事也，如有政，虽不吾以，吾其与（yù）闻之。”

○冉有时为季氏宰。朝，季氏之私朝也。晏，晚也。政，国政。事，家事。以，用也。夫子之意，若是国政，我尝为大夫，虽不见用，犹当与闻。今既不闻，则是非国政也。语意与魏征献陵之对略相似。其所以正名分，抑季氏，而教冉有之意深矣。朱子

○此章明国政当谋于公朝也。《礼》：“大夫虽不治事，犹得与闻国政。”夫子政与事之辨，春秋正名分之旨也。国有大事更张，正当会集公朝，询及国老，故曰“虽不吾以，吾其与闻之”。所以抑季氏，教冉有知国之旧典，不可辄谋更张于私室也。夫子尝曰：“天下有道，则政不在大夫。”故一闻其言，而正其失曰其事，以昭国典，以正公私之名，一言而大法昭焉。唐文治

13.15 定公问："一言而可以兴邦，有诸？"孔子对曰："言不可以若是。其几也，人之言曰：'为君难，为臣不易。'如知为君之难也，不几乎一言而兴邦乎？"曰："一言而丧邦，有诸？"孔子对曰："言不可以若是。其几也，人之言曰：'予无乐乎为君，唯其言而莫予违也。'如其善而莫之违也，不亦善乎？如不善而莫之违也，不几乎一言而丧邦乎？"

〇几，近也。一言得失，何遽至于兴丧？然有近之者也。如知为君之难，则必战战兢兢，临深履薄，而无一事之敢忽。这不正是近于可以兴邦之言吗？为君而无他乐，唯乐其言莫予违，这不正是近乎一言而丧邦吗？范氏曰："言不善而莫之违，则忠言不至于耳。君日骄而臣日谄，未有不丧邦者也。"程树德

〇此章见国家之兴亡由于君心之敬肆也。夫子论君道不一而足，独告定公一言兴丧，立醒昏庸，为万世人主龟鉴。先民有言，询于刍荛，人言其可忽乎。圣人就人言，略加诠释，即令致治保邦之道示于指掌。于为君难也则曰知难于言，莫予违也则申之以善不善，可谓约而尽矣。此无他，知难，敬也；莫予违，肆也。一念敬肆而兴丧，因之虽一言亦赘已也。谢氏曰："知为君之难，则必敬谨以持之。惟其言而莫予违，则谗谄面谀之人至矣。邦未必遽兴丧也，而兴丧之源分于此。然此非识微之君子，何足以知之？"刘宗周、朱子

13.16 叶公问政，子曰："近者说悦，远者来。"

〇被其泽则悦，闻其风则来。然必近者悦，而后远者来也。朱子

〇此章见为政在得民心也。《春秋》之书，楚师迭见，日谋诸夏。其先则与晋争，其后则有吴患，皆苦于兵。盖近者不说，而远者不来矣。叶公，楚之望也，孔子以筹近及远者告之其人，则楚安而诸夏安也。是近说而远来，则知人主精神自近及远，有随地灌输之机。圣人之言大矣哉！简朝亮

13.17 子夏为莒（jǔ）父（fǔ）宰，问政。子曰："无欲速，无见小利。欲速则不达，见小利则大事不成。"

〇莒父，鲁邑名。无，同毋。以二无戒子夏，规模不可狭隘也。欲速则政不达矣，所见者小则政之大者废矣。唐文治

〇此章见治道贵以远大为期也。王道规模宏远，盖自纯心中流出。一动于计功谋利之私，则有病于欲速、见小两念矣。欲速正为小见识，急遽苟且，无远大之图。故规规于眼前小利，不知于利上求其大者矣。是欲速、见小两相因也。故为政者，未论政先论心。君子所过者化，所存者神，上下与天地同流，岂曰小补之哉。此即必世后仁之意，千古政治之名言也。苏轼进神宗书曰："陛下求治太急，听言太广，用人太骤，皆欲速、见小之病也。"刘宗周

13.18 叶公语孔子曰："吾党有直躬者，其父攘羊，而子证之。"孔子曰："吾党之直者异于是，父为子隐，子为父隐，直在其中矣。"

〇直躬，直身而行。有因而盗曰攘。谓父盗人之羊，而子告发之也。夫子则曰吾乡不同，盖父子之爱，根于天性，故互相为隐，直在其中。程树德

〇此章明为直之礼也。父子相隐，天理人情之至也。子苟有过，父为隐之，则慈也；父苟有过，子为隐之，则孝也。孝慈则忠，忠则直也，故曰“直在其中矣”。是夫子所称直者，于心见之，不必于躬见之也。谢氏曰：“顺理为直。父不为子隐，子不为父隐，于理顺邪？瞽瞍杀人，舜窃负而逃，遵海滨而处。当是时，爱亲之心胜，其于直不直，何暇计哉？”直之理无定形，其发于本心而无违忤者是。孔子曰：“斯民也，三代之所以直道而行也。”程树德、朱子

13.19 樊迟问仁。子曰：“居处恭，执事敬，与人忠，虽之夷狄不可弃也。”

〇凡人居处多放恣，执事则懈惰，与人交则不尽忠也。唯仁者能恭敬以忠，虽往之夷狄而守之不弃也。《论语注疏》

〇此章见仁不外乎存心之纯也。所谓仁者存其心而已，时乎居处无动无静，衣冠瞻视无敢惰慢，此心俨然恭庄，而心存于居处时乎。执事无小无大，无敢怠忽，此心肃然敬谨，而心存于执事时乎。与人交接无众无寡，无敢欺伪，此心恪然忠实，而心存乎与人。盖心无时而不存，在居处则见为严肃而恭，在执事则见为谨畏而敬，在与人则见为恳至而忠。虽之夷狄，亦必确然固守不可弃失也。可见仁者，心之全德，诚能常存此心，不杂不间，将至于全体不息，浑然天理之周流矣，岂非为仁之极功乎。程子曰：“此是彻上彻下语。圣人初无二语也，充之则睟面盎背；推而达之，则笃恭而天下平矣。”《日讲四书解义》

13.20 子贡问曰：“何如斯可谓之士矣？”子曰：“行己有耻，使于四方不辱君命，可谓士矣。”曰：“敢问其次。”曰：“宗族称孝焉，乡党称弟

焉。”曰：“敢问其次。”曰：“言必信行必果，硁（kēng）硁然小人，抑亦可以为次矣。”曰：“今之从政者何如？”子曰：“噫！斗筲（shāo）之人，何足算也。”

〇夫子论士分为三等。一曰行己、不辱。行己有耻，此其志有所不为也；不辱使命，其材足以有为也。二曰称闻孝弟。能孝弟是本立，而只称闻宗族乡党，材不足也，故为其次。三曰必信必果。硁硁，小石坚确之状，喻小人必信必果之貌也。小人，言其识量之浅狭也。小人本末皆无足观，然亦不害其为自守也，故圣人犹有取焉。下此则市井之人，不复可为士矣。斗，量名，容十升。筲，竹器，容五升。斗筲之人，言其器小。夫斗筲之人，皆市道无耻者流，则士而非士者邪。夫子伤之。钱穆

〇此章论士行士品也。士以学道言，非富贵利达之谓也。士学在行己之间，而其竖立之大者，征于使命，行己有耻，则充类尽义，不愧衾影，不辱君命，则行己之道达于天下，虽尧舜其君民可矣。此其操修纯一，经济宏远，有学有用之品，斯为上矣。其次则学而未适于用者，节不著于四方，而于宗族则称其孝焉，于乡党则称其弟焉，亦庶几醇行之君子也。又其次则学焉而未至道者其，行己之概，未必斐然成章，检点言行之间不踰尺寸，硁硁然小人哉，而立心不二，亦造道之基也，何忝士乎。三者之士品不同，皆儒者之学，圣人之徒也。若今之从政高者，入于功名，卑者趋于利禄，斗筲之器也，视三者之品，天壤不侔矣。若夫子产之惠，管仲之仁，晏婴之知，公叔文子之文，武子之愚，令尹子文之忠，文子之清，姑节取焉可也。故曰管仲之器小哉，况其弑父与君，可勿论矣。陈白沙曰：“名节者，道之籓篱，籓篱不固，其中未有能守者。”刘宗周

13.21 子曰："不得中行而与之，必也狂狷乎！狂者进取，狷者有所不为也。"

〇中行，中道而行。而狂者过之，狷者不及。然犹可因其志节，而激厉裁抑之以进于道。与之者，传以授之也。孟子曰："孔子岂不欲中道哉？不可必得，故思其次也。如琴张、曾皙、牧皮者，孔子之所谓狂也。其志嘐嘐然，曰：'古之人！古之人！'夷考其行而不掩焉者也。狂者又不可得，欲得不屑不洁之士而与之，是狷也，是又其次也。"朱子

〇此章见圣人传道之深心也。若中行之士，率其资质之近，无过不及，中道而行，乃传道之器也。今既不得中行之士以心印心，与相授受矣。求其下此而可教者，必也狂与狷乎。盖流俗之人，识趣凡近而无向上之志行，履卑陋而鲜特立之操，未可以进于道也。惟夫狂者进而取法于上，动以远大自期，虽其行有所不逮，而迈往之志则有骎骎乎不可以限量者。狷者自爱其身，非理之事断然不为，虽其知有所未及而能守之节，则有皎皎乎不可以少污者。吾于是因其志节而激励裁抑之，狂者使之践履笃实以充其进取之志，狷者使之恢弘通达以扩其不为之节，则今日之狂狷固他日之中行也，传道庶几其有望乎。以是知同流合污之乡愿最足以害道，有志有守之狂狷可进于中行。圣贤之教人，帝王之用人，其道一而已。有君师治教之责者宜留意焉。《日讲四书解义》

13.22 子曰："南人有言曰：'人而无恒，不可以作巫医'，善夫！""不恒其德，或承之羞。"子曰："不占而已矣。"

〇南方人常言作巫医贵在有恒，夫子赞之，并引易恒卦之辞，言无恒德

则羞辱继之。又复加子曰以别易文，谓大易之戒明显如此，人但不曾玩其占卜之辞而已矣，苟玩其占，岂不惕然省悟哉。

〇此章是孔子致思有恒也。恒，常久也。天地之道恒久而不已也。人得之以为心，则为恒德，善人君子圣人之学皆由此而进之，所谓恒其德也。为人祈祷无恒，则诚意不聚不可以交鬼神；医者为人疗病无恒，则术业不精，不可以寄生死。无恒不可以作巫医，则立德者可知矣。《易・恒卦》九三爻辞有云：人而不恒久其德，则内省多疚，外悔将至，人皆得以羞辱进之矣。立德不恒，不期羞而羞，至理有固然，无足怪者。故夫子诵辞间而叹之曰："不占而已矣。"试占此易辞而懔然切远辱之思，其于恒也思过半矣。此可见天下无难为之事，唯贵有纯一之心。君子恒其德则可以为圣贤，圣人久其道则可以化天下。若朝为夕辍，有初鲜终，其于天下之事务蔑克有济也，可不戒哉。刘宗周、《日讲四书解义》

13.23 子曰："君子和而不同，小人同而不和。"

〇同德故和，以义相济，故不同。同欲故同，各怀其私，故不和。唐文治

〇此章是孔子严和同之辨也。和是与物无戾，同是与物无异，迹若相似而实相反也。和则不同，同则不和，君子小人之道然也。刘宗周

13.24 子贡问曰："乡人皆好之，何如？"子曰："未可也。""乡人皆恶（wù）之，何如？"子曰："未可也，不如乡人之善者好之，其不善者恶之。"

〇乡人皆好之，然岂无乡原乎，是善善不明也。乡人皆恶之，然岂无君子善人乎，是恶恶不著也。知人之智，善者善之，恶者恶之也。程树德

〇此章见观人不以众而以类也。好恶以善不善为断，是活法，是定法。不凭着善不善取人，便如扶醉汉，救得一边，又倒了另一边也。崇祯间，用党人不好，互用相制又不好，用党外人又不好，正坐此弊。吕留良

13.25 子曰：“君子易事而难说悦也，说之不以道不说也，及其使人也器之；小人难事而易说也，说之虽不以道说也，及其使人也求备焉。”

〇易事，谓使人平易，不苟求。难说，谓厚重缄默，不轻说人长短。说之不以道则不说，言必有中，故难说也。 使人则量材而用，见一善而忘百非，是易事也。小人则反之，使人求全责备，刻薄寡恩，此难事也；说人则随意妄言而成其私，此易说也。君子小人心术之不同，就与人接物上见之也。《论语注疏》

〇此章见君子小人存心待物之不同也。难说是心之公，易事是心之恕。君子之心公而恕，小人之心私而刻。天理人欲之间，每相反而已矣。《论语稽》云：“此章可以括廿四史之全，以道字为主，以说字为对，以事字使字为经纬。盖下之所以事上者，欲上之使之耳。上之所以说下者，以为适吾用而使之耳。事之之法在于下，使之之权出于上。君子小人就在上者之心术言之，器与求备，对较相形者也。”吕留良、程树德

13.26 子曰：“君子泰而不骄，小人骄而不泰。”

〇泰，安舒。骄，恣肆。君子坦荡荡，心貌怡平，是泰而不为骄慢也。小人性好轻凌，而心恒戚戚，是骄而不泰也。程树德

〇此章言君子小人气象之不同也。君子小人存心不同，故其气象亦自有辨。君子戒慎恐惧，性分之事已尽无歉，故道德润身，心广体胖，但见其安舒自得而已，何尝矜己傲物而或涉于骄乎？小人纵欲灭理，非礼之事无所不为，惟才势自恃志得意满，但见其矜夸自足而已，何尝从容不迫而有所谓泰乎？泰者，其天理之自得者欤；骄者，其人欲之自纵者欤？欲知君子小人之分，观诸此而已矣。《日讲四书解义》

13.27 子曰："刚毅木讷近仁。"

〇刚无欲，仁者静，故近之。毅果敢，仁者勇，故近之。木质朴，仁者不尚华饰，故近之。讷迟钝，仁者慎言，故近之。程树德

〇此章是孔子欲人就心体以求仁也。刚毅木讷，气质之性也，善反之则天地之性存焉，故近仁。言以后天之气遡先天之理，相去不远也，于时保之是在学矣。盖人性虽固有，而一乘于杂糅之气，即性受其蔽而不可见。惟刚毅木讷一些子不涉，形气分明，是仁体发挥处，仁不可见，此为近也。道心惟微，惟刚毅木讷仿佛情状，故曰近。张子曰"有气质之性，有义理之性"，可谓扩前圣所未发。知刚毅木讷近仁，则知为仁之功矣。刚毅木讷充得尽，渣滓便浑化，上下与天地同流。刘宗周

13.28 子路问曰："何如斯可谓之士矣？"子曰："切切偲偲、怡怡如也，可谓士矣；朋友切切偲偲，兄弟怡怡。"

○切切偲偲，互相督责勉励之貌。怡怡，和顺、和睦之貌。朋友以义合，兄弟以恩合，处之各有所宜，尽伦之事也。程树德

○此章见士贵陶镕其气质而运之以中和也。所谓士者，涵泳于《诗》《书》《礼》《乐》之泽，必有温柔和厚之气。若于行己接人之时，或径情直行，或率意妄言，或过于严厉而使人难亲，皆非所以为士也。必也切切焉，情意恳到，而竭诚以相与偲偲焉，告诫详勉而尽言以相正；又且怡怡焉，容貌温和而蔼然其可亲，则恩义兼笃，刚柔不偏，非涵养之有素者不能也，可谓士矣。然此三者皆不可阙，而其所施则不可混，朋友以义合者则当切切偲偲焉，规过劝善侃然振直谅之风；兄弟以恩合者则当怡怡焉，式好无尤，蔼然笃天，亲之爱所养既善，而所施合宜，益徵士品之优矣。可见天下有一定之道，尤贵有各当之用，知其道而不善用之，犹为德之累也，惟兼体而时出之乃为善与。《日讲四书解义》

13.29 子曰："善人教民七年，亦可以即戎矣。"

○善人者，以仁政为邦者也。教民者，教之孝悌忠信之行，务农讲武之法也。即，就也。戎，兵也。民知亲其上，死其长，故可以即戎。程子曰："七年云者，圣人度其时可矣。如云期月、三年、百年、一世、大国五年、小国七年之类，皆当思其作为如何乃有益。"朱子

○此章是思善人教民之功也。《孟子·梁惠王上》言施仁政于民者曰："省刑罚，薄税敛，深耕易耨。壮者以暇日修其孝悌忠信，入以事其父兄，出以事其长上，可使制梃以挞秦楚之坚甲利兵矣。"盖善人教民者若斯也。如非善人，民苦于税而刑之，岁无暇日，安所得教之农隙时哉？

《国语·周语》云："三时务农，而一时讲武。"夫三时，春夏秋也。一时，冬也。仲冬，农之最隙，周官以教大阅焉。《书·费誓》云："砺乃犹汝也锋刃。"此武事之宜讲者焉。《孟子·梁惠王下》云："君行仁政，斯民亲其上，死其长矣。"此可明善人教民之效也。后也言征兵者，何弗思善人教民者乎？或曰："孔子三年有成，子路三年可使有勇知方，今即戎期之七年，何也？"善人不及圣人，其才亦不如子路之学也。简朝亮

13.30 子曰："以不教民战，是谓弃之。"

○不教民，未经教化之民。言用不教之民以战，必有败亡之祸，是弃其民也。朱子

○此章见用兵不可不慎也。民必教而后可用，如或严刑峻法不教以孝弟忠信之行，或居安忘危不教以务农讲武之方，而徒然好大喜功，先为兵端，以素不教之民，行战阵之事，是民既不知有尊君亲上之义，又不知有坐作击刺之方，徒驱其民于锋镝之间，而无益于胜负之数。孟子曰："不教民而用之，谓之殃民。"殃民者，不容于尧舜之世。所以古之帝王，常于太平之日时勤不虞之防，练而不弛，备而不用，井田军政合为一，事藏战于守，寓兵于农。《易》曰"地中有水，师，君子以容民畜众"，诚久安长治万世不易之道也。唐之府兵，明之卫所庶几近之。《日讲四书解义》

宪问第十四

《正义》曰："此篇论三王二霸之迹、诸侯大夫之行、为仁知耻、修己安民，皆政之大节也，故以类相聚，次于问政也。"凡四十五章。

14.1 宪问耻，子曰："邦有道，谷；邦无道，谷，耻也。""克、伐、怨、欲不行焉，可以为仁矣？"子曰："可以为难矣，仁则吾不知也。"

〇原宪，字思。书名，自记之也。谷，禄也。邦有道而谷，指素餐也；邦无道而谷，曲学阿世也；故并耻之。《孟子》云："如耻之，莫如为仁。"故原宪接着问为仁之方。仁者先难而后获，获仁而得仁也。今曰"克、伐、怨、欲不行焉"，斯其求仁之先难者。惟不知其所获者何，故曰"仁则吾不知也。"唐文治

〇此章明耻辱及仁德也。宪之狷介，其于邦无道谷之可耻，固知之矣；至于邦有道谷之可耻，则未必知也。故夫子因其问而并言之，以广其志，使知所以自勉，而进于有为也。克，好胜。伐，自矜。怨，忿恨。欲，贪欲。四者其势与力，如奔马之不可控遏，如江河之不可提防，非宪之力不能制之，故曰"可以为难矣"，许之之辞也。惟宪遽以为仁，则于仁字尚未能透彻，故又曰"仁则吾不知也"，此进之之辞也。李氏曰："锄稂莠者，将以殖嘉谷；疏壅塞者，将以行泉源。去克伐欲者，将以求吾心之德也，必居敬以持之，明理以克之，则人欲有日消之势，

此则颜子四勿之功也。宪之不行，必也强忍力制，而未有本源功夫，纵使能之，而无天理流行其间，犹之稂莠既锄而嘉谷不生，壅塞既疏而皇源不至。”是制欲，非本体也。学问要识本体，然后好做功夫。唐文治

14.2 子曰：“士而怀居，不足以为士矣。”

○怀者，每念不舍之义。怀居，谓如求田间舍，所谓小人怀土是也。其志卑而品下矣，岂足以为士乎？此与耻恶衣恶食章义相发明。唐文治

○此章是孔子因心以征士品也。居，意所便安处也。士初生时，设弧于门左，为将有事于四方也。膂力方刚，经营四方，士之志也。若系恋所居，乃偷安而无意人世者，故孔子警之。刘宝楠《论语正义》

14.3 子曰：“邦有道危言危行，邦无道危行言孙逊。”

○危，正也，见《广雅·释诂》。孙，同逊，谓出言谨慎。邦有道而正言正行，邦无道则正行而逊辞，以远害也。程树德

○此章教人言行之法也。言行，君子之枢机也。枢机之发，祸福随之。戴望《论语注》：“正行以善经，言孙以行权。”《论语石洞纪闻》：“行无时而不危，所谓国有道不变塞焉，国无道至死不变；言有时而或孙，所谓国有道其言足以兴，国无道其默足以容。”《四书诠义》：“言孙非畏祸也，贾祸而无益，则君子不为矣；知进退存亡而不失其正，亦时中之道也。”《刘氏正义》：“汉明之末，学者知崇气节，而持之过激，酿为党祸，毋亦昧于远害之旨哉！”朱注引尹氏曰：“君子之持身不可变

也，至于言则有时而不敢尽，以避祸也；然则为国者使士言孙，岂不殆哉？”故曰：“言行，君子之所以动天地也。”程树德

14.4 子曰：“有德者必有言，有言者不必有德；仁者必有勇，勇者不必有仁。”

○有德者，和顺积中，英华发外。能言者，或便佞口给而已。仁者，心无私累，见义必为。勇者，或血气之强而已。朱子

○此章是合存发以观人也。有德之言，言其所当言；仁者之勇，为其所当为而已；未尝取必于言与勇也。取必于言则言可饰也，能必有德乎？取必于勇则勇可矫也，能必存仁乎？多言贼德，乱勇害仁。故曰：“有无云哉，甚矣，言与勇之不足贵也，君子务本。”刘宗周

14.5 南宫适（kuò）问于孔子曰：“羿善射，奡（ào）荡舟，俱不得其死然，禹、稷躬稼而有天下。”夫子不答。南宫适出，子曰：“君子哉若人，尚德哉若人。”

○南宫适，即南容也。适之意盖以羿奡比当世之有权力者，而以禹稷比孔子也。故孔子不答。然适之言如此，可谓君子之人，而有尚德之心矣，不可以不与。故俟其出而赞美之。朱子

○此章贱不义而贵有德也。从来有天下者孰得孰失，确有可凭。如有穷之君名羿最善射，寒浞之子名奡能力战而荡舟，可谓勇力过人，却俱不得善终。若夏禹之尽力沟洫，后稷之教民稼穑，不过务民本业，绝无奇

异可矜，而禹则及其身，稷则及其子孙，却皆有天下。夫以羿奡之强，其亡也如彼；以禹稷之弱，其兴也如此。得失果安在哉？盖古今尚力者亡，尚德者昌矣。观周家卜年八百之久，而嬴秦氏不过二世而灭，得失昭然。《日讲四书解义》

14.6 子曰："君子而不仁者有矣夫，未有小人而仁者也。"

〇言观人用人，于君子宜知其过焉，于小人毋售其伪焉。简朝亮

〇此章是孔子指心术之邪正以衡品也。君子小人以心术而分，君子于造次颠沛之时，偶尔失检或致不仁，然其心可原，所谓君子之过也。若小人则一意为恶，本心既丧，决无偶进于仁之理。故居心不可不慎也。唐文治

14.7 子曰："爱之能勿劳乎？忠焉能勿诲乎？"

〇劳者，苦之也，若周公以三管劳伯禽也。然子有不受劳者矣，故告之曰："爱之能勿劳乎？"诲者，临事而谆谆每言也，若周公以洛事诲成王也。然君有不受诲者矣，故告之曰："忠焉能勿诲乎？"简朝亮

〇此章是孔子立忠爱之准以示人也。以理论之，爱则必劳，忠则必诲；但以人心言之，则容有不劳不诲，然其心未始不自以为忠且爱也。故人不患无忠爱之心，特患不学无术，误认以不劳为爱，不诲为忠，不知坏却多少事也。夫子所以发明此义，欲使人去其私心之蔽，得其天理之公。因忠之爱之之心，以讲求所以劳之诲之之术，才是有关世教议论。吕留良

14.8 子曰：“为命，裨（pí）谌（chén）草创之，世叔讨论之，行人子羽修饰之，东里子产润色之。”

〇裨谌、世叔、子羽、子产四人，皆郑大夫。行人，掌出使之官。东里，地名，子产所居也。郑国之为辞命，必更此四贤之手而成，详审精密，各尽所长。是以应对诸侯，鲜有败事。孔子言此，盖善之也。朱子

〇此章即诸侯辞命而见用人之效也。主为命者子产也，先众能而后主者，则主者择能而使之也明矣。《左传·襄公三十一年》云：“子产之从政也，择能而使之。冯简子能断大事，子大叔世叔也秀美而文，公孙挥子羽也能知四国之为，而辨于其大夫之族姓、班位、贵贱、能否，而又善为辞令。裨谌能谋，谋于野则获，谋于邑则否。郑国将有诸侯之事，子产乃问四国之为于子羽，且使多为辞令。与裨谌乘以适野，使谋可否，而告冯简子使断之。事成，乃授子大叔使行之，以应对宾客。是以鲜有败事。”简朝亮

14.9 或问子产，子曰：“惠人也。”问子西，曰：“彼哉！彼哉！”问管仲，曰：“人也。夺伯氏骈邑三百，饭疏食，没齿无怨言。”

〇惠人，其人存心惠爱于民。彼哉彼哉，外之之辞，无足称也。子西乃子产之同宗兄弟，子产继其后主国政而并见优劣，故连问如此。人也，犹言此人也。伯氏，齐大夫。骈邑，地名。没齿，犹云终身。盖桓公夺伯氏之邑以与管仲，伯氏自知己罪而心服管仲之功，故穷约以终身而无怨言。朱子

〇此章是夫子随世以论品矣。王降而论伯，非有功于世道者不足称也。春秋之时，王室日微，而民生促矣。郑有子产，庶几以生民为念者，犹存先王之遗爱乎。其以猛济宽，申明已堕之法，正所以存其惠也。若夫主春秋二百年来之运会，则管仲一人而已。仲之尊周室攘夷狄，以其君伯天下。即桓公夺伯氏骈邑以与管仲，没齿无怨言，而知仲之功真有以服天下后世之心也，仲真人杰也哉。或问："管仲、子产孰优?"曰："管仲之德不胜其才，子产之才不胜其德，然于圣人之学则概乎其未有闻也。"刘宗周

14.10 子曰："贫而无怨难，富而无骄易。"

〇古者禄以驭其富，夺以驭其贫。禄皆立制，使富而无骄焉；此驭富者，易也。夺皆当罪，使贫而无怨焉；此驭贫者，难也。昔管仲夺伯氏骈邑三百，没齿而无怨言，是管仲之断狱得其平，圣人以为难。此章次前章，以明夫子美管仲之意也。简朝亮

〇此章是就驭贫富而论处境之难易也。驭臣下之贫富，得其衡平，有个难易在，而臣下之处贫富亦如是也。盖处贫难，处富易，人之常情。贫而无怨，乐天之事，故难；富而无骄，自守者能之，故易。心颜子处贫之心，则能贫而无怨矣，富而无骄不足道也；志子贡居富之志，则能富而无骄矣，贫而无怨未敢望焉。所贵操守有素，外遇不累，其心恬淡自安，物欲不移其志，斯可以贫亦可以富，人何可不勉其所难，而又何可忽其所易哉。程树德、《日讲四书解义》

14.11 子曰："孟公绰为赵魏老则优，不可以为滕薛大夫。"

○孟公绰，鲁大夫。老，室老，家臣之长也。赵魏，晋卿之家。滕薛，二小国。家之大者无如赵魏，国之小者无如滕薛。言孟公绰性寡欲，为家老闲职，势大之家亦优游有余；而大夫职烦，即小微之国亦不可为也。《论语注疏》

○此章是论用人者当因材器使也。君子不器，成德之谓也。经于世则器用分途，有能有不能。故裨谌谋野则获，于居屋则否；黄霸治郡则长，於相国则不及；兵甲之事文种不如范蠡，镇抚国家范蠡不如文种；面折廷争陈平不如王陵，全社稷安刘氏王陵不如陈平；房元龄善于谋而不能断，杜如晦长于断而不能谋；孟公绰为赵魏老则优，不可以为滕薛大夫；其才有能有不能也。老者成德之称，王朝有天子之老，五官之长天子之老是也；邦国有卿老，国君不名卿老是也；卿大夫则有家老，所谓赵巍老是也。陈祥道

14.12 子路问成人，子曰："若臧武仲之知，公绰之不欲，卞庄子之勇，冉求之艺，文之以礼乐，亦可以为成人矣。"曰："今之成人者何必然？见利思义，见危授命，久要不忘平生之言，亦可以为成人矣。"

○成人，犹言完人。武仲，知也；公绰，廉也；卞庄子，勇也；冉求，艺也；四者皆材质也。礼乐则须出于学，材质备而学进于中和，其为人也亦成矣。然夫子皆以古之成人为言，故子路复问今天该如何做，而夫子的回答亦有三事。见利思义，见危授命，即《礼记·曲礼》所云"临财毋苟得，临难毋苟免"也。要，约，困顿。长久困顿而不忘平素之志言，可与"不仁者不可以久处约"互参。简朝亮

○此章是孔子告子路以人道之全也。盖人受天地之中以生，必践形复性，乃为成人。程子曰：“语成人之名，非圣人孰能之？孟子曰“惟圣人然后可以践形”，如此方可以称成人之名。”盖此章未及乎圣人，而就子路之所未能者而言，玩一亦字可见。四子之长，知足以穷理，廉足以养心，勇足以力行，艺足以泛应，皆生质之美而偏以才技，不化而为德性之累也。文之犹言经纬之，经以礼，纬以乐。故节之以礼，和之以乐，使德成于内而文见乎外，则材全德备，浑然不见一善成名之迹；中正和乐，粹然无复偏倚驳杂之蔽，而其为人也亦成矣。见利思义三者，忠信之质，为子路所已能者，夫子复指示之，犹因不忮不求而进以道也。盖成人之始，要在先审义利一关，次破生死一关，次明诚伪一关，而后可谓之成人，否则先已堕落矣。陆氏曰：“利危久要等，当审察极细，利尚在可取不可取之间，危尚在可死可不死之间，平生之言践之或大不合于时或大不便于我或日久相忘，并无诺责，至此而能思义能授命能不忘平生之言，盖已有慎独之功夫矣”唐文治、朱子

14.13 子问公叔文子于公明贾曰：“信乎夫子不言、不笑、不取乎？”公明贾对曰：“以告者过也。夫子时然后言，人不厌其言；乐然后笑，人不厌其笑；义然后取，人不厌其取。”子曰：“其然，岂其然乎？”

○公叔文子，卫大夫公孙拔也。公明姓，贾名，亦卫人。文子为人，其详不可知，然必廉静之士，故当时以三者称之。孔子以人说而问贾焉，故曰信乎。以告者过，谓言过其实也。盖文子非不言不笑不取也，而是该言时言，可乐时笑，宜取时取，事适其可而人不厌也。孔子闻贾言而亦疑之，故曰“其然岂其然乎”，闻言不断之辞也。简朝亮

○此章见随时处中之不易也。盖此言非礼义充溢于中得时措之宜者不能。文子虽贤疑未及此，但君子与人为善，不欲正言其非也。此圣人之论人以恕也。张氏曰：“文子意者简默厚重之士，故人称之如此。圣人质之于其门人，将以察其然也。公明贾之言恐非文子所能及，夫子不直谓不然，其词气含淇忠厚如此。”唐文治

14.14 子曰：“臧武仲以防求为后于鲁，虽曰不要君，吾不信也。”

○防，武仲故邑。求为后，求立藏氏之后。要，有挟而求也。鲁襄公二十三年，武仲得罪奔邾，自邾如防，据防邑求立后于鲁，以示若不得请，则将据邑以叛，是要君也。朱子

○此章是诛鲁臣无君之心也。杨氏曰：“武仲卑辞请后，其迹非要君者，而意实要之。夫子之言，亦春秋诛意之法也。”盖武仲若越境请求，亦未始不可得请，其罪在以防耳。以者，言不当以也。《礼记·表记》曰：“事君三违而不出境，则利禄也。人虽曰不要，吾弗信也。”注云：“违，犹去也。臣以道去君，至于三而不遂去，是贪禄，必以其强与君要也。”由是言之，武仲非以道去君，得罪而奔也。既奔而还以据邑，人其谓武仲之意何哉？《公羊传注疏》云：“君子诛意不诛事。”盖春秋家言也。简朝亮

14.15 子曰：“晋文公谲（jué）而不正，齐桓公正而不谲。”

○晋文公，名重耳。齐桓公，名小白。谲，诡诈。正，正派。文公为人不由正道，每以诈谋取胜，是谲而不正也。若桓公行事仗义执言，不由

诡道，较之晋文则善矣，可谓正而不谲者乎。《日讲四书解义》

〇此章是孔子因事徵心以发霸者之隐也。盖世运自帝降而王，王降而霸，风愈下则人心愈衰。然于短中取长，亦自有别。故五霸之盛莫如桓文，论其心术均非王道之正，而观其行事亦有优劣之分。春秋时文公欲解宋围，必伐曹卫以致楚，欲与楚战又复曹卫以携楚，何等诡秘阴险。桓公声罪伐楚，责包茅之不贡，退师服楚，惟礼律之是遵，何等正大光明。两人行事大概如此。圣人一言可为千古定论矣。《日讲四书解义》

14.16 子路曰："桓公杀公子纠，召忽死之，管仲不死。"曰："未仁乎？"子曰："桓公九合诸侯不以兵车，管仲之力也，如其仁！如其仁！"

〇召，音邵。邵忽、管仲皆事公子纠，及桓公杀公子纠，召忽致死，而管仲独不死，复臣桓公。这应该说是未得仁吧。九合诸侯不以兵车，谓衣裳之会也，存亡继绝，诸夏义安，皆管仲之力也。如，犹乃也，谓此即其仁矣。管仲虽未得为仁人，而其利泽及人，则有仁之功矣。钱穆

〇此章是圣人就人论仁，仁其仁也。昔齐桓公小白出奔莒，其弟子纠奔鲁，争立为君。桓公归国杀其弟公子纠，缚召忽管仲。召忽为子纠而死，独管仲不死，臣事桓公，所谓忘君事雠忍心害理，得毋心术之未仁乎？然稽古者当论其世，论人者难求其全。昔桓公九合诸侯，不假兵车之力而用衣裳之防，以大义率之以大信一之，而诸侯服从，此管仲之力也，济人利物功莫大焉。以此观之，孰得而如管仲之仁？孰得而如管仲之仁，正不得以不死之故，害其为仁也。盖孔子特以忽之

功无足称，仲之功不可没，固非与仲之生而贬忽之死也。圣人权衡折中之论大率如此。《日讲四书解义》

14.17 子贡曰："管仲非仁者与，桓公杀公子纠，不能死，又相之。"子曰："管仲相桓公霸诸侯，一匡天下，民到于今受其赐。微管仲，吾其被发左衽矣！岂若匹夫匹妇之为谅也，自经于沟渎而莫之知也。"

〇子路勇故疑之未仁，子贡知故疑之非仁也。霸，与伯同，长也。匡，正也。尊周室，攘夷狄，皆所以正天下也。微，无也。衽，衣衿也。被发左衽，夷狄之俗也。谅，小信也。经，缢也。沟渎，田间水道。莫之知，人不知也。此夫子美管仲之功，有大节而不拘小过也。盖君子直而不谅，事存济时济世，岂执守小信自死于沟渎，而世莫知者乎？朱子、钱穆

〇此章是圣人衡品不以小过而泯大功也。管仲能成定霸救民之功，故可不拘小节以事理轻重权之。程子曰："管仲不死，观其九合诸侯不以兵车，乃知其仁；若无此，则贪生惜死，虽匹夫匹妇之谅亦无也。"朱子曰："仲之意未必不出于求生，然其时尚有可生之道，未至于害仁耳。"又曰："召忽之功无足称，而其死不为过；仲之不死亦未尝害义，而其功有足褒耳，固非予仲之生而贬忽之死也。"此三条最分明。所谓匹夫匹妇之谅，亦以其后之功较之，则此一死直小谅耳，故下个岂若二字，谓其不死又过于死也，非指当时不可死，死即匹夫匹妇之谅也。吕留良

〇此章孔门论出处事功节义之道，甚精甚大。子贡以君臣之义言，已到至处，无可置辩。夫子谓义更有大于此者，此春秋之旨，圣贤皆以天道

辨断，不是夫子宽恕论人，曲为出脱也。看微管仲一句，一部春秋大义，尤有大于君臣之伦，为域中第一事者，故管仲可以不死耳，原是论节义之大小，不是重功名也。惟误看此义，谓若能求时成功，即可不论君臣之节，则是计功谋利，可不必正谊谋道，开此方便法门，乱臣贼子，接迹于后世也。吕留良

14.18 公叔文子之臣大夫僎与文子同升诸公，子闻之曰："可以为文矣。"

○诸，之于。大夫僎本文子家臣，荐之使与己并为大夫，同升在公朝。故夫子赞其谥号为文，名副其实。《论语集解》

○此章是取人忘分以荐贤也。文者，顺理而成章之谓。谥法亦有所谓锡民爵位曰文者。文子荐贤一事，直是虚心无我，有古大臣之概，非不学无术者比矣。可以为文者，深嘉之也。臧文仲不荐柳下惠，愧易名矣。推贤让能，千载盛事，盖非虚心克己，以身殉国者不能也。洪氏曰："家臣之贱而引之使与己并，有三善焉：知人一也，忘己二也，事君三也。"正见文子大臣作用，大臣风度。宰相须俱此器识。刘宗周

14.19 子言卫灵公之无道也，康子曰："夫如是，奚而不丧？"孔子曰："仲叔圉治宾客，祝鮀治宗庙，王孙贾治军旅。夫如是，奚其丧？"

○奚，何也。丧，谓丧邦。仲叔圉，即孔文子。三人皆卫臣，虽未必贤，而其才可用。故卫灵公虽无道，而所任者各当其才，犹足以保其国也。程树德

〇此章言治国在于任才守礼也。宾客，宾礼也。宗庙，祭礼也。军旅，军礼也。《左传》言鲁秉周礼，所以不亡。卫国大夫犹能守礼，所以不至丧邦。由是观之，国君虽无道，礼不废则国不亡。若一国礼废，庸有幸乎？唐文治

14.20 子曰："其言之不怍（zuò），则为之也难。"

〇怍，惭也。大言不惭，则无必为之志，而不自度其能否矣，欲践其言岂不难哉？朱子

〇此章是孔子激人勇行也。子曰"仁者其言也讱"，又曰"力行近乎仁"。若大言不惭，则本心渐失，岂能望其力行乎？故曰"为之也难"。是以君子之出言也，必先度己之力，耻其言而过其行也。子曰："古者言之不出，耻躬之不逮也。"其言不怍，无所耻也。唐文治

14.21 陈成子弑简公。孔子沐浴而朝，告于哀公曰："陈恒弑其君，请讨之。"公曰："告夫三子！"孔子曰："以吾从大夫之后，不敢不告也，君曰'告夫三子'者。"之三子告，不可。孔子曰："以吾从大夫之后不敢不告也。"

〇成子，齐大夫，名恒。简公，齐君，名壬。事在《春秋·哀公十四年》。是时孔子致仕居鲁，沐浴斋戒以告君，重其事而不敢忽也。三子，三家也。时政在三家，哀公不得自专。故孔子出而自言得君命告失三子者，失君道也。之三子告，往三家以君命告。以公义行，明知不可为而为之也。臣弑其君，人伦之大变，天理所不容，人人得而诛之，况

邻国乎？故夫子虽已告老，而不敢不告也。朱子

〇此章见孔子以讨罪正君臣之义也。请讨陈恒自是宇宙大义，凡弑君父之贼，人人切齿诛之，古之法也。且鲁为周公之后，当议天下诸侯之事，鲁之所以有《春秋》也。孔子申公义，谋之得其道也。公曰“告夫三子”，而三子不可，则鲁为齐续矣。故曰“以吾从大夫之后，不敢不告也”。夫子既私言之以自伤其志，而又诵言之三家以寒乱臣贼子之胆，则所以扶天理植人心而挽回春秋世道而不坠者，意独至矣。孔子之行，以公义谋之，以公义终之也。刘宗周

14.22 子路问事君，子曰：“勿欺也，而犯之。”

〇仁义修立谓之任，反任为欺。学之不成，事之不任，便是欺君。君上有过，犯颜直谏，是亦事君也。事君之道，义不可欺，而能犯颜谏争。程树德

〇此章是孔子教子路以纯臣之道也。孟子曰“非尧舜之道不敢陈”，勿欺也；《礼》曰“事君有犯而无隐”，犯之也。勿欺，忠也；犯之，义也。由于孔子而欲为臣一事，则欺而不忠；于颛臾之伐而不救，则顺而不犯。故其问事君而告之如此。《孝经》曰：“进思尽忠，退思补过。”尽忠则勿欺，补过则有犯。陈祥道

14.23 子曰：“君子上达，小人下达。”

〇君子循天理，故日进乎高明；小人殉人欲，故日究乎污下。朱子

〇此章是孔子论君子小人心术之各殊也。君子之所以为君子，小人之所以为小人，其初只争一念之公私，而其后遂各底其极，有大相悬者。盖天理本自高明，君子凡事必循天理而不杂于人欲之私，由是志气清明，知日求其精，行日求其备，势不至为贤为圣不止，其阅历于高明之途而愈积愈上，盖上达者也。人欲本自污下，小人凡事必徇人欲，而不念夫天理之公，由是志气昏昧天良，日益损邪行，日益多势，不至为狂为愚不止，其沉溺于污下之途，而愈流愈下，盖下达者也。夫人惟一心，心入于正则达向上，心入于邪则达向下，人品之不同，只视乎此。故治心之功诚不可不严也。《日讲四书解义》

14.24 子曰："古之学者为己，今之学者为人。"

〇为己，欲得之于己，故终至于成物。为人，欲见知于人，故终至于丧己。是夫子厚古薄今也。程子

〇此章是孔子论学者用心之不同也。学圣贤者有义利生死诚伪之关，进而言之，则更有人己一关。大学言诚意必慎其独，即所谓为己也；小人拼其不善而著其善，即所谓为人也。《中庸》言："君子之道暗然而日章"，上而推及于天命之性，即自为己一念始。小人之道的然而日亡，下而及于文过饰非，无所忌惮，即自为人一念始。若为人一关不破，则永无入道之望。此易传于乾之初爻，大过之大象，所以特标遁世无闷之旨也。唐文治

14.25 蘧伯玉使人于孔子。孔子与之坐而问焉，曰："夫子何为？"对曰："夫子欲寡其过而未能也。"使者出，子曰："使乎！使乎！"

○此承上章明为己之学也。蘧伯玉，卫大夫，名瑗。书孔子者，贵其主，客其使者也。与之坐，坐于讲堂，礼伯玉弟子也。称夫子者，孔子尊伯玉之德，则使者亦成孔子之志也。下文书子曰者，使者出后言之，故用内辞也。欲寡其过而未能者，使者之意明伯玉谦而进德也。使者既成孔子之志，又成伯玉进德之志，其辞皆成人之道也。故曰："使乎！使乎！"叹美其得其辞也。《论语象义》

○此章见圣贤相契不在离合之迹，而在学问之心也。欲寡过未能，此圣学真血脉，日进无疆之道庶其在于此。子曰"不善不能改"，又曰"五十以学易可以无大过矣"，是也。伯玉之贤，夫子相许有素，至此更从使者发其一生精神，有独契其好学之心者，故及其既出而赞叹如此，其开示学者之心亦至矣。朱子按："庄周称'伯玉行年五十而知四十九年之非'，又曰'伯玉行年六十而六十化'，盖其进德之功老而不倦，是以践履笃实光辉宣著，不惟使者知之，而夫子亦信之也。"刘宗周、朱子

14.26 子曰："不在其位，不谋其政。"曾子曰："君子思不出其位。"

○孔子言为政不越其职。曾子引艮卦象辞申之，谓君子所思不出其位，则君臣、上下、大小，皆得其职也。程树德

○此章戒人守位以正也。位者，所处之分，万事各有其所，艮彖所谓"时止则止，时行则行，动静不失其时"也。《易·象传》云："兼山，艮，君子以思不出其位。"艮之象，两山重叠而止，故云："艮其止，止其所也。"故其位即其所焉，当止而不出也。《中庸》云："君子素其位

而行，不愿乎其外。素富贵行乎富贵，素贫贱行乎贫贱，素夷狄行乎夷狄，素患难行乎患难。君子无入而不自得焉。”所谓不愿乎其外，正思不出其位也。圣贤之言，不离事理，万事各有其所，思之无过不及，是为不出位。故思字当慎参，出位不是多思，出位之病，只在思上自见，思出位，正为不知位中至善之所在，是位中之思不尽矣。吕留良、简朝亮

14.27 子曰：“君子耻其言而过其行。”

○而，用法同“之”。言过其行，则为无实之言，是可耻也。耻言之过行，则其笃行可知矣。南轩

○此章勉人使言行相副也。君子先行其言而后从之，则行可过也，言不可过也。言过于行，可耻孰甚焉，此君子所以不言而躬行也。不必说十分话只做九分为过，只占先一步正是过处。此章明旨，言过其行，犹思之出位，躬之不逮，盖谓言必顾行也。刘宗周

14.28 子曰：“君子道者三我无能焉，仁者不忧，知（zhì）者不惑，勇者不惧。”子贡曰：“夫子自道也。”

○仁知勇三句，详见前《子罕》篇。三者为君子之道，正为可学可至者，故云无能，夫子以自责勉人耳。道，言也。自道，犹云谦辞。此是圣诣高深处，不觉流露出来，非自见其能而故为谦辞也。吕留良

○此章见圣人道愈高而心愈谦也。仁、知、勇，夫子得其全矣，而云无能者，盖仁、知、勇无止境，不忧不惑不惧，愈进而愈深细，此圣人

望道未见之意也。曰无能者，犹欲发愤以进于能也。陆氏曰："道体无尽，圣人未尝自见其有余。"故子臣弟友则曰未能，学不厌诲不倦则曰何有于我，此章则曰我无能焉，皆实见其分量之无穷，而有谦然不自足之心。唐文治

14.29 子贡方人。子曰："赐也贤乎哉，夫我则不暇。"

〇方人，比方人，较其长短也。乎哉，疑辞。比方人取其长而修之于己，则贤也。徒比方人而不修之于己，是自满而有损于德也。故曰我无暇比方人，使子贡思也。谢氏曰："圣人责人，辞不迫切而意已独至如此。"程树德

〇此章见学者当以自治为先也。朱注曰："比方人物而较其短长，虽亦穷理之事，然专务为此则心驰于外，而所以自治者疏矣。"黄宗羲《明儒学案》引吴康齐曰："日夜痛自检点且不暇，岂有暇检点他人？责人密，自治疏矣，可不戒哉！"钱穆按："一部论语，孔子方人之言多矣，何以曰'夫我则不暇'？宋儒谢良佐见大程子，举书不遗一字，明道曰：'贤却记得许多，可谓玩物丧志'。谢闻之汗流浃背。及看明道读史，又却逐行看过，不差一字，谢甚不服。后来醒悟，常以此事接引博学进士。其事可与本章互参。"钱穆

14.30 子曰："不患人之不己知，患其不能也。"

〇学之而成谓之能。圣人所以重言之者，益见己无所能而求之于人之可耻耳。唐文治

〇此章是孔子论为学者当反己以自修也。邹氏曰：“学以求能，乃为己之实功；若谓求能以为人知地，则犹是患人不己知之心也。”按《学而第一》云：“不患人之不己知，患不知人也。”《里仁第四》云：“不患莫己知，求为可知也。”《卫灵公第十五》云：“君子病无能焉，不病人之不己知也。”意皆相同，而文小异。朱注云：“圣人于此一事，盖屡言之，其丁宁之意亦可见矣。”唐文治、朱子

14.31 子曰：“不逆诈，不亿不信，抑亦先觉者，是贤乎。”

〇诈，谓人欺己。不信，谓人疑己。戒人不可逆料人之智诈，不可亿度人之不信也。《大戴礼记·曾子立事》云：“君子不先人以恶，不疑人以不信。”即不逆不亿之义也。先觉，谓有先见之明也。亿逆非觉也，故不亿逆而先觉者为贤。简朝亮

〇此章举君子接人之道也。朱注：“逆，未至而迎之也；亿，未见而意之也。”是不明而疑也。周子曰：“明不至则疑生，以疑为明何啻千里。”此亿逆之说也。如觉人诈觉人不信，正是亿逆处，先觉者有觉而不用者也。盖先觉者卓立于物情之表，而随感随照也。圣贤心体至诚，未尝以诈与不信待人，但物来坐照自无遁情耳。如子产受欺于校人，舜受欺于象，正不失为先觉者。杨氏曰：“君子一于诚而已，然未有诚而不明者。故虽不逆诈、不亿不信，而常先觉也。若夫不逆不亿而卒为小人所罔焉，斯亦不足观也已。”刘宗周

14.32 微生亩谓孔子曰：“丘何为是栖栖者与？无乃为佞乎？”孔子曰：

“非敢为佞也，疾固也。”

〇微生氏，名亩，直呼孔子名而辞甚倨，盖以齿尊。栖栖，犹皇皇，历聘诸邦，此栖彼栖而不安也。为佞，言其务为口给以悦人也。固，通锢。痛怜斯世之锢蔽，不能不言，而非佞也。程树德

〇此章见圣人以道易天下之心也。朱注：“固，执一而不通也。”执一不通足以惑人心、锢风气，圣人所以深恶，所以断断然不惮口舌之劳者，无非欲开当世之闭塞也。盖天下多空言无实之士，固足偾事，而天下多不辨是非之士，亦足害道。既不敢为佞又疾固，必也圣乎。惟圣人体道任重，时行则行时止则止，未尝有一定之权，何固之有。包注病世固陋，欲行道以化之，是也。唐文治

14.33 子曰：“骥不称其力，称其德也。”

〇骥，良马也。所以称骥者，非仅以其力能行远，乃以其德性调良也。钱穆

〇此章是孔子尚德之论也。人之重君子者以才，而其所以称君子者以德，犹马之为骥者。骥之能，存乎任重而致远，然使仅有其力而难于控御，何足为骥乎？故称骥者不称其有驰骤之力，而称其有调良之德也。曾国藩云：“德若水之源，才即其波澜；德若木之根，才即其枝叶。”故德为才之体，才为德之用。有德者无才不如有才，无德者有才不如无才；无才之德不可为德，无德之才不可为才。所以元凯不失才子之名，而共兜不在俊乂之列，分合轻重之间，不可不审也。《日讲四书解义》

14.34 或曰："以德报怨，何如？"子曰："何以报德？以直报怨，以德报德。"

〇"以怨报怨"则积怨日深，"以德报怨"则迁就屈从，故夫子言"以直报怨"。直者直道，公平无私也。故所积怨当报则报，不当则止，不因怨而加刻，亦不因怨而反有所加厚，是即直。又于其所德者，则必以德报之，亦即直道也。钱穆

〇此章是孔子论报施之道也。《礼记·表记》曰："以德报怨，则宽身之仁也；以怨报德，则刑戮之民也。"宽身之仁太过而不免矫情，穷理之学要在审轻重厚薄，人之有德于我者将何以报之，盖难乎为继也。《表记》又曰："以德报德则民有所劝，以怨报怨则民有所惩。"盖以德报怨不免匿怨，其弊也伪，以直报怨则发于至诚而无所隐矣。若人之有德于我者，报之轻重适得其宜，斯心安而无所愧。朱注谓："此章之言明白简约，而其指意曲折反复，如造化之简易易知而微妙无穷，学者所宜详玩也。"愚谓此即圣人中庸之德，天叙天秩皆原于此，末世人情或失之过厚或失之过薄，皆当于中道矫正之，庶人心定而序不乱。唐文治

14.35 子曰："莫我知也夫！"子贡曰："何为其莫知子也？"子曰："不怨天不尤人，下学而上达，知我者其天乎！"

〇莫我知，犹莫知我。继之以不怨不尤，下学上达，而与天地合其德，故曰唯天知己。天之外，莫有知我者也。是夫子言天命而处天职也。程树德

〇此章是孔子自言修《春秋》之志也。《春秋》笔则笔，削则削，子夏

之徒不能赞一辞。子贡言性与天道不可得闻，又何能知莫知之叹，子与子贡互相发明以探天意也。能知天，斯不怨天；能知人，斯不尤人尤者责怪也。能知天知人，乃能明天人之际际者上下之间也，下学而上达也。不怨尤，便是下学上达处。下学而上达，则始于穷理终于知命，始于仁义终于天道，如此则与天同矣。春秋二百四十二年之中，人事浃，王道配，治太平以上应天命，斯为下学人事上知天命也。下学，删订赞修之事；上达，所学通于天；下学上达只是一件也。圣人删订赞修，惓惓斯道之心上通于天，而天自知之。《春秋》本天以治人，知我者其惟《春秋》，罪我者其惟《春秋》，故曰“知我者其天乎”。论语发微

14.36 公伯寮愬子路于季孙。子服景伯以告曰：“夫子固，有惑志于公伯寮，吾力犹能肆诸市朝。”子曰：“道之将行也与，命也。道之将废也与，命也。公伯寮其如命何。”

○愬，同诉，进谗言。子服景伯，名何，鲁大夫。告，告孔子也。夫子，指季孙，言其有疑于寮之言也。肆，刑而陈尸，言欲使寮诛于市朝以暴其罪也。夫子以行废皆命而不许其告，以晓景伯，安子路，而警寮耳。程树德

○此章见人当安命而不必尤人也。天道之本然而不可争者，命也。人道之当然而不可违者，义也。命不可知，君子当以义知命矣。凡义所不可，即以为命所不有也。故进而不得于命，退而犹不失吾义也。君子以义安命，故其心常泰。朱子谓此事在堕三都出藏甲之时，其说信然。故夫子慨道之不行，实由于命，而非寮之所能为也。曰“公伯寮其如命何”，其乐天知命之诚溢于言外矣。唐文治、蒿庵闲话

14.37 子曰："贤者辟世，其次辟地，其次辟色，其次辟言。"

○辟，今作避。言贤者避乱世、避乱地、避傲色、避恶言，随所遇而中行进退也。

○此章是孔子叹世道之衰也。天生贤者本为世用，而贤者亦无不欲行其道于天下，岂乐于辟哉！无如时不可为，则不得不洁身引去，而以辟全其身矣。大约时之所遇不同，而所以为辟之由各异。有见举世无道则隐居不仕，终其身辟而不出者；其次，有见此地无道则辟而适于他邦者；其次，有见其君礼貌既衰而辟色者；其次，有与其君议论不合而辟言者。凡此皆因乎时之当然而然者也，夫辟岂贤者之心哉。《易》曰"天地闭，贤人隐"，辟盖有大不得已者也。孔子之在春秋，辙环几遍而道终不行，宜其海滨老矣。然辟地辟色辟言而卒未尝辟世，盖圣人之于世固有不忍漠视者耳。《日讲四书解义》

14.38 子曰："作者七人矣。"

○作读如"作者之谓圣"之作。言圣人得位而制作者凡七人，尧、舜、禹、汤、文、武、周公也。

○此章是孔子自明述而不作之意也。《礼记・乐记》云："知礼乐之情者能作，识礼乐之文者能述。作者之谓圣，述者之谓明。明圣者，述作之谓也。"尧舜之前虽有圣人，孔子不取焉。所以不取者，以其所作止利用厚生之事也。是孔子删《诗》《书》断自虞唐之意。曰七人矣而不斥其名者，人皆知之也。或谓此章连上文之避隐也。然避隐本无为，作者本有为，显非一义。《中庸》云“仲尼祖述尧舜”，《论语》末篇亦上稽尧舜而止，此章显然与乐记“作者之谓圣”同，谓创作典型而教化天下者，以启下章“知其不可为而为之”之意。《论语歧解辑录》

14.39 子路宿于石门。晨门曰：“奚自？”子路曰：“自孔氏。”曰：“是知其不可而为之者与？”

〇石门，鲁城外门。晨门，掌城门晨昏开闭者。奚自，谓自何方来。言孔子知世不可为而强为之，犹孟子言强为善也。朱注谓“盖贤人隐于抱关者也。”

〇此章见圣人视天下无不可为之时也。人不能与天争，圣人知其不可为而为之，救世之苦心也。如子视父母病虽不可救无不下药之理，虽既死而犹望复生焉。由是推之，盖知其无道不可，而欲为之易以有道焉。夫知其不可者，智也；知其不可为而为之者，智而能仁也。晨门一言，斯得圣人心矣。盖贤者之视天下有不可为之时，才力有限也；圣人视天下无不可为之时，天将以夫子为木铎也。晨门而知圣人，其若仪封人也夫！唐文治、简朝亮

14.40 子击磬于卫。有荷蒉而过孔氏之门者，曰：“有心哉，击磬乎。”既而曰：“鄙哉！硁硁乎！莫己知也，斯己而已矣，‘深则厉，浅则揭’。”子曰：“果哉，末之难矣。”

〇磬，乐器。蒉，草器也。荷此器，贤人避世也。有心哉，有心事也。硁硁，磬声也。荷蒉者又听出磬声鄙狭，有众人皆浊我独清，固而不化

之意。斯己者，守己即可，故曰已矣。着衣涉水曰厉，摄衣涉水曰揭。此两句，《邶风·匏有苦叶》之诗也。言当因时之浅深为而之，与时卷舒不亦善乎。果哉，叹其果于忘世也。末，无也。言人之出处若此，但独善其身置天下于度外，则亦无所难矣。程树德

〇此章是圣人不忘天下之心也。荷蒉自视甚圆，而不知圣人视荷蒉甚果也。故曰果哉，断坏他忘世之见，正为硁硁解嘲也。浅深制宜他看恰好在，只了得自己出处一节犹不难，圣人直为其难耳。圣人之难以世为一身，而拯溺亨屯者是。深则厉浅则揭，自是圣人家法。但荷蒉看得固，圣人看得圆，此圣贤之别也。朱注："圣人心同天地，视天下犹一家，中国犹一人，不能一日忘也。故闻荷蒉之言，而叹其果于忘世。"刘宗周

14.41 子张曰："《书》云：'高宗谅阴，三年不言'，何谓也？"子曰："何必高宗，古之人皆然；君薨（hōng），百官总己以听于冢宰三年。"

〇《书》云，见《尚书·无逸》。高宗，商王武丁也。谅阴，天子诸侯居丧，为凶庐盖草，期年之后翦草为恶室，皆取阴暗之义。三年，丧期也。不言者，不言政事也。天子死曰崩，诸侯死曰薨。总己，谓总摄己职。冢宰，太宰也。百官听于冢宰，故君得以三年不言也。唐文治

〇此章见古人居丧既不废礼，复不废政也。位有贵贱而生于父母无以异者，故三年之丧自天子达。子张非疑此也。殆以为人君三年不言，则臣下无所禀令，祸乱或由以起也。孔子告以听于冢宰，盖既有冢宰以为君裁决事几，则辅相得人命令可守，嗣君虽不言，何忧国之生乱哉。大凡人君以孝治天下者也，诚如古居丧之礼，则百官尽臣道以成相道，而嗣

君亦得委君道以伸子道矣。春秋时或借政而短丧，或政归权臣终身不能自振，故夫子特发明之。《日讲四书解义》

14.42 子曰："上好礼，则民易使也。"

〇礼之要在敬，在和。上好礼，能自守以敬，与人以和，在下者化之，则易于使命也。钱穆

〇此章是言为国当以礼也。民之难使也久矣，威劫之而愈叛，法笼之而不畏。心存则百体顺，令心放则百体皆乖，君子之于民也亦犹是也。上好礼，宅心于齐庄中正之体，而出身加民无非是物，故可以摄天下之精神而通为一体。如身之使臂，臂之使指，故民易使也，盖言顺也。上好礼，只是无不敬。敬则有以消天下狡慢之情，而归于顺，故易使，礼主于教而默寓于刑政之中者也。上好礼，能以礼让为国是也。以礼导民则民皆式于规矩，而作其忠敬之心，故易使，亦莫敢不敬之意。刘宗周

14.43 子路问君子，子曰："修己以敬。"曰："如斯而已乎？"曰："修己以安人。"曰："如斯而已乎？"曰："修己以安百姓。修己以安百姓，尧舜其犹病诸。"

〇如斯而已乎，子路嫌其少。再言之，打破沙锅问到底也。修己者，修身也；安人者，齐家也；安百姓，则治国平天下也。三"以"字当善会，犹《大学》云"壹是皆以修身为本"也。病，犹难也。夫子又补述尧舜皆以治天下为难，戒人知本而不可徒好高骛远也。

○此章是言修己治人之要也。言君子便须参天地赞化育，然其道则求诸己者。修己以敬，敬者圣学终始之要。修己以安人安百姓者，以其修己之敬，推之而安人安百姓也。修己安人安百姓，各有功夫，然必皆以敬为主。敬者，千圣百王之心法，彻始彻终者也。《曲礼》曰“毋不敬，俨若思，安定辞，安民哉”，即此章功夫。《尧典》自“克明俊德”至“黎民于变时雍”，亦此章意义。病者，内疚于心也。唯自以为病，是以能安百姓。若稍有自足之心，则内有所不足矣。惟敬字功夫极难。陆氏曰：“整齐严肃是敬之初基也，主一无适是敬之无间断也，惺惺不昧是敬之成功也，提撕警觉是敬之继续也。”若不能敬，虽日讲学问，日言事业，终于无主焉耳。唐文治

14.44 原壤夷俟。子曰：“幼而不孙逊弟悌，长而无述焉，老而不死，是为贼。”以杖叩其胫。

○原壤，孔子之故人。夷，同跠，箕踞也。俟，待也。谓踞蹲以待，不出迎，亦不正坐。述，犹称道也。贼者，害人之名。以其自幼至长，无一善状，而久生于世，徒足以败常乱俗，则是贼而已矣。胫，足骨也。孔子既责之，而因以所曳之杖，微击其胫，若使勿蹲踞然。朱子

○此章是圣人恶人无礼也。原壤夷俟，示放达也，平生情状尽露于此。故夫子历第其生平，而痛斥之以声名教之辟，以杖叩其胫若使之因而知改。然则犹有故人之谊乎？使老而知改，不屑之教诲焉，朝闻夕死可矣。所恶于原壤者，为其贼道也。春秋去先王之世未远，始生老氏为惑世诬民之祖，当时一种好异之民起而应之，如原壤者不少。观行径大是诡怪不常，可喜可愕，至易至简，由是天下学士靡然从风，转相祖述，

愈流愈远，一变而为杨墨，再变而为申韩，三变而为苏张，终变而为佛氏之学，以返其初旨。嗣后士大夫往往以佛氏之说仗老氏之奸，精者窃道德之唾余以学佛，粗者拾翕张之机锋以学禅，而杨墨申韩苏张之意时时出没其间，终宇宙世界学道人只是此局。刘宗周

14.45 阙党童子将命。或问之曰："益者与？"子曰："吾见其居于位也，见其与先生并行也。非求益者也，欲速成者也。"

〇阙党，即阙里，孔子旧里。《曲礼》云："问士之子，长曰能典谒矣，幼曰未能典谒矣。"童子之将命，古之道也。或人见此童子之将命，辞气进退，似聪明者，故疑其有进益也。礼，童子隅坐无位，父之齿随行，兄之齿雁行。孔子见此童子不循此礼，故谓非能求益，但欲速成尔。盖犯位不逊，终不能为成人。《论语象义》

〇此章是圣人教小子之道也。盖童子欲表异于众，俨然以成人自命，惟取必于速成而已。张氏曰："欲速成者，有躐等之意，无自卑之心，乌能以求益乎？物之生也，循序而生理达焉。若欲速成，反害其生矣。故圣门之学，先之以洒扫应对进退之事，所以长爱敬之端，防傲惰之萌，而使之循序以进也。"黄氏曰："礼之于人大矣。老者无礼则足以为人害，少者无礼则足以自害。夫子于原壤童子，皆以是教之。述《论语》者以类相从，所以著人无老少，皆不可以无礼义也。"唐文治

卫灵公第十五

《正义》曰："此章记孔子先礼后兵，去乱就治，并明忠信仁知劝学，为邦无所毁誉，必察好恶。志士君子之道，事君相师之仪，皆有耻且格之事，故次前篇也。"凡四十二章。

15.1 卫灵公问陈于孔子，孔子对曰："俎豆之事则尝闻之矣，军旅之事未之学也。"明日遂行。

〇陈，今作阵，谓兵战阵法。俎豆，礼器。卫灵公无道，徒知战阵则足以害人，故答以未学而绝之。又明日未见其悟，义不徒食，遂行去也。

〇此章记孔子先礼后兵之事也。天根问为天下于无名人，无名人曰："汝鄙人也，何问之不豫也?"灵公问陈于孔子亦若是而已。此孔子对以俎豆之事则尝闻之，军旅之事未之学也。古者文事必有武备，武备必有文事。故射御之事寓于礼，干戚之事寓于乐，则君子之学礼乐也，军旅之事未尝不在其中矣。孔子于夹谷之会则以兵加莱人而齐人恐，于费人之乱则命将士伐之而费人北，尝曰"我战则克"，而冉有亦曰"圣人文武并用"，则孔子于军旅之事曷尝未学之，盖有所不言尔。孔子于孔文子亦曰："簠簋之事则尝学之，甲兵之事未之闻也。"其所对与灵公同，其所以责之之意与灵公异。陈祥道

15.2 在陈绝粮，从者病，莫能兴。子路愠见曰："君子亦有穷乎？"子曰："君子固穷，小人穷斯滥矣。"

○孔子去卫，厄于陈蔡之间，因无上下之交也。兴，起也。从者多因饥而病，莫能起也。愠见音现，面带愠色。子路悲圣人境遇而愤愤不平也。滥，水满溢也。言君子固有穷时，不若小人穷则放溢为非。

○此章见圣人畏天命，不因穷而失志也。《易·象传》云："困而不失其所，亨，其唯君子乎？"君子能安于困，故能决于行也。又《易传》曰"困穷而通"，盖君子乐天知命，所以能穷而通，小人不知天命所以穷而滥。滥则愈穷矣。黄氏曰："小人滥，反言以见君子耳。仲子有不耻敝袍之节，愠见只是心有不平，何至于滥？"说极是。唐文治

15.3 子曰："赐也，女汝以予为多学而识之者与欤？"对曰："然，非与欤？"曰："非也，予一以贯之。"

○博学于文，约之以礼，此孔子之教也。其博学于文，多学而识之也。其约之以礼，非多学而识之者也。盖礼不贵乎博闻强识也。圣门之学，自博文入，由博反约，乃所谓一贯也。故称予者，自言其学若斯也。简朝亮

○此章言学贵乎知要也。下学上达，博文约礼，夫子平生次第功夫也。子贡平时多学而识，非错做功夫也，只是积学功至须知"一贯"，则从前学识方有个一本会通处，正约礼上达之序也。一贯者，以一理通贯之，即贯其所学而识者也。多学而识之者，智者之事也，亦当行之以致

其治焉。则尝多学而识之之物，悉备于一，莫不予一以贯此众物，此谓仁者之德也。《中庸》云：“博学之，审问之，慎思之，明辨之，笃行之。”盖行必先知也，知忠以行恕而遂行之也。今孔子云予一以贯之，此知至也，此反说约也，皆所以行之也。《中庸》言三达德之行五达道也，曰“所以行之者，一也”，谓诚也，即忠也。忠以行恕，其道不远乎一以贯之者矣。后人虽多学而识，而空谈一贯，乃以一贯为一心，以致所学入于虚渺，谬矣。唐文治、吕留良、《论语象义》

15.4 子曰：“由，知德者鲜矣。”

〇由，呼子路之名而告之也。德谓义理之得于己者，非己有之，不能知其意味之实也。知德之人难得，故少，犹《中庸》云“人莫不饮食也，鲜能知味也”。程树德

〇此章是圣人欲学者求自得也。德性人所固有，但行不着，习不察，鲜能知之。知德者，深造自得，全体洞然，有不究其阃奥不已者。虽力行如由，犹或病之，况其它乎。夫子呼由而深叹其鲜能也，他日又曰由诲女知之乎，自知自证何难之有！知德者，知性中之德也，知其性则知天矣。朱注此章疑为愠见发也，知不知正在此处证。杨子云曰：“非徒知之，实允蹈之。此之谓也。”刘宗周

15.5 子曰：“无为而治者其舜也与欤！夫何为哉？恭己正南面而已矣。”

〇承前章明知德而用人也。无为，谓善任贤，己无为也。明盛之世，任官得其人，故舜无为而治。恭己，修己以敬也。正南面，正君位也。夫

何为哉二语，盖后人求舜有为之迹而不可见尔，所见如此而已。唐文治

〇此章是孔子赞帝治之盛也。朱子曰："无为而治者，圣人德盛而民化，不待其有所作为也。"独称舜者，其以圣德在上，成人之德而举其人，任其官，命其政，则百官相谐，庶绩咸熙，农虞工商咸得条理而治焉。而顾见帝舜所为者，唯谦庄己之容，居于礼让，共己之心，纳人之言，以对于诸侯卿大夫士万民之所为，正立南面之位，向明而治而已。故而，舜之恭己正南面，非如后世之尚清净也，实则正所以审万事之几也。《书》曰"惟几惟康"，又曰"惟时惟几"，又曰"兢兢业业"，一日二日万几，得其几则万事理。《易传》言黄帝尧舜垂衣裳而天下治，承穷变通久言；《尚书》言翼为明听，承昭受申命言；其义可见。唐文治、《论语象义》

15.6 子张问行。子曰："言忠信，行笃敬，虽蛮貊（mò）之邦，行矣；言不忠信，行不笃敬，虽州里，行乎哉？立则见其参于前也，在舆则见其倚于衡也，夫然后行。"子张书诸绅。

〇蛮貊，南蛮与北狄也。二千五百家为州，五家为邻，五邻为里。言其不离忠信笃敬，则蛮夷之地犹可立身，否则，虽在本乡本土亦不可立足也。两"其"字，先儒皆因心见象，独唐文治谓当指行者。参前，见尊长之礼；倚衡，凭轼也。言其笃敬之至，《左传》所谓"一命而偻，再命而伛，三命而俯"之意。吕伯恭曰："忠信笃敬，诚也；立与在舆有所见，则形也。"曰夫然后行，见其所以行者由功无间断，积久有效，非可骤致也。绅，腰带之垂者。书之，欲其不忘也。唐文治、程树德

〇此章见立诚为制行之本也。子张问行与问达一般，是无往不宜之意，犹今言适应环境也。蛮貊是异俗，无礼仪，难与为缘，而默化足以消其犷戾。州里是近习，情本易合，而失道亦足以致其乖离。故“中孚”则“信及豚鱼”，豚鱼比蛮貊犹远，不仁则道不行于妻子，妻子比州里犹近。行有不得，反求诸己，乃为君子之学。学者当知子张问的是行，而孔子告之以立。换言之，即是子张问的是用处施设，孔子答以体上功夫。子张病在务外为人，孔子教他向里求己。有人问程子“如何是所过者化”，程子曰“汝且理会所存者神”，此与孔子答子张问同旨。马一浮

〇如今欲问如何立国致用，则告之曰汝且立身行己。立身行己之道，即从“言忠信行笃敬”做起。言行是日用不离的，忠信笃敬是功夫，亦是本体。忠是恳切深挚，信是真实不欺，笃是厚重不轻忽，敬是收敛不放肆。《易·家人·象》曰：“风自火出，家人，君子以言有物而行有恒。”火炽则风生，风自火出，自内而外之象。“言出乎身，加乎民，行发乎迩，及乎远”，自内而外也。诚中形外，体用不违。言不忠信，便是无物；行不笃敬，便是无恒。世亦有矫饰其言行貌为忠信笃敬者，只是无物无恒，可以欺众人，不可以欺君子。圣人以天下为一家，中国为一人，家人之象也。始于立国，终于化成，天下须从一身之言行做起。这便是立身行己最切要的功夫，人人合下可以用力。从自己心体上将义理显发出来，除去病痛，才可以为立身之根本。知道立身，才可以为立国之根本。马一浮

15.7 子曰：“直哉史鱼，邦有道如矢，邦无道如矢；君子哉蘧伯玉，邦有道则仕，邦无道则可卷而怀之。”

〇史鱼，卫大夫，名鳟。如矢，《诗》云“其直如矢”也。史鱼之行，虽过于中行，亦正直之人也，故夫子称直哉。蘧伯玉行藏俱中于其道，中行之人也，故夫子称君子哉。学者观二人，则中行过行，彰然而已。《论语象义》

〇此章是孔子赞卫大夫以风有位也。史鱼能直而已，故邦有道如矢，邦无道如矢。伯玉则能曲直以趋时，故邦有道则仕，邦无道则可卷而怀之。《左传》曰：“正直为正，正曲为直，参和为仁。”史鱼可谓正曲者也，伯玉可为参和者也。观史鱼之死犹以尸谏，则其直可知矣。然书九德之直则济之以温，诗颂之直则齐之以不倨，仲山甫直而柔，卫武公直而和，如此然后无崖异之行而全中和之德。史鱼之直则异于是，故孔子谓之直而不谓之君子也。季札于史鱼伯玉皆称君子者，以其有君子之行，谓之君子可也。孔子以志士同仁人而称仁，孟子以勾践同文王而称知，扬子以黔娄同颜渊而称贤，与此同意。君子之于人，其言之也，与其失真，宁过其实。故季札以之为为君子则可，荀卿以之为奸人则不可。陈祥道

15.8 子曰：“可与言而不与之言，失人；不可与言而与之言，失言。知智者不失人，亦不失言。”

〇言知人则不失人，知言则不失言。孔子于程子则不失人，于孺子则不失言。孟子于章子则不失人，于王驩则不失言。然此中道也，鄙夫问我则不必中道矣。陈祥道

〇此章见言语当因人而发也。学者才默便失人，才语便失言，一无恰好

处，只此心物蔽在知者。虚而能觉，自能知语知默，物来顺应，当境精明，何失之有？洪钟之善鸣也，以其虚乎！能尽语默之道，则能尽出处之道；能尽出处之道，则能尽生死之道。刘宗周

15.9 子曰："志士仁人，无求生以害仁，有杀身以成仁。"

〇人莫不重于其生也，君子亦何以异于人哉？然以害仁，则不敢以求生；以成仁，则杀身而不避。死生是大关节，皆欲即于义理之安也。南轩

〇此章是言仁为固有之良，不可以生死利害而变也。志士，忠节之士。仁人，仁德之人。曰求曰害，其本心失矣。曰无曰有，则其平时之观审，临事之趋舍明矣。程子曰："实理得之于心自别。实理者，实见得是，实见得非也。古人有捐躯陨命者，若不实见得，恶能如此？须是实见得生不重于义，生不安于死也。故有杀身以成仁者，只是成就一个是而已。"志士之杀身成仁，如不忘在沟壑，不避刀锯鼎镬，夷齐龙比是也。仁人之杀身成仁，如御灾捍患，鞠躬尽瘁，以死成事而不惜，大禹周公是也。志士之成仁，完千秋之名节。仁人之成仁，立百世之宏功。故此章不仅为舍生取义言也。唐文治

15.10 子贡问为仁。子曰："工欲善其事，必先利其器。居是邦也，事其大夫之贤者，友其士之仁者。"

〇良工必假利器，君子为仁，必假贤士大夫。事贤友仁，两之字极着力，着此严惮切磋之心，便是为仁处。戴望

〇此章是言为仁在于亲师取友也。不曰问仁，而曰问为仁，盖非言仁之体，而求所以为仁之方也。贤以事功言，仁以德行言。大夫尊故曰事，士卑故曰友。此不独切磋琢磨，可以成德。盖居是邦而有大夫士为之先导，则立人达人之愿，自可次第而施。虽为器重，为道远，不难其底于成矣。唐文治

15.11 颜渊问为邦。子曰："行夏之时，乘殷之辂（lù），服周之冕，乐则《韶》舞。放郑声远佞人，郑声淫佞人殆。"

〇问为邦，问治国之法也。夏时最得春生夏长秋收冬藏之宜，殷辂最朴素无饰，周冕华而不靡。盖礼贵文质得中，故孔子斟酌三代之制，因时损益也。乐则取《韶》舞以其尽善尽美也，而禁绝郑卫之声，远离辨佞之人。盖郑声佞人俱能惑人心，而使人淫乱危殆，故使放远之。唐文治、程树德

〇此章是论王道而归之慎独也。商周推天地之气而为正，故文；夏据人所见者为正，故质。《春秋传》言"大辂越席，昭其俭也"，孔子言"麻冕礼也，今也纯"。俭则乘殷之辂，大辂也；服周之冕，麻冕也。礼贵质俭，故以夏時商辂周冕；乐贵美善，故以《韶》舞。盖礼莫盛于三王，乐莫盛于五帝，故言礼则夏商周，乐则《韶》舞。《礼记》于五帝称不相袭礼，于三王称不相沿乐。放远之则舜命九官，终于夔之典乐，龙之纳言。盖有典乐则郑声放，有纳言则佞人远。为治至于郑声放佞人远，则治之至也。孔子之门人惟回之贤可以为王者之佐，故其问为邦而告之以此。孔子尝曰："《诗》云'媚兹一人，应侯顺德'"，以其可以为王者之佐故也。盖言之入人不如声之深，故于郑声言淫，于佞人言殆

而已。尧舜于巧言令色，壬人犹病其难，则其戒颜渊宜矣，于渊犹然况与人乎？夫郑声之害不及佞人，佞人之害不及利口，故孔子于郑声言淫，于佞人言殆，于利口则言覆邦家也。孟子于佞人言乱义，于利口言乱信，是利口之所乱者过于佞人，不多言而明矣。张子曰："礼乐，治之法也。放郑声远佞人，法外意也。一日不谨，则法坏矣。虞夏君臣更相饬戒，意盖如此。"又曰："法立而能守，则德可久，业可大。郑声佞人，能使人丧其所守，故放远之。"尹氏曰："此所谓百王不易之大法。孔子之作《春秋》，盖此意也。孔颜虽不得行之于时，然其为治之法，可得而见矣。"陈祥道、朱子

15.12 子曰："人无远虑，必有近忧。"

〇承前章，当正谋以远也。圣人之虑，常在十百世之远，千万里之遥，故其施惠及于后世。庸人之虑，在旦夕之间，跬步之顷，故其祸患发于须臾。孟子曰："生于忧患，死于安乐。"无远虑，则自处于安乐而忧患日近。唐文治

〇此章戒人备豫不虞也。先事而虑之远，虑也；事至而忧之近，忧也。人无远虑必有近忧，则有远虑必无近忧矣。《春秋传》曰："君子有远虑，小人从迩。"盖圣人无思则无虑，小人从迩则不能远虑。夫善于远虑则长虑，顾后者也；不善于远虑则私忧，过计者也。《易》曰"君子思患而预防之"，荀卿曰"先事虑患"，善于远虑者也；墨翟忧天下之不足，杞子忧天地之坏，不善于远虑者也。孔子曰："处身而常佚者志不广，居下而无忧者思不远。"然则君子之有终身之忧，是以有远虑也。惟其有终身之忧，故无近忧。孔子告冉有曰："远人不服不能来也，吾

恐季孙之忧在萧墙之内也。”此谓人无远虑则必有近忧。陈祥道

15.13 子曰：“已矣乎，吾未见好德如好色者也。”

〇较《子罕》篇多“已矣乎”一句，叹其终不得而见也。

〇此章是孔子切望人之好德也。诗言已焉哉，接舆言已而已。而孔子言已矣乎，皆决辞也。孔子于凤鸟不至河不出图，吾未见能见其过而内自讼，吾未见好德如好色，皆言已矣乎。则凤鸟不至河不出图，伤其无时也。未见自讼与好德，伤其无人也。好德出于性，好色本乎情。以性胜情为君子，以情易性为小人。陈祥道

15.14 子曰：“臧文仲其窃位者与？知柳下惠之贤而不与立也。”

〇柳下惠，鲁大夫展获，字禽，食邑柳下，谥曰惠。自古权臣无不蔽贤，非独量隘，实是持位保禄之心胜耳。知惠之贤而不与立，是何心肠？窃位二字化工之笔。《四书说约》

〇此章是孔子深责臧文仲之蔽贤也。文子曰：“知人之谓智，爱贤之谓仁。”文仲知柳下之贤而不与立，非不智也，不仁而已。不仁者抑人以自高，弃人以自利。此偷天工以私己者也，故谓之窃位。曾子曰：“无益而受厚禄者，窃也。”夫管仲非不贤于鲍叔，子产非不贤于子皮。孔子以鲍叔子皮为贤，以管仲子产为不贤者，以鲍皮能进管产而仲侨不能进贤也。公孙弘不举董仲舒，汲黯不以为忠；虞丘不举孙叔敖，樊姬不以为贤。凡此皆窃位者也。古者荐贤受上赏，蔽贤蒙显戮。然窃位而不

蒙戮也，幸矣。荀子曰：“蔽公者谓之昧，隐良者谓之妒。”妒昧之臣，国之孽也。陈祥道

15.15 子曰：“躬自厚而薄责于人，则远怨矣。”

〇责己厚故身益修，责人薄故人易从，所以人不得而怨之。朱子

〇此章是孔子言远怨之道也。君子尽其在我而已矣。人有不及可以情恕，非意相干可以理遣，何过督之有！此君子所以一体天下而无怨也与？《中庸》曰：“正己而不求于人则无怨。”然则怨不生于人而生于我乎？刘宗周

15.16 子曰：“不曰‘如之何、如之何’者，吾末如之何也已矣。”

〇如之何如之何者，门人就师问之辞也。言人学不熟思，虽欲诲之，亦无如之何矣。此亦不愤不启、不悱不发之意。

〇此章勉人慎思也。天下凡事皆有义理，必熟思之而其义始精，必审处之而其理始当。使于临事之时不防，反覆裁度，心口相语，曰于义理当如之何当如之何，是不能熟思而审处之矣。此等人率意妄行，是非利害有所不顾，虽与之言必不见信，吾且奈之何哉！是以古之君子穷其理于无事之先，察其防于有事之际，《虞书》所谓“惟防惟康”，《商书》所谓“虑善以动，动惟厥时”是也。谋国者其念之哉。《日讲四书解义》

15.17 子曰：“群居终日，言不及义好行小慧，难矣哉。”

○群居，谓同来学共居者也。小慧，私智也。难矣哉，难以有成也。夫子言人群居当以善道相切磋，不可以非义小慧相诱引也。

○此章是夫子家塾之戒也。朱注："言不及义，则放辟邪侈之心滋；好行小慧，则行险侥幸之机熟；难矣哉者，言其无以入德，而将有患害也。"此学校不修，教学不明之故也。又《日知录》云："饱食终日，无所用心，难矣哉"，今日北方之学者是也；"群居终日，言不及义好行小慧，难矣哉"，今日南方之学者是也。圣人两处俱云难矣哉，皆警厉学者至痛切之言。程树德

15.18 子曰："君子义以为质，礼以行之，孙逊以出之，信以成之。君子哉！"

○承上章及义言之也。君子先义以为质，礼以文之，文质彬彬，其事可观。其事可观，则行之于家而出之于国，是礼行逊出，进退顺宜也。惟诚乃成其宜，则成己成物矣。此非君子则不能，故曰"君子哉"，深叹其成功也。《论语象义》

○此章明君子以义制事，乃可以成天下之务也。陆氏曰"此义字极细密"，有万事之义，有一事之义，有常事变事之义，所以谓之质干。然义非可径情直遂也，故必礼以行之使有节文，而无太过不及之弊。义又不可稜角峭厉也，故必逊以出之使去矜张，而有从容和顺之美。又恐几微之间须臾之顷，诚意或不贯彻，故必信以成之，使一言一动莫非实心实理之流行，然后可谓之成。君子哉三字，非赞辞，言必如此，然后为君子也。愚按，此章言处事之方，非论心术，故言义而不言仁，三之字

均指义而言。或作层递解者，非。唐文治

15.19 子曰：“君子病无能焉，不病人之不己知也。”

〇能谓才能也。赐之达，由之果，求之艺，皆能也。《大禹谟》曰“天下莫与汝争能”，《周官》曰“推贤让能”，又曰“举能其官，惟尔之能”，古者学而成德，各有其能，所以行其义也。故曰：“君子病无能焉，不病人之不己知也。”《论语象义》

〇此章戒人当以修己为重也。惟病无能，而后本心可以无病。若病人之不己知，则成心病而品日坏矣。本章与《里仁第四》“不患莫己知，求为可知也”，《宪问第十四》“不患人之不己知，患其不能也”，意均相类。唐文治

15.20 子曰：“君子疾没世而名不称焉。”

〇没世，犹没身也。名，名号、谥号。《孝经》云“立身行道，扬名于后世，以显父母”，此没世之名也。扬名者，扬之其实也，《孝经》云“是以行成于内，而名立于后世矣”，是也。不称，扬之无实，不足称道也。或恶谥或徒有虚名，皆是不称。《系辞传》云“善不积，不足以成名”，此之谓也。简朝亮

〇此章言谥法也。惟周公旦、太公望开嗣王业，建功于牧野，终将葬，乃制谥，遂叙谥法。谥者，行之迹；号者，功之表；车服者，位之章也。是以大行受大名，细行受细名；行出于己，名生于人。名即号谥，

当以众望为归，故曰生于人。康氏曰：“名者，身之代数也，有是身乃有是名，有其实乃有其华。”然身不过数十年，名可以千载。有身之时，人尚有待，无名犹可。至没世之后，草木同腐，魂魄并逝，则顾念生前，淹忽随化，未有不以荣名为宝者。名在则其人如在，虽隔亿万里亿万年而丰采如生，车服为之流连，居游为之慨慕，辑其年谱，考其起居，荐其馨香，颂其功德，称其姓号，爱其草木，其光荣过于有身时万万。故没世无称，君子以为疾也。名，盖孔子大义，重之如此。康有为、《史记正义》

15.21 子曰：“君子求诸己，小人求诸人。”

〇求，即要求。只是用心处向里向外之别，才求己便是君子用心，才求人便是小人用心。吕留良

〇此章见君子小人用心不同也。人必有所用其心，而人品即于此分焉。君子凡事皆反求诸己，如学问暗修之功，惟求自慊于心，即获上、信友之事必不由他途而进，盖兢兢然恐阙失在己而未尝自宽也。若小人凡事妄求诸人，德不加修而违道以干誉，情偶有拂而任私以推怨，盖戚戚焉责备于人而未尝自反也。夫求诸己则可以成物，求诸人适足以丧己，均一求也，而君子小人悬殊如此，衡品者其不可以不致辨也与！《日讲四书解义》

15.22 子曰：“君子矜而不争，群而不党。”

〇庄以持己曰矜，然无乖戾之心，故不争；和以处众曰群，然无阿比之

意，故不党。朱子

〇此章是言君子持己处众之得宜也。矜群争党，毫芒之差只争此，秦越之异亦在此。盖以事迹言之，则矜群略过便是争党。若以心术言之，则方其矜群浑是一团天理，才过争党一分，便是私心也。而字一折，此间须壁立千仞始得，然君子而不仁者有矣，故如李杜高顾诸人，正当与之勘辨此处耳。若后之朝士分朋、秀才结社，合下便是争党，从何处更着而来？而字一转，正辨矜群之真伪。不争党，只完得矜群。吕留良

15.23 子曰："君子不以言举人，不以人废言。"

〇有言不一定有德，故不以言举人。无德亦可有善言，故不以人废言。

〇此章明君子用人听言之道也。《书》曰"敷奏以言"，夫子曰"不知言，无以知人也"，人与言本合而为一。自世衰道微，表里相违，而人与言遂分为二。故不以言举人，则徒言者不得幸进，举之自有故也；不以人废言，庶言路不至壅塞，此致治之机也。则以是见君子之至公也，又见君子之至明也，见君子之至慎也，又见君子之至恕也。唐文治、程树德

15.24 子贡问曰："有一言而可以终身行之者乎？"子曰："其'恕'乎！己所不欲，勿施于人。"

〇行字紧贴一言说，非子张问行之行，旨在求一简要语为做工夫地。求能终身行之，则必当下可行者始是。若仁字固当终身行之，但不能当下

即是。子曰“吾欲仁斯仁至”，此以心言，不以行言。仁之为道，非咄嗟可冀，只一恕字当下便可完成。己所不欲勿施于人，骤看若消极，但当下便是。推此心而仁道在其中，故可终身行之。钱穆

〇此章是示人以守约之学也。所谓恕者，以己度人而知人之心不异于我，斯则视人犹己而以己及人，不论远近亲疏而推将去，则随所处而皆宜矣。《韩诗外传》曰：“己恶饥寒则知天下之欲衣食也，己恶劳苦则知天下之欲安佚也，己恶衰乏则知天下之欲富足也。”此皆所谓恕也。本经专言所不欲者，盖克己之功以不欲者为尤急。言所不欲，而所欲者可推也。犹大学絜矩之道，言所恶而所好者可推也。是心体与天下相关，仁者己欲立而立人己欲达而达人是也。己所不欲勿施于人，恕之端也，仁之方也。学者苟随所在而扩充之，则全体大用无不由此出矣，非终身可行之道哉！又恕之一言终身可行，即忠恕一贯之旨也。刘宗周、张居正、唐文治

15.25 子曰：“吾之于人也，谁毁谁誉？如有所誉者，其有所试矣。斯民也，三代之所以直道而行也。”

〇誉者，善未显而亟称之也；毁者，恶未著而遽诋之也。圣人称物平施，故于人之善恶，称之未尝稍有过其实者。然以欲人之善也，故但有试而知其贤，则善虽未显，已进而誉之矣。此《公羊传》“君子之善善也长，恶恶也短”之意。然以私曲作好作恶，毁誉之不直也，直道则无有矣。是孔子之时，世衰道微，人心不直，无复三代之遗从也。而圣人犹不忍以叔季之道待其民，而曰“斯民也”，即三代之所以直道而行之民也，则圣人挽气化之情深矣。《论语或问》、刘宗周

〇此章见圣人无私好恶也。无毁无誉所以为直也，道在人心万古如一日也。道则犹是道，故民亦犹是民，圣人不过先得斯民之所同然耳。因斯民之道而觉斯民而己无所与焉，此天地之所以为大也。子曰：“人之生也直”，故世变有不直之时，民生无不直之性。天道生人，今犹古也。三代而后，汉唐非庶几乎？于其盛也，取人绝毁誉之私。迨宋明以来，凡君子人，虽蒙难焉，世皆称之。直道之公若斯也，奈之何他求者自迷其性生之直也？唐氏曰：“此章即夫子作《春秋》之志也。”《春秋》辨是非，善善恶恶无非直笔，乃所谓直道之书存三代之公义者矣。夫子属望斯民之意隐然溢于言外矣。唐文治、刘宗周、简朝亮

15.26 子曰：“吾犹及史之阙文也，有马者借人乘之，今亡矣夫。”

〇及，及见也。古之良史于文义有疑则阙之，不敢臆造是非也。有马借人乘者，谓与朋友共敝之而无憾也。今亡矣夫，叹是非之淆乱而情宜之日衰也。唐文治

〇此章见圣人革薄从忠之思也。阙所不知，借而不吝，周先王所以成此谦厚之风者，大矣哉！方我生之初，古道犹存。为史官者或闻见未真、考据未确，即阙之而传疑焉，未尝任私意为笔削也。有马者或彼此相假、有无相通，即借人而共乘焉，未尝挟所有以骄吝也。乃今则不然，果于自用者不求是非之真，专于自私者略无公溥之意，吾不意人心风俗之遽至于是也。盖运防之日降，由于教化之不明。有世道之责者可不思所以挽救之哉！《日讲四书解义》

15.27 子曰：“巧言乱德。小不忍则乱大谋。”

〇巧言，变乱是非，听之使人丧其所守。小不忍，如妇人之仁、匹夫之勇，其昧小大而爱其一肢，则害于四体也。朱子

〇此章是圣人示人以听言处事之法也。陈氏曰：“巧言似忠信，故乱德；小不忍则优柔不断，故乱大谋。”巧言必察之以智，小不忍必齐之以义。唐氏曰：“小不忍非必尽出乎己也，亦有为人所掣肘者。”乱德乱大谋，天下从此乱矣。惟君子德性坚定，乃能不为外物所乱，而世道以治。陈祥道、唐文治

15.28 子曰：“众恶之必察焉，众好之必察焉。”

〇众之好恶，未必能公而当，故必察之。能察，则好恶非以众决，而决于其义之实也。简朝亮

〇此章是孔子示人以好恶之真也。人之好恶不可即以为是也。叔季之世，有好恶而无是非。众好众恶，或出于党同之见，故必察其是非之所在。《里仁第四》云：“惟仁者能好人，能恶人。”故唯圣人能致好致恶，亦唯圣人能以众好众恶问。孟子曰：“人皆曰贤然后察之，国人皆曰不可然后察之。”二者盖知人之要领，政治之大纲也。唐文治、刘宗周

15.29 子曰：“人能弘道，非道弘人。”

〇弘，廓而大之也。人有志于道，故能弘道。道无情于人，故非弘人。我欲仁斯仁至矣，人能弘道也。小以成小，大以成大，非道弘人也。陈祥道

○此章是孔子勉人任道也。《中庸》曰“大哉圣人之道”，待其人而后行，苟不至德，至道不凝焉。盖道为虚位，惟圣贤乃能凝聚而扩充之。尊德性致广大极高明，皆弘道之功也。若谓道可弘人之名则大误矣。《张子正蒙》谓“心能尽性，人能弘道”也；性不知检其心，非道弘人也。此别一义。唐文治

15.30 子曰：“过而不改，是谓过矣。”

○人道日新，过而能改，即是无过。惟有过不改，其过遂成。若又加之以文饰，则过上添过矣。钱穆

○此章是圣人望人改过也。《易传》云“无咎者，善补过也”，《易·益·象》所谓“有过则改”也，其不改者吝焉，能无咎乎。故改过者，天地所必容，圣贤所不绝，不改则终为小人耳。《韩诗外传》引孔子言“过而改之，是不过也”，正与此互发。简朝亮、唐文治

15.31 子曰：“吾尝终日不食终夜不寝以思，无益，不如学也。”

○《大戴礼记·劝学》引孔子言“吾尝终日思矣，不如须臾之所学也”，正与此章互发。简朝亮

○此章是圣人警人徒思之弊也。思而不学则殆，思与学相辅而行，思即思其所学也。徒思而不学，则此理出于想象亿度而无真实之见，且旋得旋失，不免危殆之患，故无益。学则讲习讨论，体验躬行，有真见，无遗忘，德之成也有自矣，故曰“不如学也”。四书存疑

15.32 子曰："君子谋道不谋食。耕也，馁（něi）在其中矣；学也，禄在其中矣。君子忧道不忧贫。"

〇馁，饥饿。耕所以谋食而未必得食，故当谋道而不仅仅谋食。谋食即求干禄，故又折言之，学非所以求禄而禄自在其中，故当忧不得乎道而无需忧贫也。吕留良

〇此章见君子求道之不可以已也。陆氏曰："谋以事言，忧以心言。"择善固执，所以谋之也；择焉而惟恐其执之不精，执焉而惟恐其执之不固，所以忧之也。此谋字中包格致诚正之学，此忧字中有戒慎恐惧常目在之之意。心在忧道，自无暇及于食。或曰"治生为急亦谋之"之义，不知治生乃道中之事。此谋食盖指干禄而言，其立心行事迥不同也。唐文治

15.33 子曰："知智及之，仁不能守之，虽得之，必失之；知及之，仁能守之，不庄以莅之，则民不敬；知及之，仁能守之，庄以莅之，动之不以礼，未善也。"

〇莅，临也。治民以智，以通其变；守之以仁，以安其性；临之以庄，以安其慢；动之以礼，以安其情。化民之道必备此四者焉。

〇此章言治民之道。以智得民，以不仁失民，残刻之害为大，如后世之秦政是也。有孝慈长厚之质而不能临之以庄，则民有轻佻之行而慢易其上，如后世汉文帝之仁厚而好清静无为是也。动之以礼，即以礼为行动之本，为治不徒尚法，必本于天叙天秩乃为至善。后世如唐太宗之能知

能仁能庄，而不能媲美三代之隆者，不以礼也。*唐文治*

〇此章陆氏谓智及是格物致知事，仁守是诚意正心事，庄莅动礼则修齐治平事，大学功夫皆在其内。李氏谓智及仁守，道之以德也；庄莅动礼，齐之以礼也。《中庸》既言智仁勇以修身，而知所以治天下国家。又曰“齐明盛服，非礼不动”，而列于九经之首，内外相须，本末乃备。语皆精密。*唐文治*

15.34 子曰：“君子不可小知而可大受也，小人不可大受而可小知也。”

〇一事之能否不足以尽君子之蕴，故不可小知；任天下之重而不惧，故可大受。小人一才之长亦可器而使，但不可以任大事尔。*《朱子文集·答张敬夫》*

〇此章言观人当于其大而不当于其小。以大事而观人，然后其人可见。以小节而观人，小人未有不胜君子，君子或置之无用之地矣。黄氏曰：“君子大受，则修齐治平，内外合一，而王化行矣；小人小知，则吏事文章，各尽专长，而群策举矣。”故必详审德与才之大小，而后用得其当。若不善用之，则两失其宜而颠倒差谬矣。是故人与事相称，然后天下之事平。*唐文治*、*《四书存疑》*

15.35 子曰：“民之于仁也，甚于水火。水火，吾见蹈而死者矣，未见蹈仁而死者也。”

〇人生有赖于仁，尤甚于其赖水火。且蹈水火有时可以杀人，未有蹈仁道而陷于死者，则人何惮而不为仁？

〇此章是言人不可须臾离仁也。惠栋《周易述》云："仁乃乾之初生之道，故未见蹈仁而死。"极其变，如求仁得仁，杀身成仁，乃全而归之之义，不可言死。沈守正《四书说丛》云："仁者人也，无物可与之较缓急，即以缓急论，而至切之水火犹为未甚。"蹈仁亦不当以利害论，即以利害论，而仁又独有利而无害。此圣人提醒语。程树德

15.36 子曰："当仁，不让于师。"

〇当仁，以仁为己任也。虽师亦无所逊，言当勇往而必为也。朱子

〇此章是勉人勇于为仁也。当仁指为善之大者而言。仁与让相因，而有时不让，正所以为仁。程子曰："为仁在己，无所与逊。若善名为外，则不可不逊。"此章夫子为门弟子而发。盖凡事宜承师命，若当仁，则宜闻斯行之矣。唐文治

15.37 子曰："君子贞而不谅。"

〇贞，正而固也。谅，则不择是非而必于信，小信也。君子正其道耳，言不必小信。程树德

〇此章是言君子一心任理而无所私也。子尝曰："言不必信，行不必果，义之与比。"义之与比，贞也；言必信、行必果，则匹夫匹妇之为谅。君子以精一之学为不拔之操，虽万变纷然要皆合乎时措之宜而归于

至当之则，未尝偏执意见之私而不达夫权变之理，硁硁然守之而不易也。故欲为君子者必当于其贞者求之，若以谅为贞，则执一己之小信而害义理之大公。《日讲四书解义》

15.38 子曰："事君，敬其事而后其食。"

○事指职事，食指俸禄。先其食，则敬皆不敬也，故圣人下个后字。吕留良

○此章言事君之法也。君子之于仕，为道不为食；人君之授禄，食功不食志。《诗》称不素餐，《易》称不素饱，《坊记》称先事而后禄，《儒行》称先劳而后禄，皆敬事后食者也。古者男子生必先有志于事，然后敢用谷，况事君乎！陈祥道

15.39 子曰："有教无类。"

○类者，即流品种类之谓。无类，正使之一于善也。吕留良

○此章见圣贤立教之公心也。人性皆善，而其类有善恶之殊者，习气之染也。故君子有教，则人皆可以复于善，而不当复论其类之恶矣。故君子教人，惟知大道为公，无一人不在裁成之内，初何尝因其等类而有所分别耶？《易》曰："君子以教思无穷，容保民无疆。"故尧舜帅天下以仁而于变时雍，遂咸归于甄陶之内。此作君作师诚无二道也欤？朱子、《日讲四书解义》

15.40 子曰："道不同，不相为谋。"

〇毫厘有差，天地悬隔，仁与不仁而已矣。故君子小人之道，此消彼长，岂可相谋哉！蕅益

〇此章是辨道术以正人心之意也。道之同虽异曲而相合，道之异虽同时而不相谋。故贤人所以诫世，圣人未尝过而问焉；君子所以诫国，贤人未尝过而问焉。然则市井不可与语先生之言，方内不可与语方外之道也。孔子之于阳货间之而拜，孟子之于王驩未尝与言，齐王好竽而鼓瑟者不用，汉武尚武而好文者不遇，此传所谓薰莸不同器而藏，尧桀不同国而治也。太史公圆枘方凿之说若是而已。陈祥道

15.41 子曰："辞达而已矣。"

〇辞，谓文辞；达者，达其意理也。夫达则义之至也，故曰"而已矣"。

〇此章明言语之法也。辞以立诚为基，以有序为主。达者如水之穷源竟委，此圣门修辞学也。《聘礼》云："辞多则史虚饰，少则不达；辞苟足以达，义之至也。"又孟子曰"不以文害辞"，文与辞为二事，不可强合。先儒谓辞不以富丽工，浑文辞为一，恐未是。唐文治

15.42 师冕见，及阶，子曰："阶也。"及席，子曰："席也。"皆坐，子告之曰："某在斯，某在斯。"师冕出，子张问曰："与师言之，道与？"子曰："然，固相师之道也。"

〇师，乐师。冕，乐师名。古者乐师多用瞽者以其耳能审音也。昔有师冕来见，孔子迎之及阶进席。及与众皆坐，又口一一介绍坐中人，恐其不知某某之所在也。道谓礼也，相犹导也。孔子引导乐师之礼周旋详悉，诚意恳至，使人于千百载之后犹可想慕。钱穆

〇此章明孔子相师之礼也，子张问可谓独窥其微矣。盖古者瞽必有相，其道如此。圣人于此，非作意而为之，但尽其道而已。尹氏曰："圣人处己为人，其心一致，无不尽其诚故也。有志于学者，求圣人之心，于斯亦可见矣。"范氏曰："圣人不侮鳏寡，不虐无告，可见于此。推之天下，无一物不得其所矣。"尹氏说其义深矣，范氏说其义大矣。圣门学者，于夫子之一言一动，无不存心省察如此。朱子

季氏第十六

《正义》曰："此篇论天下无道政在大夫，故孔子陈其正道扬其衰失，称损益以教人，举诗书以训子，明君子之行正夫人之名，以前篇首章记卫君灵公失礼，此篇首章言鲁臣季氏专恣，故以次之也。"凡十四章。

16.1 季氏将伐颛（zhuān）**臾，冉有、季路见于孔子曰："季氏将有事于颛臾。"孔子曰："求，无乃尔是过与？夫颛臾，昔者先王以为东蒙主，且在邦域之中矣，是社稷之臣也，何以伐为？"**

○颛臾，伏羲之后，风姓之国，本鲁之附庸，当时臣属鲁。季氏贪其土地，欲灭而取之。冉有与其谋而不安于心，则偕季路来探孔子意。无乃，莫非，难道不。难道不正是尔之过吗，孔子独责之也。东蒙主，使主祭蒙山也。孔子之意，颛臾乃先王封国则不可伐，在邦域之中则不必伐，是社稷之臣则非季氏所当伐也。

冉有曰："夫子欲之，吾二臣者皆不欲也。"孔子曰："求，周任有言曰：'陈力就列，不能者止。'危而不持，颠而不扶，则将焉用彼相矣？且尔言过矣，虎兕（sì）**出于柙**（xiá），**龟玉毁于椟**（dú）**中，是谁之过与？"**

○夫子，指季孙。冉有以孔子非之，故归咎于季氏。周任，古之良史。陈，布也；列，位也。相，谓辅相人者。言二子不欲则当谏，谏而不

听，则当去也。兕，野牛也。柙，槛也。椟，匮也。言在柙而逸，在椟而毁，典守者不得辞其过。责二子居其位而不能力谏也。朱子

冉有曰："今夫颛臾，固而近于费（bì），今不取，后世必为子孙忧。"子曰："求，君子疾夫舍曰欲之而必为之辞。丘也闻有国有家者，不患寡而患不均，不患贫而患不安。盖均无贫，和无寡，安无倾。夫如是，故远人不服则修文德以来之，既来之则安之；今由与求也，相夫子，远人不服而不能来也，邦分崩离析而不能守也，而谋动干戈于邦内，吾恐季孙之忧，不在颛臾，而在萧墙之内也。"

〇固，谓诚郭完固。费，季氏之私邑。此则冉求继续为季氏之伐寻饰辞也。欲之，谓欲其利。言舍欲利之说而更作巧辞，所谓借端以借口也，故君子疾之。丘也以下，孔子直陈"财均人和"的治国之道，即有不服，亦止修德教，不事威武耳。此正破"为子孙忧"之说也。自此至末，皆一意到"季孙之忧不在颛臾"一句结出，邦分崩离析，正不"均和安"之患也。吕留良

〇此章是卒寝颛臾之伐而明有国有家之道也。国，诸侯也；家，卿大夫也。家国治理，不患土地人民之寡少，患政治之不均平也；不患物质财货之匮乏，患相互疑忌人心不安也。盖政教均平，则不贫而和矣；上下和同，则不患于寡而安也；小大安宁，则无倾覆之患矣。内治修，然后远人服；有不服，则修德以来之，亦不当勤兵于远。而季氏内患寡贫而谋勤兵于外，故孔子谓"吾恐季孙之忧，不在颛臾，而在萧墙之内也"。又季氏为鲁臣，邦分崩离析不能守，而谋动干戈于邦内，是无鲁也，亦无王也。然则始终误季氏者，二子也。故圣人力攻二子，既声大

义之不可伐，而又深切利害之情，愈驳愈证，如老吏入狱一字不可平，反令闻者感动。卒寝颛臾之伐，圣人有功于宗国大矣。程树德、刘宗周

16.2 孔子曰：“天下有道，则礼乐征伐自天子出；天下无道，则礼乐征伐自诸侯出。自诸侯出，盖十世希不失矣；自大夫出，五世希不失矣；陪臣执国命，三世希不失矣。天下有道，则政不在大夫。天下有道，则庶人不议。”

○礼乐征伐，道之用也。三代循天理而治，先王之制其所出者正，天下有道也。平王东迁，政始微弱，诸侯大夫始僭窃，天下无道也。无道只说诸侯，下面大夫陪臣都在其中。希，稀也。陪臣，家臣也。道从势则短，亡国丧家，其数皆然，稀有过此而不失者。且逆理愈甚，其失之愈速。则气象世数已至极衰处，故圣人又重提有道，有挽今返古之意。礼乐征伐皆政也，天下有道，诸侯奉天子之令而行政，大夫相焉，故政不在大夫。又《左传》云庶人谤，故庶人之议，谤议也，议其失政焉。《尚书》曰谋及庶人，其闻议者易无道为有道也，而议者不议焉。故庶人不议，方是有道尽头，知礼乐征伐之权，惟恃道之有无也。吕留良

○此章见仲尼作《春秋》之本也。天下之生，一治一乱。然有天理之治乱，有气化之治乱。圣人所论有道无道，正指天理之治乱。三代以上其治乱皆天理为主，而三代以下其治乱皆气化为主也。若稽诸《春秋》，隐桓以下政在诸侯，僖文以下政在大夫，定哀以下政在陪臣也。盖诸侯自作礼乐专行征伐始于隐公，至昭公十世失政，死于乾侯矣。季文子初得正，至桓子五世，为家臣阳虎所囚也。阳氏为家臣而僭执邦国教令，至虎三世而出奔齐。故曰苟得之有由则失之有渐，近本罪轻远弥罪重，

轻故祸迟重则败速也。《春秋》上治诸侯，中治大夫，下治陪臣，至目之曰盗，充其类以尽义，诸侯大夫一言以蔽之耳。《太史公自序》引董生言曰："夫《春秋》上明三王之道，下辨人事之纪，别嫌疑明是非定犹豫，善善恶恶，贤贤贱不肖。存灭国继绝世，补敝起废，王道之大者也。"又曰："《春秋》之中弑君三十六，亡国五十二，诸侯奔走不得保其社稷者不可胜数。察其所以，皆失其本也。故《易》曰："失之毫厘，差以千里。"故曰臣弑君子弑父，非一朝一夕之故也，其渐久矣。故有国者不可以不知《春秋》，前有谗而弗见，后有贼而不知。为人臣者不可以不知《春秋》，守经事而不知其宜，遭变事而不知其权。为人君父而不通于《春秋》之义者，必蒙首恶之名。为人臣子而不通于《春秋》之义者，必陷篡弑之诛。"故曰："拨乱世反之正，莫近于《春秋》。"程树德

16.3 孔子曰："禄之去公室五世矣，政逮于大夫四世矣，故夫三桓之子孙微矣。"

○禄，爵禄。逮，及也。禄去公室则政在大夫。从公室数历五世，从大夫数则适四世，不相左也。上章谓自大夫出希五世不失，于时孔子见其数将尔，三桓子孙转以弱也，故发斯旨。程树德

○此章专论鲁事，以见大夫专政五世希不失之意。禄去公室，谓爵禄之柄不从君出也。鲁自文公薨宣公立而君失其政，历成、襄、昭、定凡五世。自季文子始专国政，历武、平、恒子凡四世，而为家臣阳虎所执。三桓，桓公之子庄公之弟公子庆父、公子牙、公子友也。仲孙庆父之后，又称孟氏，叔孙公子牙之后，季孙公子友之后也。微，衰微。盖窃政柄者，上陵其君下夺其民，其子孙必至于式微也。连读三矣字，圣人

伤鲁之心甚矣。唐文治、简朝亮

16.4 孔子曰："益者三友，损者三友：友直，友谅，友多闻，益矣；友便辟，友善柔，友便佞，损矣。"

〇直谓正直，谅谓诚信，多闻谓博学。便辟者，习般旋退避之容，所谓足恭也；善柔谓面柔，所谓令色也；便，辩也，佞而辩，所谓巧言也。

〇此章戒人择友也。以人为友，损益于己，其类各三也。三者各由浅而深，友直但足以闻吾过，友谅则有以进吾德，友多闻则有以广吾学也。友便辟但相习以文貌，友善柔则相护其过非，友便佞又相诱以机变也。《公冶长第五》谓"巧言令色足恭"也。《礼记·冠义》云"成人之道在于正容体，齐颜色，顺辞令"，三者适与之相反。此章所谓损益，兼指品行学问而言。唐文治

16.5 孔子曰："益者三乐，损者三乐：乐节礼乐（yuè）**，乐道人之善，乐多贤友，益矣；乐骄乐，乐佚游，乐宴乐，损矣。"**

〇节礼乐，谓心之失中和者，节以礼之中乐之和也；道人之善，谓好称人之美也；多贤友，谓多得贤人以为朋友也。骄乐，谓骄纵、骄奢作乐也；佚游，谓游荡而无节制也；晏乐，谓沉溺于饮宴之乐也。

〇此章言人之好尚宜端也。李氏曰："三者亦由浅而深，乐节礼乐则有悦学之志，乐道人之善则有公物之心，乐多贤友则日有进德之效矣；乐骄乐者其志始荒，乐佚游者荒而荡，乐宴乐者荡而溺且昏矣。"愚案：

此章损益判于敬肆而已，节礼乐出于敬，道人之善多贤友则敬而和，骄乐、佚游、宴乐皆出于一心之肆，《曲礼》言“毋不敬”，又言“敖不可长”，四者皆所以收其放心也。故此损益当指心性而言。唐文治

16.6 孔子曰：“侍于君子有三愆（qiān）：言未及之而言谓之躁，言及之而不言谓之隐，未见颜色而言谓之瞽。”

○愆，过也。及之，因乎时也。躁，急躁，浮躁。隐，隐匿不尽情实也。瞽，无目，不能察言观色也。尹氏曰：“时然后言，则无三者之过矣。”朱子

○此章戒卑侍于尊，审慎言语之法也。胡氏曰：“言贵乎时中，躁者先时而过乎中，隐者后时而不及乎中，瞽者冥然不知所谓中者也。”愚案：躁者阳刚之过，隐者阴柔之过，谓隐匿而不尽情实，是更以不言餂之矣，瞽者无知识者也，谨言语应对亦曲礼之意。唐文治

16.7 孔子曰：“君子有三戒：少之时，血气未定，戒之在色；及其壮也，血气方刚，戒之在斗；及其老也，血气既衰，戒之在得。”

○人之气质，少则张狂，心浮气躁，欲念强烈，自制力弱；壮则强暴，控制欲、占有欲强，好胜心正盛，易与人冲突争斗；老则好利，贪婪心越来越重，放不下对身体对事物那种占有贪得的欲望。当然，三者自少而壮而老皆有所犯，夫子特于易犯之时明所戒焉。故君子须随时知戒，以中和气质，以顺性命之理。有戒则能御血气，无戒则被血气使。孟子言持志，戒即持志也。钟茂森、简朝亮

〇此章三戒即孔子养气之法也。盖天地生人，其形以血气而生，其生之理则性命之理也，所谓天理是也，而皆丽于血气之形矣。血气之有粗驳者，斯嗜欲由是生焉，好色好斗好得亦因之以生。然污者能言洁，争者能言让，贪者能言廉，凡人犹明于此，君子亦以学问扩充其心而已。《孟子》云："夫志，气之帅也；气，体之充也。"其体之充者，养气也。戒色则养其元气，戒斗则养其和气，戒得则养其正气。故三戒者，持志而驭气也。驭血气者则从天理之正，而不从人欲之私，其必胜之矣。范氏曰："圣人同于人者血气也，异于人者志气也。血气有时而衰，志气则无时而衰也。少未定、壮而刚、老而衰者，血气也。戒于色、戒于斗、戒于得者，志气也。君子养其志气，故不为血气所动，是以年弥高而德弥劭也。"朱子、程树德

16.8 孔子曰："君子有三畏：畏天命，畏大人，畏圣人之言。小人不知天命而不畏也，狎大人，侮圣人之言。"

〇畏者，敬之发也。天命，谓致命之道，所以彰善瘅恶者也。大人，犹今言伟人，国宪之所出也。圣言，经典所传，深远不可易也。三者皆所以长民辅世，故当致其敬畏之意，不敢慢肆而诬罔之。狎者，惯见而轻之也。侮，戏侮，而乱民改作也。小人不知天命，不识义理，而无所忌惮如此。

〇此章言君子小人敬肆之不同也。天命，命我者也；大人，临我者也；圣言，教我者也。畏天命，畏天也；畏大人，畏人也；畏圣言，则天人之道存焉。高宗夤畏自度，畏天命也；孔子见所不见，畏大人也；臧荣拜六经，畏圣言也。帝乙之慢神，齐人之不敬王，伊尹曰"侮圣言，皆

小人之事也”；春秋之时弑君殺大夫者，无国无之，则不特狎大人而已；秦焚诗书则不特侮圣言而已。古人有言曰“慎以畏为本”，故士无畏则简仁义，农无畏则惰稼穑，工无畏则坏规矩，商无畏则货不殖，子无畏则忘孝，父无畏则废慈，臣无畏则勋不立，君无畏则乱不治。是以太上畏道，其次畏天，其次畏物，其次畏人，其次畏身，忧于身不拘于人，畏于己不制于彼。君子之畏小人之无畏，岂特三者而已哉，孔子之言举其大者言也。陈祥道

16.9 孔子曰：“生而知之者上也，学而知之者次也，困而学之又其次也。困而不学，民斯为下矣。”

○生而知之，谓不学而能也。困，谓有所不通。民斯为下，下愚是也。生知学知困知及其知之一也，惟下愚不可教诲矣。人之资质不齐，大约有此四等焉。

○此章勉人问学以变化气质也。人生而有知矣，其有不知者，物蔽之也，甚焉则困矣，然而未尝无知也。上焉者气禀清明天资纯粹，不待学问自能知此义理，是为生而知之者；此等之人所谓不思不勉，从容中道，圣人也。其有不知者可学而知也，必待讲求习学而后能通晓义理，此等之人虽得于天者清明纯粹之中，不无少有渣滓，然其间易达其疑，易通一经，学问即生知之次也。亦有资禀愚钝，浊多清少，驳多粹少，却能困心衡虑，发愤向学，是为困而学之；此等之人，人一己百，人十己千，虽愚必明，虽柔必强，又生知之次也。若资质既锢蔽而不通，又自安于蒙昧而不觉，则甘于自弃，是为困而不学，如此之民斯为下矣，使其能学又安在不可进于知哉。可见赋质虽有高下之分，成功终无彼此

之别，殊途而同归，百虑而一致，学之为益大矣哉！《日讲四书解义》

16.10 孔子曰：“君子有九思：视思明，听思聪，色思温，貌思恭，言思忠，事思敬，疑思问，忿思难（nàn），见得思义。”

〇君子九思，总而约之曰“事思敬”。视听色貌言事六件，是内出之顺而正者；下三件疑也忿也得也，是外至之逆而危者。难即忧患。一朝之忿，忘其身以及其亲，是谓难也。终曰见得，明乎九者，皆君子与人相见者也。吕留良、简朝亮

〇此章言君子当用心思虑使合礼义也。思于五行主土，百物非土不生，百事非思不成。君子于视能思则有视远之明，于听能思则有听德之聪，此其内达者也。于色能思则即之也温，于貌能思则恭而有礼，此其外见者也。如此则在我者修矣。然后忠以接物而不欺，敬以临事而不慢，有疑则又问以辨之，则可为成德矣。然忿而不思难，见得而不思义，则害于德，故终之戒焉。《洪范》五事先貌言而后视听，此先视听而后貌言者，《洪范》言用事之序，此言修德之序也。陈祥道

16.11 孔子曰：“见善如不及，见不善如探汤，吾见其人矣，吾闻其语矣；隐居以求其志，行义以达其道，吾闻其语矣，未见其人也。”

〇如不及者，见有善，恐己不能相及也。如探汤者，探试热汤，去之必速也。《大戴礼记·曾子立事》云“见善恐不得与焉，见不善恐其及己也”，盖与此义同。求其志，守其所达之道也。达其道，行其所求之志也。《孟子》云“士穷不失义，达不离道”，盖与此义同。夫子感慨此

二句古语，见其人者，颜曾闵冉之徒能之矣；未见其人者，惟伊尹太公之流可以当之，今则无人矣。简朝亮

〇此章是见人品不以洁己为高，而以经世为大也。善善恶恶，出于其诚，是亦仁人矣，然不如求志达道者。盖圣人之学，以经世为本，而不以独善为极。不惟成己，亦当成物。孔子门下，颜闵之徒，亦其庶几。然仅见其隐，未见其用，故曰“未见其人也”。斯孔子甚深慨叹之辞。钱穆

16.12 齐景公有马千驷，死之日，民无德而称焉；伯夷叔齐饿于首阳之下，民到于今称之，其斯之谓与？

〇千驷，千乘（shèng），四马为一乘。言多马而无德，亦死即消。虽饿而有德，称义无息。此所谓以德为称者也。程树德

〇此章是言尚德而不尚富也。人之足以享大名垂后世者，视其生平自立何如耳。至于富贵贫贱，初无与也。昔者齐景公以诸侯之贵，畜马至千驷之多，富贵极矣，然功业不著于时，德泽不加于众身，死之日民无可称之德焉，其易忘之速如此。伯夷叔齐仅商之遗老，而以武王伐纣为非义，耻食周粟至饿死首阳山下，贫困极矣，然而风节著于当时，名闻施于后世，民到于今犹称述不衰，其思慕之从如此。可见无善可称，身没而名随灭；有善可称，世远而名愈芳。是名之称不称，初不系于富贵贫贱也。《小雅·我行其野》有云：人之所称，诚不以其财之富，而只以其行事之异，其即景公夷齐之谓与？由孔子之言推之，布衣韦带之士，克自树立其道德，行谊犹足传诸无穷，声施不朽，若居帝王之位兼圣贤

之德，光前烈而裕后昆，其鸿名休誉有不垂诸天下万世者哉！《日讲四书解义》

16.13 陈亢问于伯鱼曰："子亦有异闻乎？"对曰："未也。尝独立，鲤趋而过庭，曰：'学《诗》乎？'对曰：'未也。''不学《诗》，无以言。'鲤退而学《诗》。他日，又独立，鲤趋而过庭，曰：'学《礼》乎？'对曰：'未也。''不学礼，无以立。'鲤退而学《礼》。闻斯二者。"陈亢退而喜曰："问一得三，闻《诗》，闻《礼》，又闻君子之远其子也。"

○陈亢即子禽也，已见前《学而第一》。伯鱼名鲤，孔子之子。亢以私意窥圣人，疑必阴厚其子也。独立，谓独立于庭。称鲤者，此述庭训，若父前之子名也。趋，碎步快行，过尊者之前以趋为敬也。闻斯二者，言已惟私闻《诗》《礼》二事，盖别无异闻也。陈亢闻之，故见君子不独子其子也。司马光《家范》云："远者，非疏远之谓也，谓其进见有说，接遇有礼，不朝夕嘻嘻相亵狎也。"

○此章勉人为诗为礼也。文中子门人问于姚义曰："孔庭之法，曰《诗》曰《礼》，不及四经，何也？"姚义曰："尝闻诸夫子矣，《春秋》断物志定而后及也，《乐》以和德德全而后及也，《书》以制法从事而后及也，《易》以穷理知命而后及也，四者非具体不能及故圣人后之。"盖文中子者王通也，通谓姚义说为得之矣。今当有进焉。夫孔庭先《诗》《礼》者，以其家可成教而开四经之先也。《诗》成乐章《礼》成乐节，开学《乐》之先也；《诗》达于政《礼》原于古，开学《书》之先也；《诗》有美刺《礼》有制防，开学《春秋》之先；《诗》全人道《礼》全天理，开学《易》之先也。简朝亮

16.14 邦君之妻，君称之曰夫人，夫人自称曰小童，邦人称之曰君夫人，称诸异邦曰寡小君，异邦人称之亦曰君夫人。

〇小童，自谦己小弱之童稚也。小君，君夫人之称，称于诸侯谦，故曰寡小君。

〇此章记孔子述礼雅言之足正邦君者。邦君之妻，自君称之，正其名曰夫人，则凡称皆由是正焉。妻者齐也，言与夫齐体也；夫者扶也，能扶成人君之德也。是君夫人理阴德而出论，正人于其内也。故自称于其君曰小童，谦言己智能寡少，如童蒙也。邦人、异邦人称君夫人者，尊之也。又君于异邦曰寡君，故夫人曰寡小君，谦言寡德小于君之义也。春秋时，嫡妾不正，称谓淆乱。《礼记·大传》曰："名者，人治之大者也。"圣门记此，皆《春秋》正名分之旨也。李氏曰："夫子作《春秋》，于夫妇之伦极重，故其名称必谨。"此章必夫子尝言及之，故门人记焉。唐文治、简朝亮

阳货第十七

《正义》曰："此篇论陪臣专恣，因明性习知愚礼乐本末，六蔽之恶二南之美，君子小人为行各异，今之与古其疾不同。以前篇首章言大夫之恶，此篇首章记家臣之乱，尊卑之差，故以相次也。"凡二十六章。

17.1 阳货欲见孔子，孔子不见。归馈孔子豚，孔子时其亡也，而往拜之，遇诸途。谓孔子曰："来，予与尔言。"曰："怀其宝而迷其邦，可谓仁乎？"曰："不可。""好从事而亟失时，可谓知乎？"曰："不可。""日月逝矣，岁不我与。"孔子曰："诺，吾将仕矣。"

〇阳货，阳虎也，季氏家臣，尝囚季桓子而专国政。欲令孔子来见，故馈以礼。古礼，大夫有赐于士，不得受于其家，当往拜其门也。时其亡，犹云伺其出。孔子不欲见阳货，故伺其出而往拜之，不意遇之途中。

〇怀才不仕而坐视国之迷乱，是谓不仁；好从济世之事而屡失时机，是谓不智。岁月不等人，尔还有几个几年？阳货欲孔子出仕助己，故自问自答，絮絮语不休，其辞倨若斯矣。倨者，傲慢不逊也。孔子默不出声，最后乃以顺辞免害也。将者，且然而未必之辞。盖孔子非欲不仕，特不仕于阳货也。其语直而婉，雍容不迫，而拒之已深。

〇此章见圣人之待小人不恶而严也。朱注曰："阳货之欲见孔子，虽其善意，然不过欲使助己为乱耳。故孔子不见者，义也。”其往拜者，礼也。必时其亡而往者，欲其称也。遇诸途而不避者，不终绝也。应之以且然而未必然之辞者，言逊而亦无所诎也。《四书通》云：“此一事耳，而见圣人之一言一动，无非时中之妙。”阳货欲见孔子而遽见之，非中也。既有馈而不往拜之，非中也。不时其亡则中小人之计，非中也。不幸遇诸途而又避之，则绝小人之甚，非中也。理之直者其辞易至于不逊，非中也。辞之逊而或有所诎，非中也。圣人不徇物而亦不苟异，不绝物而亦不苟同，愈雍容不迫而逾刚直不诎，此其所以为时中之妙也。程树德

17.2 子曰：“性相近也，习相远也。”

○《易·乾卦》云：“元亨利贞。”元亨者，始生之种子，以类滋生，其性质相近也。利贞者，物之遂成，习之正也。不正则恶，善恶殊途也。朱子曰：“习于善则善，习于恶则恶，于是始相远耳。”故君子当慎所习。

○此章是圣人教人以复性也。性者，心所具之理，谓之良知良能，因人之气质而遂异。然溯人生之初赤子之心则皆纯一无伪，故曰相近。知能关涉气质，良则谓其理之本然，故孟子言良知良能，举理气一体言之也。盖一心开二门，就其流行之用言谓之气，就其所以为流行之体言谓之理。用显而体微，言说可分，实际不可分也。故孔子论性，是即气言理，如赤子之心，则全理是气全气是理。不曰相同而曰相近者，气质无一如之理也。然气若置之不论而原人之生，亦即纯以理言天命之性，则纯粹至善而无恶之可萌者也，故孟子言性善。《孟子》云：“人性之善也，犹水之就下也，人无有不善水无有不下。”盖性即天理，未有不善者也。又云：“今夫水，搏而跃之可使过颡，激而行之可使在山，是岂

水之性哉，其势则然也。”此则即习气而言性也。颡，额也。水之过额在山，皆不就下也。然其本性未尝不就下，但为博激所使而逆其性耳。逆之则不善焉，盖博之嗜欲是也，激之意气是也。社会之感化，习俗之迁移，风气之渐染，教育之不良，久之而安静者为浮躁，循谨者为嚣张，果决者为强梁，聪明者为暗塞，是岂性之本然哉，习之不正而已矣。孔子云“少成若天性，习惯成自然”，言习之不可不慎也。孟子云“或相倍蓰而无算”，“其所以陷溺其心者然也”，则习相远之说也。是故，人之善恶系乎习而不系乎性，如此则克其气禀之偏以复其天命之本，非学问不为功矣。马一浮、唐文治

〇孟子言性善，荀子言性恶。然荀子所谓性恶，盖指气禀之偏，气质之性也。气质之性，固有清浊厚薄之不同，故有“偏险而不正”之所从出。荀子曰：“今人之性，生而有好利焉，顺是，故争夺生而辞让亡焉；生而有疾恶焉，顺是，故残贼生而忠信亡焉；生而有耳目之欲，有好声色焉，顺是，故淫乱生而礼义文理亡焉。”故纵人之性，顺人之情，必出于争夺，合于犯分乱理而归于暴。此荀子所明之“性恶”，实则气质之偏也。气质之偏皆系于习，习之正则善，不正则恶，故荀子重“正习”之方。荀子云“人之性恶，其善者伪也”，伪者为也，自性之成己成物也，圣人能之。“性者本始材朴也，伪者文理隆盛也；无性则伪之无所加，无伪则性不能自美”，君子小人始皆材朴，唯循善习而变化气质，方能自美也。“性伪合，然后成圣人之名，一天下之功于是就也”，能变化气质方可超凡入圣，宋儒谓士希贤贤希圣也。“凡礼义者，是生于圣人之伪，非故生于人之性也，故圣人化性起伪”，众生教化有赖于圣人制礼作乐也。此荀子隆礼义而开出的“人文化成”之道：其一曰伪起而生礼义，礼义生而制法度；其二曰必将有师法化之，无师法则隆性

矣，有师法则隆积矣；其三曰注错习俗所以化性，习俗移志，安久移质也。此从礼制、师法、习俗等方面化性，生而成之，使合于善也。荀子

〇可见孟子重性相近，通体是性善之光辉而一气呵成，成己成物；荀子则重习相远，通体是礼义而化性起伪，天生人成。以乾卦言之，元亨者天道之本然也，孟子由元亨处道性善，通体透出，恢复人之所以为人而建体立极，故能壁立千仞，而为乾造大始者也。利贞者人事之当然也，荀子立足于利贞处法先王，通体是正习，故总方略、齐言行、知统类、一制度，而为礼义之统全尽之道也。总而言之，孔、孟、荀论性，均兼理气言。荀子指其气质之偏者言之也，孟子指其不杂乎气质者言之也，孔子则以其不离乎气质者言之也。是荀子化性起伪，累积百王之法度方可以言治道矣；孟子极本穷源，则尽性至命者当无异道矣；而孔子性习之意通贯，则尽人合天者当无异教矣。程树德、简朝亮

17.3 子曰："唯上知智与下愚不移。"

〇承上章言人有非习之所能移者。盖上知则不待学，故不移于不善之习，此所谓性者也。下愚则困而不学，故不习于善而不移，非其性不相近也。简朝亮

〇此章亦教人变化气质之意也。人之气质，有气极其清、质极其粹而为上智者，有气极其浊、质极其驳而为下愚者。上智之人虽与不善人居，自不肯为恶，然唯上智为然耳。人不皆上智，未有习于恶而不移于恶者也。下愚之人虽与善人居，自不肯为善，然唯下愚为然耳。人不皆下愚，未有习于善而不移于善者也。可见天下之人，习而不移者少，为习

所移者多。美恶固非一定，而转移之权诚在乎习，不得诿夫性也。传曰习与性成，又曰习成自然，然则习顾可不慎哉！古之人主每致诫于狎习，而加严于近习也，职是故矣。《日讲四书解义》

17.4 子之武城，闻弦歌之声。夫子莞尔而笑曰："割鸡焉用牛刀？"子游对曰："昔者偃也闻诸夫子曰：'君子学道则爱人，小人学道则易使也。'"子曰："二三子，偃之言是也，前言戏之耳。"

○之，往也。时子游为武城宰，以礼乐为教，故邑人皆弦歌也。莞尔，微笑貌，盖喜之也。因言其治小邑，何必用此大道也。偃，子游名。子游所称盖夫子之常言，言君子小人皆不可以不学，故武城虽小亦必教以礼乐也。夫子闻之益喜而嘉子游之笃信，又以解门人之惑也。朱子

○此章是言为治者当以道化民也。道即礼乐也。《孝经》云："安上治民莫善于礼，移风易俗莫善于乐。"礼乐之感人心在于无形也。子游文学，其以礼乐为治也，六经之术也。汉尚经术，于是乎天下多循吏，民人忠厚，服从国事，有三代之遗风。盖学道如斯也。牛刀之谓，惜子游以王佐之才而仅治小邑，非谓其不必用礼乐也。曰"二三子，偃之言是也"，达乎治理矣，非徒言之，实允蹈之。前言戏之耳，志喜也，若子游可为不负所学矣。道之所该者广，而礼乐其大端也。简朝亮、唐文治、刘宗周

17.5 公山弗扰以费畔叛**，召，子欲往。子路不说**悦**，曰："末之也已，何必公山氏之之也？"子曰："夫召我者而岂徒哉？如有用我者，吾其为东周乎？"**

○公山弗扰，即公山不狃，季氏费宰。与阳货谋杀季桓子，据邑以叛，于是召孔子而欲其往也。末之，谓无所往。已，止也。言今无所往也则止，何必公山氏之往也。此子路不悦公山氏，而自言于孔子以商之。徒，空也，召我而非用我则空矣。为，作也。周自东迁以后，天下称周曰东周。孔子期作东周，因文武作西周而言也。此孔子不往应叛者之召，而不直言之，盖“危行而言逊”矣。简朝亮

○此章见孔子有振鲁兴周之意也。鲁自季桓子据费，公室遂衰。时公山畔费，是以陪臣执国命，而托于强公室弱私门者。故孔子之欲往，为鲁也，非为公山弗扰也。当今之时如有用我而委以国政，必将正名分讨僭窃，使文武周公之道灿然复兴。孔子表其用世之志如此。使孔子得行其志，必以政在大夫者还于诸侯，政在诸侯者归于天子。圣人转移之妙用，有非子路所能窥者，故欲往者以其有是道也。然而终不往者，知其必不能也。不忘世亦不贬道，非圣人其孰能之！《日讲四书解义》

17.6 子张问仁于孔子，孔子曰：“能行五者于天下，为仁矣。”“请问之。”曰：“恭，宽，信，敏，惠。恭则不侮，宽则得众，信则人任焉，敏则有功，惠则足以使人。”

○五者所以存心之道也，心存而理得，则仁矣。于天下，言无适而不然，犹所谓虽之夷狄不可弃者。五者之目，盖因子张所近及所不足而言耳。而与诸贤问仁者，及子张问行问达问政问崇德者，皆言异而旨同，此所以为圣人一贯之言也。

○此章是言为仁之实功也。仁者此心之生理，无不生也，则无不行也，

有不行则生者息矣。君子求仁于吾心，而得行之之脉焉，恭宽信敏惠是也。此心常运于天下如川流之不息，则仁体得矣。五者在吾心，即其在天下者也。无以作民敬非恭，无以作民怀非宽，无以作民孚非信，无以作民劳非敏，无以作民顺非惠，有一于此非行也。能行五者于天下，实有是五者之分量，则心体得矣，仁矣。行五者于天下是本体，能行五者于天下是工夫。心能生，五者一齐俱到，故从行处见五者。若借五者为推行之具，便须心自心、理自理，则于此圆满于彼欠缺，即及于天下亦迹而不神。张子曰："颜子有不善未尝不知，知之未尝复行也。"知不行则知行矣。刘宗周

17.7 佛（bì）**肸**（xī）**召，子欲往。子路曰："昔者由也闻诸夫子曰：'亲于其身为不善者，君子不入也。'佛肸以中牟畔，子之往也，如之何？"子曰："然，有是言也。不曰坚乎，磨而不磷；不曰白乎，涅而不缁。吾岂匏瓜也哉，焉能系而不食？"**

○佛肸，晋中牟宰也，召孔子而欲其往。亲，犹自也。不入，不入其党也。佛肸党范、中行而叛赵氏，且其叛远在晋，故子路斥言之。子之往也，设言也。如之何者，谓如所闻是言何？此商之之辞，明当召而不往，则践是言而不入于叛者之不善也。简朝亮

○磷，薄也。涅，染皂物。缁，受涅之黑也。子于子路之言，应之曰"然，昔有是言也"，今不当曰"至坚白"乎。至坚者磨之而不薄，至白者染之于涅而不黑，喻人之不善不能浼玷污己。盖古今君子皆欲转移小人，而自磷自缁不少，不磷不缁是不陷于其党也。不陷于其党乃可入其党而拯救之。唐文治

○此章是孔子自明其用世之意也。匏，瓠也。《国语·晋语》叔向曰："苦匏不材于人，苦不可食。"此言不食以其苦也。夫子之意，言吾岂类不可食之匏瓜，系于一处，归于无用耶？此亦不得已之心也。盖佛肸叛赵氏，与弗扰叛季氏，皆以张公室为名。夫子之往，皆欲平其乱而张公室耳。今以《春秋》考之，晋大夫之乱，范氏、中行氏攻赵氏，既而赵氏攻范、中行，而其始也，皆擅兵国中，强据地焉，《春秋》皆书之曰"叛"。其叛也，其恶也，非过也，孔子不以为可与权而赦之也。是畔者召子而欲往，子不从畔者之欲而往也。张敬夫曰："子路昔者之所闻，君子守身之常法。夫子今日之所言，圣人体道之大权也。然夫子于公山佛肸之召皆欲往者，以天下无不可变之人，无不可为之事也。其卒不往者，知其人之终不可变而事之终不可为耳。一则生物之仁，一则知人之智也。"唐文治、简朝亮

17.8 子曰："由也，女汝**闻六言六蔽矣乎？"对曰："未也。""居！吾语女**汝**。好仁不好学，其蔽也愚；好知**智**不好学，其蔽也荡；好信不好学，其蔽也贼；好直不好学，其蔽也绞；好勇不好学，其蔽也乱；好刚不好学，其蔽也狂。"**

○居，坐也。子路起对，故使还坐。仁智信，德性也；直勇刚，德行也。不曰六德而曰六言，彼蔽者徒知其名尔。盖唯好学所以穷理，不明理而蔽生矣。子路尝曰"南山有竹不扶自直，何学之有"，其使子羔为费宰则曰"何必读书然后为学"，由是观之，则子路之不好学可知矣。故孔子告之如此。

○此章是孔子教子路好学以成其德也。好学者，考诸先圣人之经，达于

史，验于时，就有道而正焉，于是乎众理皆明，其蔽无由生也。今六蔽者，奈何其不好学邪？好仁而愚者，不知爱之理也，可陷可罔，从井救人，其类也。《论家说》云“若姑息养奸类有然”，是也。好智而荡者，不务民义也。庄子穷高极广，放而无归，故荀子谓其“蔽于天而不知人”，其类也。后世他求者，远游四海而荒于经，其荡者众矣。好信而贼者，自贼贼人也。人言不欺为信，则当信义。若执小信而不衷于义，害人害己也。若父子不知相为隐之辈，后世崇尚的游侠、刺客之辈，其信皆贼焉。好直而无绞者，直而无礼也。急切持论，责人难堪，其类也。好勇而乱者，勇而无义也。任事太过，常为天下先，倘值非义，则作乱矣。好刚而狂者，进取一槩一端之义而妄动也。彼蔽者，刚愎以行，岂知其非义之义邪？六者或学识之误，或操行之偏，皆为人心风俗之害也。简朝亮

17.9 子曰：“小子！何莫学夫《诗》?《诗》可以兴，可以观，可以群，可以怨，迩之事父，远之事君，多识于鸟兽草木之名。”

〇小子，弟子也。莫，不也。兴，感发志意。观，观风俗之盛衰。群，群而不党。怨，怨而不怼。“兴观群怨”是人心，“可以”是《诗》之理也。迩，近也。迩远二字檃栝甚富，伦类全该也。多识者，博物而知其用焉。朱子曰：“学《诗》之法此章尽之，读是经者所宜尽心也。”

〇此章言学诗为小子第一义也。《困学纪闻》云：“格物之学，莫近于《诗》。”关关之雎，挚有别也。呦呦之鹿，食相呼也。德如鸤鸠，言均一也。德如羔羊，取纯洁也。仁如驺虞，不嗜杀也。鸳鸯在梁，得所止也。桑扈啄粟，失其性也。仓庚，阳之候也。鸣鵙，阴之兆也。蒹葭，

露霜变也。桃虫，拚飞化也。鹤鸣于九皋，声闻于野，诚不可弃也。鸢飞戾天，鱼跃于渊，道无不在也。南有乔木，正女之操也。隰有荷华，君子之德也。匪鳣匪鲔，避危难也。匪兕匪虎，慨劳役也。蓼莪常棣，知孝友也。蘩苹行苇，见忠信也。葛屦褊而羔裘怠也，蟋蟀俭而蜉蝣奢也。爰有树檀，其下维谷，美必有恶也。周原膴膴，堇荼如饴，恶可为美也。黍以为稷，心眩于视也。蝇以为鸡，心惑于听也。绿竹猗猗，文章奢也。皎皎白驹，贤人隐也。赠以芍药，贻我握椒，芳馨之辱也。焉得谖草。言采其虻，忧思之深也。柞棫斯拔，侯薪侯蒸，盛衰之象也。凤凰于飞，雉离于罗，治乱之符也。相鼠硕鼠，疾恶也。采葛采苓，伤谗也。引而伸之，触类而长之，有多识之益也。程树德

17.10 子谓伯鱼曰："女汝为《周南》《召南》矣乎？人而不为《周南》《召南》，其犹正墙面而立也与欤？"

○为，犹学也。《周南》《召南》，诗首篇名，所言皆修身齐家之事。正墙面而立，言即其至近之地，而一物无所见，一步不可行。朱子

○此章是孔子教伯鱼重修齐以端化源也。古称治经之学曰为。孟子称为诗，《汉书》称或为雅或为颂，其例也。称曰为者，明其为人在此经矣。故《礼经解》言深于六经者，必实之曰"其为人也"。孔子庭训，固诏伯鱼以学诗矣。今言《周南》《召南》，举学《诗》之要焉。《毛诗序》云："《关雎》《麟趾》之化，王者之风，故系之周公。南，言化自北而南也。《鹊巢》《驺虞》之德，诸侯之风也，先王之所以教，故系之召公。《周南》《召南》，正始之道，王化之基。"此以知修身齐家，则道化行也。故《序》云："《关雎》，后妃之德也。《麟趾》《关雎》之应

也。《鹊巢》，夫人之德也。《驺虞》《鹊巢》之应也。”盖道化行也。《大学》称：“《诗》云：‘桃之夭夭，其叶蓁蓁，之子于归，宜其家人’，宜其家人，而后可以教国人。”此为《周南》者之义也。《左传·襄公二十八年》云：“济泽之阿，行潦之苹藻皆水草，置诸宗室，季兰尸之，敬也。”此为《召南》之义也。简朝亮

17.11 子曰：“礼云礼云，玉帛云乎哉？乐云乐云，钟鼓云乎哉？”

〇礼呀礼呀，就是供玉献帛吗？乐呀乐呀，就是敲钟打鼓吗？

〇此章是欲人深思礼乐之本也。礼之本在安上治民，乐之本在移风易俗，玉帛钟鼓其末也。时人忘礼乐之本，而沾沾于文物铿锵之细，岂礼乐之谓乎。细玩六云字，知当时礼乐皆为虚文矣。虽然，尚虚文而无实意犹可言也，人心坏而礼乐废不可言也。唐文治

17.12 子曰：“色厉而内荏，譬诸小人，其犹穿窬之盗也与欤？”

〇色厉内荏，外矜厉而内柔佞也。窬，同逾。譬之小人，外虽持正，内有盗心。

〇此章是孔子为饰貌者警也。《礼记·表记》曰：“情疏而貌亲，在小人则穿窬之盗也。”彼言柔恶也，如下章之乡原。此章则言刚恶，其言盗不同而同，皆诈伪而无诚实也。穿窬之盗，所谓充其类也。孟子曰：“人能充无穿窬之心，而义不可胜用矣。盖穿窬者，非必专为盗物者也。”苟充其类，则天下之穿窬者多矣，诛其心也。唐文治

17.13 子曰：“乡原，德之贼也。”

○原，与愿同。以其善原人意，乡里之人皆好之，故谓之乡原。乡原不直于己，求媚于世，甚于穿窬，故曰“德之贼”。戴望

○此章是孔子严乱德之防也。乡原之名自孔子始立，盖指学圣人之道而伪焉者，其托迹近于中庸，最足以当乡人之好，而其阉然媚世之情尤令贤愚尽厌。孟子言乡原者云：“非之无举也，刺之无刺也，同乎流俗，合乎污世，居之似忠信，行之似廉洁，众皆悦之，自以为是，而不可与入尧舜之道，故曰德之贼也。”乡愿似近于德而其实相远，狂狷似远于德而其实相近，圣贤取狂狷而恶乡愿有以也夫！《日讲四书解义》

17.14 子曰：“道听而涂说，德之弃也。”

○此道听之而彼途说之，病其口快也。盖入乎耳，出乎口，而无著乎心，弃德言也。戴望

○此章是见人当蓄德也。凡人闻一善言，必存之于心，体之于身，方有实得，而德为我蓄。若有所闻，不能体验力行，徒事侈口谈论，此入耳出口之学也。《荀子》云：“君子之学，入乎耳，著乎心，布乎四体，形乎动静；小人之学，入乎耳，出乎口，口耳之间，则四寸尔，曷足以美七尺之躯哉。”盖与此经义同。《易传》云：“默而成之，不言而信，存乎德行。”彼自弃其德者岂能然邪？盖学问之道，以默识为功，以主静为要，心存则气静，气静斯言寡。然则谨言为蓄德之方，而存心又谨言之本欤！《日讲四书解义》

17.15 子曰：“鄙夫可与事君也与欤哉？其未得之也，患得之；既得之，患失之；苟患失之，无所不至矣。”

〇鄙夫，小丈夫也。可与，可以。患得，谓患不能得位。既得位又患其失位，遂无所不至。言谄佞邪媚，驯至于篡弑，无所不为也。

〇此章是孔子严鄙夫之戒以立臣道之防也。苟图富贵，便是鄙夫。鄙夫之心，止知有势位利禄而已。国家当覆亡之运，不必生奇奸大恶，但所用无非鄙夫，便足以令神州陆沉，群生涂炭。一时为君子者，受鄙夫之牢笼，或取其干才，或信其小节，或因依门第世胄，遂不惜为主援引。此辈得之，但知为身家禄位，其黠者兼为交游，则誉望尤重。不知其为交游，正为其家禄位久远计，未尝一念及君国天下也。方悫《解义》云：“鄙夫之心在乎固其位，君子之心在乎称其位。势不足于固而失之者，鄙夫所患也。德不足以称而失之者，君子所耻也。此所以为异。”只看一个与字，便具千古朋党传论在内。吕留良

17.16 子曰：“古者民有三疾，今也或是之亡无也。古之狂也肆，今之狂也荡；古之矜也廉，今之矜也忿戾；古之愚也直，今之愚也诈而已矣。”

〇三疾者，狂、矜、愚也。古之狂者肆意自恣，不拘小节，今则放荡不羁，连大节也不顾。古之矜者棱角锋利，今则只是浑身戾气，多怒好争。古之愚者直直爽爽，今则假痴假呆罢了。盖古人虽有此三疾，不过因气禀之偏，今则并此而无之，伤俗之益衰也。

〇此章是即气质以验风俗之薄也。朱注："气失其平则为疾，故气禀之偏者亦谓之疾。"愚案：古所谓疾今并无之者，古人仅气禀之疾，而今人则有心性中之疾也。是天下多荡者则人皆为游氓，天下多忿戾则人皆有争心，天下多诈者则人皆为欺诳，盖由疾而入于病矣。欲救人者先救其心，欲救人心之失先察人心之病，非圣人其孰能救之？唐文治

17.17 子曰："巧言令色，鲜矣仁。"

〇巧言无实，令色无质。《论语集解》

〇此章与《学而第一》同，弟子各记所闻，故重出之。《论语注疏》

17.18 子曰："恶紫之夺朱也，恶郑声之乱雅乐也，恶利口之覆邦家者。"

〇朱，正色。紫，间色之好者，恶其邪奸而夺正色也。郑声，淫声之哀者，恶其乱雅乐。利口，佞也，以是为非以非为是，以贤为不肖以不肖为贤，人君悦而信之，可以倾覆败亡其国家。

〇此章是严邪正之防也。曰夺曰乱曰覆，危之至也，是非之不明也。天下之亡，先亡于无是非，以紫为朱，以郑声为雅乐，以利口为有益于邦家，则是非亡矣。故夫子曰恶似而非者，将有以严正之也。唐文治

17.19 子曰："予欲无言。"子贡曰："子如不言，则小子何述焉？"子曰："天何言哉？四时行焉，百物生焉，天何言哉？"

〇下一欲字，则夫子非无言也，正要人实得其所以言耳。而子贡从无言中抽出小子之待述一种致其疑问，夫子所答则又于成己成物一本原处，见得虽为小子述，计亦不在言也。盖学者多以言语观圣人，而不察其天理流行之实。故圣人慨然有无言之叹，示之以天道不言之妙也。程树德

〇此章明无言之教也。在子贡言语之教不可缺，在夫子则发不言之教而配天道焉。夫道，即天之所以为天也。天何言哉，上天之载无声无臭是也。天有四时，春夏秋冬，无非教也。风霆流行，庶物露生，无非教也。学者但观现象，鸢飞鱼跃，莫非道蕴也。道即在是，夫何所言？故子欲无言，盖欲明本，举本统末，而示物于极者也。是四气默运，莫非天地一元之心。万物受之，皆若默喻乎天地之心。而变化滋益，其机有不容已者，此岂化工者谆谆然命之乎？故孔门教法，四时行指教者而言，统体一太极也；百物生指学者而言，万物各具一太极也。教者学者，皆相喻于不言之表，而自然得性命之精微。故圣教同天矣。唐文治

17.20 孺悲欲见孔子，孔子辞以疾。将命者出户，取瑟而歌，使之闻之。

〇孺悲，鲁人也，尝学士丧礼于孔子，胥附之人也。书孔子者，外之也。将命者，奉命传辞之人也。时孺悲有过，欲见孔子，孔子不欲见之，故使人出去传话说病了。然又转身取瑟而歌，使之闻之，是示实非有疾，欲使孺悲悟而改过也。程子曰："此孟子所谓不屑之教诲，所以深教之也。"

〇此承前章明夫子行不言之教者也。夫礼乐皆得谓之德，故君子所行无非礼乐者，而不言之教出于行礼乐，故曰"大观在上，下观化之"。先

王以神道设教，张礼乐制度，临于天下，则民不知不识，顺帝之则，此其为不言之教者也。夫子虽为圣人，不得其位，则不能临于天下而行礼乐，所谓不言之教者徒止其言行，故此下所举数章，皆为不言之教也。《论语象义》

17.21 宰我问："三年之丧，期已久矣。君子三年不为礼，礼必坏；三年不为乐，乐必崩。旧谷既没，新谷既升，钻燧改火，期（jī）可已矣。"

〇短丧之说，春秋时已有创之者，故宰我举以问之。谓礼乐不可斯须去身，恐居丧不习而崩坏也。燧，取火之木。改火，春取榆柳之火，夏取枣杏之火，季夏取桑柘之火，秋取柞楢之火，冬取槐檀之火。期，音基，周年也。言期年则天运一周，时物皆变，丧至此可止也。

子曰："食夫稻，衣夫锦，于女汝安乎？"曰："安。""女汝安则为之。夫君子之居丧，食旨不甘，闻乐不乐（lè），居处不安，故不为也。今女汝安则为之。"

〇礼，父母之丧：既殡，食粥、粗衰。既葬，疏食、水饮，受以成布。期而小祥，始食菜果，练冠縓缘，要绖不除，无食稻衣锦之理。夫子欲宰我反求诸心，自得其所以不忍者，故问之以此，而宰我不察也。旨，亦甘也。初言女安则为之，绝之之辞；又发其不忍之端，明其本之不可去，以警其不察；而再言女安则为之以深责之。朱子

宰我出。子曰："予之不仁也！子生三年，然后免于父母之怀。夫三年之丧，天下之通丧也。予也有三年之爱于其父母乎？"

○不仁者，不孝也。三年之恩，其本出于父母，其子勉欲报其德，为人子者莫不有此心焉。故言君子所以不忍于亲而丧必三年，短丧则实失礼之本也。宰我既出，夫子惧其真以为可安而遂行之，故深探其本而斥之。使之闻之，或能反求而终得其本心也。

○此亦承首章举类不言之教也。春秋之时，虽礼乐犹存，少行之者。故志士仁人，有志建制度。故颜渊问为邦，子张问十世，皆窃有建制度之志，可谓盛德之业也。宰我将改丧礼之制，虽偶不合于孔子，亦无可贬于其志者。故异于宰予画寝，冉求自画，书宰我不用贬辞也，书问者将问成其志也。“三年之丧期已久矣”，此宰我有见于周末时势人情也。然三年之丧，盖体人子必至之心而为之，非以强世者也。《礼记·三年问》曰：“至亲以期断，是何也？曰：天地则已易矣，四时则已变矣，其在天地之中者，莫不更始焉，以是象之也。然则何以三年也？曰：加隆焉尔也，焉使倍之，故再期也。”据礼说，则三年之丧，以期年进之而加隆也。墨子有三月之丧制，庄子有齐死生及死不必哀之论，后世传之，天性漓而流弊日甚，非孝之说将因之而起。先儒谓宰我假时人之言，屈己以明道，此说为近。《论语象义》、唐文治

17.22 子曰：“饱食终日，无所用心，难矣哉；不有博弈者乎，为之犹贤乎已。”

○难矣哉，谓无所用心，必流于放荡，难以入德也。博、弈皆局戏。博即六博，似后代之双陆。双方各六箸，先掷箸，视其采以行棋。其法今不详。弈者围棋。古弈用二百八十九道，今用三百六十一道。为之者，用心为之也，谓博弈者用心为之，犹胜乎止而无所用心也。

〇此章是示人当收放心也。盖圣人非教人博弈也，所以甚言无所用心之不可尔。心体本运动不息，若顷刻间无所用之，则邪辟之念便生，圣人以为难矣哉，言其至危而难安也。朱子曰："心若有用则心有所主，如今读书心便主于读书，写字心便主于写字，若悠悠荡荡未有不入于邪辟。"《朱子语类》

17.23 子路曰："君子尚勇乎?"子曰："君子义以为上。君子有勇而无义为乱，小人有勇而无义为盗。"

〇君子不尚勇而上义。上即尚也。在位之人有勇而无义，则为乱逆；在下小人有勇而无义，则为盗贼。

〇此章是教人以理制气之学也。义以为上，则是义理之勇。义者勇之为体也，义在是即勇在是。盖义者制事之宜，立身之宰，君子于义所当为，则奋迅直前，毫无退避。故作事惟准乎天理之宜，自反而缩，则可以常伸万物之上，此乃勇之大者。若夫血气用事，乃匹夫之徒勇，非圣贤之大勇也。孔子曰勇者不惧，又曰仁者必有勇勇者不必有仁，其此意也夫!《日讲四书解义》

17.24 子贡曰："君子亦有恶（wù）乎?"子曰："有恶，恶称人之恶（è）者，恶居下流而讪（shàn）上者，恶勇而无礼者，恶果敢而窒者。"曰："赐也亦有恶也?""恶徼（jiāo）以为知智者，恶不孙逊以为勇者，恶讦（jié）以为直者。"

〇恶，憎恶，下同。惟恶者之恶如字。讪，谤毁也。窒，窒塞也。徼，伺察动静也。讦，谓发人细失，诬人阴过也。君子以泛爱为志，疑若无恶矣。子贡之有是心也，故问焉以质其是非。

〇此章见圣贤用恶以维世之意也。唯仁者能恶人，君子见乱政教害人者则恶之，故曰“有恶也”。如不当暴扬人恶，《春秋》之义讥其重者而已，喜称人恶则无仁厚之意。《礼记》言：“为人臣下者，有谏而无讪。”盖下讪上则无忠敬之心，足扇动民怨生祸乱也。徒勇者好刚使气，不辨礼与非礼，必至犯上作乱矣。临事果敢，却不通恕道，窒塞于事，未免率意妄为矣。此四者皆乱政败俗也，故君子恶之。戴望

〇子贡既问所恶，则知其亦有恶也。专务伺察动静以为能，以为己智，则其害乱德谬人者也。己不逊而托于勇，此亦败礼俗，其害大。专好攻讦阴私而不讳，托于直而不隐，其害伤人者也。此三者皆乱德害人，故子贡恶之。由此以观，孔子恶心体之不明者，恐其非理而妄作也；子贡恶心术之不正者，恐其以似而害真也。圣贤以忠厚长者之道望天下，其意岂有歧哉！《日讲四书解义》

17.25 子曰：“唯女子与小人为难养也，近之则不孙逊，远之则怨。”

〇此小人，谓仆隶下人也。此女子，与小人并立，当自婢妾言之。女子以形事人者也，仆隶以力事人者也，其志皆不在义。故亲近之则狎昵恃爱，全无顺逊之礼；疏远之则失其所望，便生怨恨之心。此其所以为难养也。养者，谓蓄之使给事也。唯者，励女子小人之辞，亦举类不言之教也。戴望

○此章见畜臣妾者当御之有道也。女子小人，朱注统之曰“臣妾”，盖自君国以至士大夫家，凡臣妾之类，皆该之矣。女子小人，近之远之，有许多病痛在，有许多义理在。汉唐之末足以观矣。故朱子曰：“庄以莅之，慈以畜之，则无二者之患。”《易·遁》之九三曰：“畜臣妾吉。”以九居三，阳刚而正也，则庄以莅之者象焉。《易·旅》之六二曰：“得童仆贞。”以六居二，阴柔而中也，则慈以畜之者象焉。《大学》曰：“之其所亲爱而辟焉，之其所贱恶而辟焉。”修身齐家之道，惟在宽严相济而已。非然者，安危出其喜怒，祸患伏于闺阃，可不惧哉。简朝亮、唐文治

17.26 子曰：“年四十而见恶焉，其终也已。”

○人到四十还屡现劣迹，他这辈子也就这样了。

○此章是勉人及时进修也。君子十年而幼学，至四十强而仕，则其学成矣。是当强仕之际，宜其为人所敬畏而不见恶焉。年在始仕而见恶行，是终自绝于善也。《春秋》之义，人道莫重于终始。故翚、招贬之于始，仲遂贬之于终，皆言乎罪大恶极，足以贯其没世者也。戴望

○此亦类不言之教者也。《阳货第十七》一篇，首明圣人之德术，次诱人以言语之教，又诱人以不言之教也。终于此章，见圣道之不行也。下接《微子》篇，皆仁人所失，及岩野隐沦之士，亦由此章发其端。《论语象义》

微子第十八

此篇明圣贤之出处进退，各以其德异也。以前篇言群小在位，则必致仁人失所，故以此篇次之。凡十一章。

18.1 微子去之，箕子为之奴，比干谏而死。孔子曰："殷有三仁焉。"

〇微、箕，二国名。子，爵也。微子，纣庶兄。箕子、比干，纣诸父。微子见纣无道，去之以存宗祀。箕子、比干皆谏，纣杀比干，囚箕子以为奴，箕子因佯狂而受辱。此三人者，各得其本心，故同谓之仁。朱子

〇此章是孔子原情之论也。心之尽处即道之至处，故曰仁。仁一也，以此事亲为孝，以此事君即为忠。故仁人即是孝子，即是忠臣。孝子不必仁者，宗族称孝之谓也；忠臣不必仁者，子文荀息之谓也。仁可以该忠孝，忠孝未必尽仁。故圣人于三人不曰忠而曰仁，所以表忠臣之极也。盖三人或去或奴或死，各就一己分量，随地自尽，审度一时，事势尽力而行，均之无愧于心者矣。刘宗周

18.2 柳下惠为士师，三黜。人曰："子未可以去乎？"曰："直道而事人，焉往而不三黜？枉道而事人，何必去父母之邦？"

〇士师，典狱官。黜，贬退也。柳下惠蒙三黜之耻而不去，而答或人

曰：时世皆邪，己以直道事人，则何往而不三黜乎？若舍其直道而曲以事人，则在鲁亦不见黜，何必去父母所居之国也？此孔子述柳下惠之言，而弟子记之。简朝亮

〇此章见守道不违之意也。《虞书》云："三载考绩，三考黜陟幽明。"盖陟其光明则进也，黜其幽暗则退也。是进其直而退其枉也。乱世反之，则直如柳下惠而三黜焉。孟子曰柳下惠圣之和者也，又曰柳下惠不以三公易其介。盖和而不失其介斯谓之圣，非媚世无气节而可谓之和也。殷周之季，贤人皆废不用，上章记微子之去，此章讽柳下惠之未去，盖为下文隐遁之士发其端也。唐文治

18.3 齐景公待孔子，曰："若季氏则吾不能，以季、孟之间待之。"曰："吾老矣，不能用也。"孔子行。

〇鲁三卿，季氏最贵，孟氏为下卿。明乎季孟之间，商其待之之礼也。两曰皆景公语，言非在一时也。孔子去之，事见世家。盖不系待之轻重，特以不用而去尔。朱子

〇此章见圣人以道自重也。齐景公商所以待孔子，才商量志疑矣，安能用贤？所谓执狐疑之心者来谗贼之口，持不断之意者开群枉之门，晏婴之沮有由矣。此孔子所以行也。记者不载晏婴沮孔子之事，而专坐罪于景公，固以见圣道兴废非婴所能为。盖此着出处总恨一待字，敬礼渐疏，不畀以政事也。吾老矣不能用也，受制于臣而托于老，昏耄甚矣。夫孔子至齐，思欲移风易俗，转霸为王，以殚其尊周之志。乃忌之者众，嫉之者深，景公已无进用之实意，而徒拟议于礼节之虚文，是岂孔

子之心哉！刘宗周、《日讲四书解义》

18.4 齐人归馈女乐（yuè），季桓子受之，三日不朝。孔子行。

〇季桓子，季孙斯，鲁国上卿，自定公五年至哀公三年执政。定公十年，孔子为鲁司寇，摄行相事。十二年，齐人惧，归女乐以沮之。十三年春，孔子行。此以《左传》参《史记》年表、世家而可知也。简朝亮

〇此章是记孔子见几明决之意也。女乐归定公，则受之者定公，而特书季桓子，孔子之得政也以桓子，其去也以桓子，鲁之不足以有为，桓子之不足以有为也。尹氏曰："受女乐而怠于政事如此，其简贤弃礼，不足与有为可知矣。夫子所以行也，所谓见几而作，不俟终日者与？"范氏曰："此篇记仁贤之出处，而折中以圣人之行，所以明中庸之道也。"朱子、吕留良

18.5 楚狂接舆歌而过孔子曰："凤兮！凤兮！何德之衰？往者不可谏，来者犹可追。已而！已而！今之从政者殆而。"孔子下，欲与之言，趋而辟之，不得与之言。

〇接舆，楚之贤人，佯狂辟世，失其姓名，以其接孔子之车而歌，故称之曰接舆，犹晨门、荷蓧丈人、长沮、桀溺之例。凤，凤鸟，以比孔子也。凤有道则见无道则隐，见非其时为德之衰，伤孔子生不遇明王也。谏，犹正也。言祸乱相寻已久，不可以礼义正之。而待来世之治，犹可追乎？明不可追。《庄子》引此歌云："往世不可追，来世不可待。"已，止，见不可则当止。殆，疑也。昭王欲以书社地封孔子，子西沮之，故

言今之从政者见疑也。孔子闻其歌，知为隐君子也，下车欲与言出处之大义，以明不得已之心。而楚狂既绝用世之念，不欲闻用世之言，遂趋而避之。戴望

○此章见用世之难，当守道以自重也。柳下惠则不屑去者也，楚狂接舆、长沮、桀溺、荷蓧丈人则不屑就者也。孔子去齐去鲁则非不屑去，以为斯人之徒则非不屑就。接舆知孔子有凤之德，不知孔子所谓隐者不易乎世也；桀溺知天下之滔滔，而不知滔滔者可以与易也。扬子曰："接舆之歌凤也欲去而恐罹害也。"盖接舆游方之外者也，故其行虽与孔子异，而孔子亦未尝不欲与之言也。黄氏曰："夫子不忍废君臣之义，而又有坚不磷白不缁之德，进退存亡不失其正，所欲言者如此。"或疑狷介之士，与言何益？曰天下大事惟恬淡者能任之，人有不为也而后可以有为，此夫子所不忍绝之也。《韩诗外传》曰："朝廷之士为禄故入而不出，山林之士为名故往而不返。"为名者避污名励清操也，其品足嘉矣。陈祥道、唐文治

18.6 长沮 (jù)**、桀溺耦而耕，孔子过之，使子路问津焉。长沮曰："夫执舆者为谁？"子路曰："为孔丘。"曰："是鲁孔丘与？"曰："是也。"曰："是知津矣。"**

○二人合耕于田，其一人长而沮洳，一人桀然高大而涂足，因以名之，如接舆、荷蒉、晨门、荷蓧丈人之类。耜广五寸，二耜为耦，谓二隐者合耕也。津，济渡处。《水经注》言："方城西有黄城山，是长沮桀溺耦耕之所，有东流水，是子路问津处。"知津，言孔子周流列国，当自知津处，盖隐讽之也。

问于桀溺，桀溺曰：“子为谁?”曰：“为仲由。”曰：“是鲁孔丘之徒与?”对曰：“然。”曰：“滔滔者天下皆是也，而谁以易之？且而尔与其从辟人之士也，岂若从辟世之士哉?”耰（yōu）而不辍。

〇滔滔，流而不反之貌。谓天下风俗往而不反，空舍此适彼，谁能变易之？夫子数致仕而避人，惜其道大莫容，故沮溺讽以从己避世也。耰，覆种也；辍，止也。覆种不止，亦不以津告。

子路行以告。夫子怃（wǔ）然曰：“鸟兽不可与同群，吾非斯人之徒与而谁与？天下有道，丘不与易也。”

〇怃然，犹怅然，失意貌。世乱，无父无君之禽兽者众，不可与同群也。吾正避世者也，吾非沮溺之徒邪而谁邪？盖天下有道则何为求易之，今天下无道，故欲易之而避乱世也。戴望

〇此章见圣贤救世之深仁也。“滔滔者天下皆是而谁与易之”，沮溺遇无道而隐，消极避世者也，以其不改常度，故夫子仍许之。然夫子异于是，“天下有道丘不与易也”，今天下无道故丘欲与易之。盖夫子积极避世者也，其言易者正欲以道易无道耳。吕氏曰：“圣人易天下之心，即天心也。”直立在用，舍行藏之外，不在时势，不在一身出处，亦不在做得成做不成上发意。当时沮溺一流，总不见得此理，不能有得此心，遂成一种议论，流为后世二氏心肠学术，圣人此言正所以破沮溺见识之差。后惟孔明不逆睹成败利钝，而以汉贼不两立，王业不偏安，必尽死为之，犹得洙泗心传，程子所以称有儒者气象也。吕留良

18.7 子路从而后，遇丈人以杖荷蓧（diào）**。子路问曰：“子见夫子乎？”丈人曰：“四体不勤，五谷不分，孰为夫子？”植其杖而芸**耘**，子路拱而立。止子路宿，杀鸡为黍而食之，见其二子焉。明日，子路行以告，子曰：“隐者也。”使子路反**返**见之，至则行矣。**

○丈人，老者也。蓧，耘草竹器，以杖负荷之。分，辨也。言四体不勤动，五谷不分辨，不知谁为夫子。其意以讥切当世大夫也。植，立之也。芸，即耘，除草也。拱而立，设礼容以尊之也，不以丈人倨责而失敬焉。止宿，留客也。杀鸡，用家珍矣。为黍，作食之贵者。此丈人感子路之敬，而以长者客敬之。又恐子路不安，故以二子见之，亦长幼之节也。至，抵达。行，出行。下一则字，丈人刻意避去以灭其迹，亦接舆之意也。盖留客而敬之者，一时之感也；而隐灭其迹者，本志然也。

子路曰：“不仕无义。长幼之节，不可废也；君臣之义，如之何其废之？欲洁其身，而乱大伦。君子之仕也，行其义也，道之不行，已知之矣。”

○留言以语丈人之二子，述夫子之意也。盖不曰二子见，而曰见其二子，正是丈人学问，亦是丈人作用。丈人既明晓长幼之节，又如何能心安理得地废君臣大义？大伦，即指君臣言。苟欲自洁其身，尽人皆隐，岂不乱君臣之大伦，故曰“不仕无义”。君子之仕，道合则从，不合则去，皆行其义也。独决于不仕，则废义。君子虽知道之不行，终不废义。戴望

○此章见圣贤出处之大义也。孟子云“教以人伦：父子有亲，君臣有义，夫妇有别，长幼有序，朋友有信。”此《虞书》所谓五教也，皆次

之有伦也。《虞书》云："天叙有典，敕我五典五惇哉。"盖叙者，次之有伦也。人之大伦有五，而皆本于天，故人伦皆天伦也。我当敕正之而惇厚之也。故明人伦者，敷五教焉。使布五教于四方，圣人之道义所在也。唐氏曰："明大伦义也，救世济人道也；道虽不行而义不可不行，所谓穷不失义达不离道也。"范氏曰："隐者为高故往而不返，仕者为通故溺而不止。不与鸟兽同群，则决性命之情以饕富贵，此二者皆惑也。是以依乎中庸者为难，惟圣人不废君臣之义，而必以其正，所以或出或处，而终不离于道 。"唐文治、简朝亮

18.8 逸民：伯夷、叔齐、虞仲、夷逸、朱张、柳下惠、少连。子曰："不降其志，不辱其身，伯夷、叔齐与欤！"谓："柳下惠、少连，降志辱身矣。言中伦，行中虑，其斯而已矣。"谓："虞仲、夷逸，隐居放言。身中清，废中权。我则异于是，无可无不可。"

○曰逸民，曰夷逸，曰朱张，三者品其目也。夷齐让国隐逸，谓之逸民。其采薇而饿，不食周粟，于父子君臣之间，毫无所愧，故为不降志，不辱身。朱张，当作侜张，谓阳狂也。伦，义理之次第。前章柳下惠言直道事人数语，是其言之中伦也。《礼记·杂记》少连居丧，三日不怠三月不懈，期悲哀三年忧，是其行之中虑也。虞仲即仲雍，窜逸蛮夷，故谓夷逸。放言，即废言，不复言世务。隐居独善，合乎道之清；放言自废，合乎道之权。

○孟子曰："孔子可以仕则仕，可以止则止，可以久则久，可以速则速。"所谓无可无不可也。盖皆权之于道义，而合乎时中。世人以从俗浮沉，与时俯仰，谓之无可无不可，则谬之又谬矣。简朝亮

〇此章见圣人时中之用也。《周易》六十四卦最重时义，而于乾卦传特发明之，曰与时偕行，曰与时俱极，曰时舍也，曰因其时而惕。盖惟知进退存亡而不失其正，是以得其时而各当其可。故曰：“知几其神乎！”孟子曰：“伯夷，圣之清者矣；柳下惠，圣之和者也；孔子，圣之时者也。”斯以孔子断之矣。唐文治

18.9 大师挚适齐，亚饭干适楚，三饭缭适蔡，四饭缺适秦，鼓方叔入于河，播鼗（táo）武入于汉，少师阳、击磬襄入于海。

〇大师，即太师，鲁乐官之长。挚，其名也。亚饭三饭四饭，以乐侑食之官。古者天子诸侯用饭时奏乐相伴，天子四餐，鲁僭用周天子礼乐，故乐师有二饭三饭三饭之称。干缭缺，皆名也。鼓，击鼓者。方叔，名。入于河，避居河之滨也。播，摇也。鼗，小鼓，两旁有耳，持其柄而摇之。盖鼓鼗皆以倡笙管，奏于堂下者。武，名也。入于汉，避居汉水之滨也。少师，乐官之佐。阳、襄，二人名。磬在阶闲，与堂上堂下之乐相应。襄即孔子所从学琴者。入于海，避居海岛也。

〇此记贤人之隐遁以附前章，然未必夫子之言也。末章仿此。张子曰：“周衰乐废，夫子自卫反鲁，一尝治之。其后伶人贱工识乐之正。及鲁益衰，三桓僭妄，自大师以下，皆知散之四方，逾河蹈海以去乱。圣人俄顷之助，功化如此。如有用我，期月而可。岂虚语哉。”朱子

18.10 周公谓鲁公曰：“君子不施其亲，不使大臣怨乎不以。故旧无大故则不弃也，无求备于一人。”

○鲁公，周公子伯禽也。武王封周公于曲阜，周公留佐武王，而使其子伯禽代就封于鲁，盖所称鲁公也。施，通弛，弃忘也。不弛其亲，盖君子笃于亲也，斯不遗弃焉。以，用也。君毋以小谋大，则大臣不怨。大故，谓恶逆。不遗故旧，则民德归厚矣。求备，求全责备。盖人之材性各有短长，当量能授职，不必求全。

○此章是周公训子以忠厚开国之道也。昔伯禽受封于鲁，周公训诫之曰："立国之道忠厚为先，而忠厚之道不过亲亲、任贤、录旧、用人数者而已。"与亲亲睦九族也，眷旧叙勋庸也，敬大臣重股肱也，量能任使惜人才也。四者皆自君子至仁中流出，得王道致治之要矣，纪纲法度举而措之耳。其后周祚八百，鲁亦与周并传，享祚独久，皆德泽殷流之所致。然则开国承家，可不佩古训而思永图哉！《日讲四书解义》

18.11 周有八士：伯达、伯适、仲突、仲忽、叔夜、叔夏、季随、季騧（guā）。

○八士，或曰在成王时，或曰在宣王时。盖一母每产二子而得八人，故伯、仲、叔、季各有两个，且达适、突忽、夜夏、随騧皆依韵命名。《论语》记此见周时善人之多，犹《周南》之诗终《麟趾》之意也。由晚近而溯全盛之时，岂仅人才寥落之感哉。唐文治

○此篇孔子于三仁、逸民、师挚、八士，既皆称赞而品列之；于接舆、沮、溺、丈人，又每有惓惓接引之意。皆衰世之志也，其所感者深矣。在陈之叹，盖亦如此。三仁则无间然矣，其余数君子者，亦皆一世之高士。若使得闻圣人之道，以裁其所过而勉其所不及，则其所立，岂止于

此而已哉？故《微子第十八》以八士终，盖乱极思治，犹《诗·豳风》居变风之终也。朱子

子张第十九

此篇记士行、交情、仁人、勉学，或接闻夫子之语，或辩扬圣师之德，以其皆弟子所言，故善次诸篇之后。凡二十五章。

19.1 子张曰："士见危致命，见得思义，祭思敬，丧思哀，其可已矣。"

〇士者，有德之称，自卿大夫以下皆是。致命，不爱其身，犹言授命也。《宪问第十四》云"见危授命"，此所谓临大节而不可夺也。《宪问第十四》云"见利思义"，今以"见得"言之，谓利之可得者焉，而取舍大节辨析于斯矣，详《季氏第十六》。《礼记·祭义》云："君子生则敬养，死则敬享，思终身弗辱也。"盖祭之孝思，人生大节所存也。《孝经·丧亲》云："生事爱敬，死事哀戚，生民之本尽矣，死生之义备矣，孝子之事亲终矣。"明丧为大节焉。四者立身之大节，一有不至，则余无足观，故言士能如此，则庶乎其可矣。简朝亮

〇此章见论人者当观其大节也。学问只有生死一关为究竟地，寻常只有义利一关最难破解。子张劈头说见危致命，便是究竟学问。而继之以见得思义，正见平时所致力处。丧祭二端又就民生切近之理密证其践履之实。士操修于此窥其大矣，故曰其可已矣。此数言可立万世儒矩，其入德之始基乎！刘宗周、简朝亮

19.2 子张曰：“执德不弘，信道不笃，焉能为有？焉能为亡无？”

○弘，通宏，大也。笃，厚也。言人执守其德而不能弘大，虽信善道而不能笃厚。人之若此，虽存于世，何能为有而重？虽没于世，何能为无而轻？言于世无所轻重也。《论语注疏》

○此章见为学者存乎量之广而志之坚也。道体无穷，而得之则为德。故执德者必贵弘，信道者必贵笃，君子所以交致其功也。德不极所性之全而守一得以自封，则不弘道；不证在我之实而恃虚见以为是，则不笃。若而人者，虽日从事于道德之途，而支离之守恍惚之见无当于学矣，浮沉堕落恒必由之。曰“焉能为有亡”，鄙之也。执德不弘信道不笃，两者之病相为表里，所执如此所信亦如此，一毫自矜正是信不真处。世有一项学问尽有践履，只是拘于所执，必信必果总为一种意见，所缠无开拓处，叩其中不过循途守辙，未尝实见得然，所谓执德不弘信道不笃也。此正是半上半落学问，学不得圣人地位，犹为不学，故曰“焉能为有？焉能为亡？”此子张自道。刘宗周

19.3 子夏之门人问交于子张。子张曰：“子夏云何？”对曰：“子夏曰：‘可者与之，其不可者拒之。’”子张曰：“异乎吾所闻，君子尊贤而容众，嘉善而矜不能。我之大贤与，于人何所不容？我之不贤与，人将拒我，如之何其拒人也？”

○问交，问交友之道。子夏曰若彼人贤而可交，则交之，不可交刚拒之。子张则主张大贤应泛爱众而亲仁，故曰尊贤而容众；与其进不与其退，故曰“嘉善而矜不能”。矜，怜悯也。是子张以拒之之言有害于

教，故正之也。设若我之大贤则所在见容，我若不贤则人将拒我，又何暇拒他人乎？《论语注疏》

〇此章论与人结交之道。士人交友进德，当有次第。为门人修学者言交，则子夏所云宜矣，孔子所谓辨益损之友也。为君子成德者言交，则子张所闻宜矣，孔子所以乐远来之朋也。子夏所云，广以子张所闻，则门人修学者、进于君子成德者，非至善乎？折而言之，初学者当如子夏之慎，待德日进而识益定，在外者不足以移之，方可学子张之高。简朝亮

19.4 子夏曰："虽小道必有可观者焉，致远恐泥，是以君子不为也。"

〇小道，指农圃医卜、百家众技之属，故曰"必有可观，君子不为"。因是君子所志之道大，一务于此，则精神分而识趣惬，是以"致远恐泥"。泥，泥窒不通。为，为治。小道不足以为治，故曰"君子不为"，可与君子不器章合参。吕留良

〇此章勉人学为大道正典也。为如"为《周南》《召南》"之为，盖君子为人与为国，皆自六经大道为也，而于小道则观之而不为之。其观之者，舍短取长，皆折中于大道而通之也。如为小道而不知大道，将以致远，而为人与为国也，则泥而不通矣。《大戴礼记·三朝记》云："公曰：'寡人欲学小辩以观于政，其可乎？'子曰'否，不可，昔者先王学齐大道以观于政，夫小辨破言，小言破义，小义破道，道小不通。'"盖孔子对哀公之言也，与此章义同。彼他求于外者，非不小道可观也，乃或焉为之，而弃六经大道乎！岂君子然

乎？学者宜于此求之矣。简朝亮

〇六艺大道，乃孔子之教也。吾人几千年来普遍承认一切学术原皆出于此，其余皆是六艺支流。《汉书·艺文志》言“诸子十家其可观者九家而已”，《易》曰“天下同归而殊途，一致而百虑”，今异家者各推所长，穷知究虑以明其指，虽有蔽短，合其要归亦六经之支与流裔。若能修六艺之术，而观此九家之言，舍短取长，则可以通万方之略矣。诸生若于六艺之道深造有得，真是左右逢源，万物皆备。所谓尽虚空，遍法界，尽未来际，更无有意识一理，能出于六艺之外者也。吾敢断言，天地一日不毁，人心一日不灭，则六艺之道炳然常存。世界人类一切文化最后之归宿，必归于六艺，而有资格为此文化之领导者，则中国也。须是进于六艺之教，而后始为有道之邦，为中国也。盖不独望吾国人兴起，亦望全人类兴起，相与坐进此道。勉之，勉之。马一浮

19.5 子夏曰：“日知其所亡无，月无忘其所能，可谓好学也已矣。”

〇所亡，所未知也。所能，所已知也。知与无忘，检校之谓也。盖君子之于学也，日进而无疆，月久而终不忘，所谓学如不及犹恐失之也。

〇此章是子夏示人以心学之功也。《皇疏》云：“日知其所亡，知新也；月无忘其所能，温故也。”古之好学者，心常兢兢乎此也。故子夏之意，日计不足，月计有余，惟在随时检察省记，而后能有诸心。知者，心知之；无忘者，心识之；好学者，心好之也。《诗》曰“日就月将，学有缉熙于光明”，言心之继续而不息也。唐文治

19.6 子夏曰："博学而笃志，切问而近思，仁在其中矣。"

○博学，博学于文。朱子曰"道之显者谓之文"，故博学是笃志工夫。志者，志于道也。道在日用之间，故须"近思"，百姓日用而不知，盖未"近思"也。切问者，切问于日用之事也，事即文且以载道，故切问是近思工夫。博学笃志切问近思，皆道问学之事，而求仁之功端不外此，故曰"仁在其中"。

○此章是子夏示人以求仁之学也，亦即下章学以致道之意。博学笃志切问近思之心，仁也。然则博学者学此者也，笃志者志此者也，切问者问此者也，近思者思此者也，此真能用力于仁者也。盖人惟无所用其心，则其心遂放逸而不存耳。诚能于理之散着乎事物者，博以学之，使广其闻见，而且志之必笃，不徒泛骛以求焉；于理之着乎日用者，切以问之，使得其周详而又思之，自近不为旷远之谋焉。诚能如此，则心不外驰，而所存者渐熟，是求放心之基也。是学问工夫切近处，正是仁。学而不厌，则仁安矣，既圣矣。可见圣贤求仁之道，不越乎心。学者从事于仁，亦纯其心以求之可耳。《日讲四书解义》、刘宗周

19.7 子夏曰："百工居肆以成其事，君子学以致其道。"

○肆，即工场。事，指百工之业。百工居肆，则朝于斯夕于斯，其志勤矣其习专矣，故能成其业。君子之于道亦犹是也，念终始，典于学，道其有不可致者乎？《论语集说》

○此章是见君子非学无以造道之极也。《大学》言致知，遂言知至，盖

致为至极焉。惟学乃造其极，犹百工之长日居肆中。审曲面势以饬五材，以辨民器，谓之百工。五材各有工，言百，众言之也。《邢疏》云："肆，谓官府造作之处。"《周官·司市》云："以陈肆辨物而平市。"肆长古官名，犹唐以后之商行首领行云云：各掌其肆之政令，陈其货贿，名相近者相远也，实相近者相尔也，而平止之。盖肆在市中，官以司之，列为官府，斯造作之处无异物矣。《齐语》云："圣王处工就官府，令夫工群萃而州聚居处。审其四时，辨其功品质坚差苦品质粗恶，权节其用，相示以巧，相陈以功。少而习焉，其心安焉，不见异物而迁焉。是故其父兄之教不肃而成，其子弟之学不劳而能。夫是，故工之子恒为工。"盖官府之肆，所陈者物皆平正，群居其间，工学由是而精，其事成矣。孔门称君子之学，无他学也，学六经也。先王之道陈于斯，犹百工之肆也。百工居肆中以成其器物，君子之于道亦然。非学无以明道，亦无以尽道之蕴而通其变化焉。简朝亮、钱穆

19.8 子夏曰："小人之过也必文。"

〇文，饰之也。小人惮于改过，而不惮于自欺，故必文以重其过。朱子

〇此章是子夏为文过者戒也。君子小人之辨，诚与伪而已。文其过者，弃其不善而著其善，人之视己，如见其肺肝然，皆由于饰伪也。夫如是，则永为小人矣。虽然，有过而文之，是犹有良知也。若有过而以为当然，则怙过不悛，而为恶人矣。是故，诚伪之界，人心生死之机也。唐文治

19.9 子夏曰："君子有三变：望之俨然，即之也温，听其言也厉。"

〇俨然，貌之庄；温，色之和；厉，辞之确。即，接近义。君子敬以直内，义以方外，仁德浑然。望之俨然，礼之存；即之也温，仁之著；听其言厉，义之发。人之接之，气象三变，容貌辞气各当其可。钱穆

〇此章是形容君子中和气象也。君子，孔子也，与《乡党第十八》义同。君子道全德备履中蹈和，故其着为形容征为词气，俱有以协阴阳之极而备四时之宜，诚于中形于外者也。圣人岂常有变哉？然必如此作意，剖析看来，活画出一个圣人全相。如孟子分别性命，朱子分别理气，正惟拆得清楚，故合得浑成耳。圣人“动容周旋中礼，盛德之至”，张子十年学个恭而安不成，正为此也。然其彻上彻下工夫，只在一部小学。今人都不讲此，一坐一立，便已不是，慢易之心生于中，怠惰之容观于外，又安望其能中礼也？幼时不曾做得筋骸肌肤，废委日久，长来虽有意为之，更觉费力，故朱子又有“以敬补小学”之说。才能主敬，则此心在腔子里，动止语默，必有可观，但主敬到纯熟时，便是恭而安境界也。吕留良

19.10 子夏曰：“君子信而后劳其民，未信则以为厉己也；信而后谏，未信则以为谤己也。”

〇信，立信也。君子克厉德也，故民素信之，服劳役故知非私。信不素立，民动以为病己而奉其私也。人非忠诚相互，未能谏也。然投人夜光鲜不按剑，《易》曰“贵乎在道”，明无素信不可轻致谏也。皇侃

〇此章是子夏示人以事上使下之道也。朱子曰：“信，谓诚意恻怛而人信之也。”事上使下，皆必诚意交孚，而后可以有为。故君子以积诚为

本。信而后劳其民，信而后谏，至诚而不动者未之有也。厉己谤己，则不诚未有能动者矣。《易》曰："莫益之，或击之；立心勿恒，凶。"勿恒者，无信也。唐文治

19.11 子夏曰："大德不逾闲，小德出入可也。"

○大德、小德，犹言大节、小节。闲，阑也，所以止物之出入。言人能先立乎其大者，则小节虽或未尽合理，亦无害也。朱子

○此章言人当先立其大者也。吾人一身毋论大与小而莫不尽善者，上也。然或不能，必于大德所在，如君臣父子之伦进退出处之节，咸各得其正，而于当然之规矩无少逾焉，则本原立矣。其他动静语默及凡事物细微皆小德耳，虽偶有出入未尽合理，亦无害也。若拘拘于小廉小节，而于大者不无遗憾，斯亦不足观也已。盖观人与治身之道不同，观人者务得其大，治身者不遗乎小。《书》曰"不矜细行终累大德"，未可谨于大而忽于细也。《日讲四书解义》

19.12 子游曰："子夏之门人小子，当洒扫、应对、进退，则可矣，抑末也，本之则无。如之何？"子夏闻之曰："噫！言游过矣！君子之道，孰先传焉？孰后倦焉？譬诸草木，区以别矣。君子之道，焉可诬也？有始有卒者，其惟圣人乎？"

○子游之讥，是要门人知本。只此洒扫、应对、进退，到底是末。为治之根本乃礼乐大道，先王以礼乐治天下也。子夏之辩，则是当从日用小事起步，慢慢契入礼乐根本。盖弟子根器不同，谁先传之，谁后倦教

之，需因材施教，如培植草木之法，各以其类区别也。若不量其学之浅深，而概以高且远者教之，则是诬之而已。君子之道，岂可如此？若夫始终本末一以贯之，则惟圣人为然，岂可责之门人小子乎？

〇此章见施教当有序也。《大学》云：“物有本末，事有终始。”物即整全此身及家国天下之谓。本末者，内外也，故有谓内圣外王。事者，行也，以终为始，周遍不已，故曰终始。本始所先，末终所后，借此根本，方可近道。盖君子之道，本末不二，即末知本，即始即卒，则非至圆至顿之圣人不能。故二贤各出手眼接引门人，见本见末，见先见后，皆学者机感之不同也。子游言抑末也，是钳锤小子要悟入、要知本。子夏言孰先孰后，则是点化小子要即末悟本，不能离开洒扫应对进退之节来回归根本。又言譬诸草木，是激砺小子要发心做大树，要有诚敬之心，不断扩充学量。又言其惟圣人乎，是怂恿小子立志，圣人可学而至也。总之，子游盖言小学大学一贯之道，是博约之教；子夏盖言小学大学渐进之功，见循循善诱处。故教高明之士当师子游之意，教沉潜之士当遵子夏之法。蕅益

19.13 子夏曰：“仕而优则学，学而优则仕。”

〇仕优则学，为已仕者言也，盖时必有仕而不学如原伯鲁者，故有是言。学优而仕，为未仕者言也，盖未有以明乎修己治人之道，则未可以仕耳。《论语或问》

〇此章是子夏劝学之言。不先告学而先告仕者，盖废学之由，则由仕者不说学也。《学记》云：“一年视离经辨志。”盖古之言学也，经学也，

至于九年大成，知类通达，无非自经学而推焉。故孔门之言学也，皆经学也，四教先六经之文，其学也粲然明矣。春秋之季，其仕之大人若周原伯鲁者，不说学也，曰“可以无学，无学不害”，闵子马所以知周之将乱也。废学，焉能为国哉！盖仕学一理也，亦一事也。通为一事，大学谓修齐治平，则学不以仕废也。学则矢志经纶，仕则辅世长民，仕学相资也。故学业优足则必进仕，以验其学；仕而优则当研学先王典训，以资其仕。学，学先王之道也；仕，行先王之道也。仕学两不相妨而相为用，处为真儒，出为名世矣。简朝亮、刘宗周

19.14 子游曰：“丧致乎哀而止。”

〇丧致乎哀则不忘亲，致哀而止则不灭性。不忘亲仁也，不灭性礼也。孝子之事如此而已。陈祥道

〇此章是子游示人以崇本之意也。人子执亲之丧，但当尽其哀诚，而又不过情灭性。此先王之制丧礼所以为得其中也。《礼器》云：“是故昔先王之制礼也，因其财物而致其义焉尔。”盖丧以礼物致之者，非致乎美，惟致乎哀诚而已也，岂安事文饰乎哉！子游病末世丧礼不清，故以致哀垂训之。

19.15 子游曰：“吾友张也，为难能也，然而未仁。”

〇友张，与子张友也。为难能，难能而能，务外自高也。然此非礼义之中也，故曰未仁。

〇此章见子游规朋友之义也。子张，颛孙师也。《先进第十一》云“师也过”，斯子张行过高焉，故曰“为难能也”。又云“师也辟”，斯少诚实恻怛之意焉，故曰“然而未仁”。未仁之病，正坐难能，盖心驰于外者疎于内也。故学者以鞭辟近里为吃紧工夫。简朝亮

19.16 曾子曰：“堂堂乎张也，难与并为仁矣。”

〇堂堂，高大开广之貌。以德行言曰为难能，以气象言曰堂堂，其病一也。曾子云“以友辅仁”，是与并为仁矣，而此则难矣。

〇此章是曾子救子张之失也。子张徒用心于威仪容貌之文，而于己无体认密察之功，于人无切偲观感之助，则难与之共为仁矣。不曰不仁者，而曰未仁曰难与并为仁，盖即此而反躬切己，从事于暗然之学，则仁矣。所谓如此是病，便知不如此是药也。此二贤忠告善道处。夫仁本于心，惟求之至近而修其在内者，为足以几之。故从事于仁者，宁内有余而外不足，勿外有余而内不足也。孔子曰“刚毅木讷近仁”，则圣人之论仁亦可知矣。刘宗周、《日讲四书解义》

19.17 曾子曰：“吾闻诸夫子：人未有自致者也，必也亲丧乎。”

〇致，尽其极也。盖人于其他，可酌损之，惟亲丧之哀，必能自尽其心。孟子曰：“亲丧，固所自尽也。”意与此同。

〇此章是曾子使人自识其良心之意。自致者身致之也，实有是心而不容已也。人皆有是心，然而夺于情识利害攻取之私，则不能致矣。必也亲

丧乎，孩提之童无不知爱其亲者，及亲之丧则孩提之性于此尽呈，虽欲不致不可得也。然则良心之在我者，亦可以扩而充之矣。故此句不是叹人情之薄伪，要之人理本如是，到亲丧才是尽。以下亲亲仁民爱物，从此一路推去，没一件不是自心，却都靠这尽处起分数，便是一篇《西铭》道理。吕留良

19.18 曾子曰：“吾闻诸夫子：孟庄子之孝也，其他可能也，其不改父之臣与父之政，是难能也。”

〇孟庄子，鲁大夫，名速。其父献子，名蔑。献子有贤德，而庄子能用其臣，守其政。故其它孝行虽有可称，而皆不若此事之为难。朱子

〇此章盖为有家者训孝也。春秋之季，少年浮薄之士厌弃老成，而庄子不以其父为迂旧，独为郑重，盖为厌薄老成者立之范也。此章当与父在观其志章参看。后世缙绅之家，必宜以庄子为法。唐文治

19.19 孟氏使阳肤为士师，问于曾子。曾子曰：“上失其道，民散久矣，如得其情，则哀矜而勿喜。”

〇阳肤，曾子弟子。士师，狱官。阳肤将为狱官而问于师，求其法术也。失其道，失富之教之之道。民散，谓情义乖离，不相维系。情，狱情。言当哀矜民散之狱情，勿以明察自喜也。

〇此章是曾子教人恤刑之意。盖上失政教之道，民心离散久矣，是以民各放其伪，争诉以起。典狱之职，若听两辞，有得其狱情，则恕以哀矜

之，勿生喜意矣。此曾子使阳肤观时势，察人情，哀敬以断其狱也，亦《周书・吕刑》之意。黄氏曰："得情而喜，则太刻之意或溢于法之外；得情而矜，则不忍之意尝行于法之中。"仁人之言盖如此。《四书通》《论语象义》

19.20 子贡曰："纣之不善不如是之甚也，是以君子恶（wù）居下流，天下之恶（è）皆归焉。"

〇天下之美归尧舜，天下之恶归桀纣。盖纣甘居下流，恶名之所聚也。是以君子常为善，恶居下流。

〇此章是子贡借纣以警戒后人之意。史称殷纣智足以拒谏，言足以饰非，则纣之才力过人可知。惟其有才而自居于下流，故其恶为尤甚。圣人言"一日克己复礼天下归仁焉"，反言之则一日居下流天下归恶焉。归仁归恶，在一转念之顷耳。夫至天下之恶归之，则天下之人诛之矣。唐文治

19.21 子贡曰："君子之过也，如日月之食蚀焉：过也，人皆见之；更也，人皆仰之。"

〇日月为明而偶有蔽，可知君子之过原与常人不同，其本心先迥然也，故可见可仰，非彼贰过文过也。

〇此章是子贡劝人改过迁善之意。以交食比君子之过极精，日月自行常度，本无差失，但所遇入交度而为食，不得不然耳。所谓更，亦食过即

复圆，非更改其本体行度也。君子之过，其本体光明无疵，亦如日月，第为所遇事势之难，或有不合常度者，君子亦不得不然，然又不自讳其过，故人皆见之。及其更也，君子亦非于心体有悔厉变易也，但处之得宜，中权合道，故人皆仰之。吕留良

19.22 卫公孙朝问于子贡曰：“仲尼焉学？”子贡曰：“文、武之道未坠于地，在人。贤者识其大者，不贤者识其小者，莫不有文、武之道焉。夫子焉不学？而亦何常师之有？”

〇公孙朝，卫大夫。焉学，问师从也，学是从学之学。故子贡答以“焉不学”，又断以“无常师”。盖道在日用之间，贤与不贤各有所识，而夫子无所不从学也。按：孔子问礼于老聃，学琴于师襄，访乐于苌弘，问官于郯子，即其无常师之证。

〇此章是子贡言孔子学道之方也。圣人之道无所不在，仁者见之谓之仁，智者见之谓之智，贤者识其大者，不贤者识其小者，咸其自取者然也。故有一善之可宗，一言之可法者，皆从而师之，则亦何常师之有？《书》曰“德无常师，主善为师”，孔子曰“三人行必有我师”之谓也。盖贤者识其大者不贤者识其小者，资诸己者也；孔子之无常师，资诸人者也。资诸己，材也；资诸人，取材者也。材者，迹也。故朱子注“文武之道”，指“谟训功烈，礼乐文章”而言。此由迹显本也，犹云国朝“典故名物”，道著于斯也，亦须问人，故曰在人。可见传道惟赖得人以担任之。先王之政治，无非本敬畏天命而出，政即道，本迹一如也。夫子对哀公文武之政，推及于九经，归本于至诚，其义可见。唐文治、陈祥道

19.23 叔孙武叔语大夫于朝，曰子贡贤于仲尼。子服景伯以告子贡，子贡曰："譬之宫墙，赐之墙也及肩，窥见室家之好；夫子之墙数仞，不得其门而入，不见宗庙之美百官之富。得其门者或寡矣，夫子之云，不亦宜乎。"

○武叔，鲁大夫，名州仇。据《左传》，子贡晚见用于鲁，当哀公时，拒吴之寻盟，吴将执卫侯而请舍之，使齐而反其侵地，鲁人贤之，其所谓贤于仲尼者也。宫墙，犹言围墙。仞，七尺也。子贡乃举喻曰，墙卑则可窥见内在之美，犹小人之道可以小知也；墙高则不可窥见内在之美，犹君子之道不可小知也。夫圣阈非凡可及，故得其门而入者少矣，武叔此论亦其宜也，不足怪焉。此夫子，指武叔。

○此章是子贡尊圣人之意。夫子殁后，诸子切劘砥砺以成其学，故当时已有若似圣人，子夏疑夫子，而叔孙武叔、陈子禽皆以子贡贤于仲尼，可见子贡晚年进德修业之功，几几乎超贤入圣。然贤人之道卑浅易见，圣人之道高深难之，此子贡以墙室取譬之意也。君子必有志于圣人之学，而后有以入圣人之道，所谓得其门而入者是也。得门而入乃能真见圣道之无穷，宗庙之美百官之富一一披示之矣。善乎颜子得门而入也，曰"博我以文，约我以礼"尽之矣，卓尔之见岂偶然哉；其曰"仰之弥高，钻之弥坚，瞻之在前，忽焉在后"，庶几富贵之蕴乎。喻宗庙之美百官之富，所性分定故也。唯天下至圣为能聪明睿知足以有临也，宽裕温柔足以有容也，发强刚毅足以有执也，齐庄中正足以有敬也，文理密察足以有别也，可谓富且美矣。宗庙之美百官之富和一处看。刘宗周、程树德

19.24 叔孙武叔毁仲尼，子贡曰："无以为也！仲尼不可毁也。他人之贤者，丘陵也，犹可逾也；仲尼，日月也，无得而逾焉。人虽欲自绝，其何伤于日月乎？多见其不知量也。"

○无以为，言无用为此毁訾（zǐ）。日月，喻其至高。高不可逾，人虽欲自绝之，终无伤于日月之明也。量者，高卑之分量也。

○此章是子贡深责武叔之毁圣也。子贡之言，犹前章之意，以贤者比丘陵，以夫子比日月。夫子道德高深，冠绝千古，固不可得而毁也。纵有庸陋无识之人欲自弃绝于圣人之教，然圣人磨而不磷，涅而不缁，日月高明之体必不能抑之使卑，则于圣人曾何亏损？只见其不知分量，于圣凡高下惛然莫辨，徒为庸妄人耳。按今之欲废孔教孔祀者，皆自绝于日月者也。夫亦多见其不知量而已矣，于孔子何伤之有？《论语稽》《日讲四书解义》

19.25 陈子禽谓子贡曰："子为恭也，仲尼岂贤于子乎？"子贡曰："君子一言以为知，一言以为不知，言不可不慎也。夫子之不可及也，犹天之不可阶而升也。夫子之得邦家者，所谓'立之斯立，道之斯行，绥之斯来，动之斯和'。其生也荣，其死也哀，如之何其可及也！"

○为恭，言为恭敬以尊崇其师也。知，同智。智与不智，既由一言，则其言不可不慎也。天不可阶而升，如言地不可尺寸而度，又为设譬，言夫子之德不可及也。得邦家，谓为诸侯及卿大夫。曰所谓，其下为古语。绥，安也。言孔子为政，其立教则无不立，道之则莫不兴行，安之则远者来至，动之则莫不和睦，故能生也荣死也哀，常人如何可及？程子曰："此圣人之神化，上下与天地同流者也。"

〇此章亦子贡知圣之深尊圣之至也。夫子之不可及也，圣不可知之谓神，一天而已。子不云乎："天何言哉，四时行焉，百物生焉，天何言哉。"夫子过化存神超然声色之表，亦若是而已，圣同天不既深乎善乎？子思子推言之也，曰"维天之命，于穆不已"，盖曰天之所以为天也，呜呼至矣！夫子之道，不必得邦家而见，只借得邦家事业，想见其配天之化有如此者。然则夫子其尧舜乎？曰夫子观尧舜事业一点浮云过太虚耳，被子贡等闲说过便是贤于尧舜处。味"所谓"二字，可见斯字只是诚动于此，机通于彼。圣人治天下，有许多措置施为，难得当下便了。但事功有待，而立达之心无待。极之三年必世，只了得当下一念；极之千万世，亦只了得当下一念。圣人视三年必世千万世，只在片晌呼吸间。子贡推尊夫子一拟之宫墙，再拟之日月拟之天，可谓至矣。然实未见得圣人亲切处，不如其自鸣曰："其为人也，发愤忘食，乐以忘忧，不知老之将至云耳。"如孟子言孔子圣之时，亦近之矣。天不可阶求，天于吾心，如"昊天曰明，及尔出王。昊天曰旦，及尔游衍"是也。刘宗周

尧曰第二十

《正义》曰："此篇记二帝三王及孔子之语，明天命政化之美，皆是圣人之道，可以垂训将来，故殿诸篇，非所次也。"凡三章。

20.1 尧曰："咨！尔舜！天之历数在尔躬，允执其中。四海困穷，天禄永终。"舜亦以命禹。

〇此尧命舜而禅以帝位之辞，舜后逊位于禹亦以此辞命之。尧曰者，孔子述书举要之辞，下同。咨，嗟叹声。称尔舜者，亲之如家人也。历数，纪天也，以天子即位之年纪之。今传帝位而纪年，则天之历数在递传者之身矣。允，信也。中者，无过不及之名。信执其中者，《中庸》所谓"择善而固执之"者也，《尧典》"钦明"之用也。四海者，天下王所及也。天禄，《洪范》向用五福威用六极焉，达于刑德之本也。困穷者，君失其中也，此尧之所以咨嗟也。终，绝也。四海之人困穷，则君禄亦永绝矣，戒之也。简朝亮

曰："予小子履，敢用玄牡，敢昭告于皇皇后帝：有罪不敢赦，帝臣不蔽，简在帝心；朕躬有罪，无以万方，万方有罪，罪在朕躬。"

〇此汤初有天下，祷雨告天之辞。履，盖汤名。玄牡，用黑牛以祭，夏尚黑，未变其礼也。昭，明也。皇皇，大也。皇皇后帝，谓天也。有

罪，谓夏桀也。贤才以代天工，故曰帝臣。简，阅也。言天简阅其善恶也，盖承有罪及帝臣而言。朕躬，我身也。万方者，有天下之辞也。言君有罪无以治民，厚于责己也；四方有罪，罪惟在我，察德化不至，王者气度也。盖汤初有天下，遇大灾而自省，其昭明告天者，以天诛正桀罪，以天职任贤臣，自省而自责焉，勤勤以为万方请命，故不失民心者，遂不失天心，虽大灾而卒定天下矣。《左传》曰："禹汤罪己，其兴也勃焉。"简朝亮

周有大赉（lài），善人是富。"虽有周亲，不如仁人。百姓有过，在予一人。"谨权量，审法度，修废官，四方之政行焉。兴灭国，继绝世，举逸民，天下之民归心焉。所重：民、食、丧、祭。宽则得众，信则民任焉，敏则有功，公则说悦**。**

〇此书辞述武王事也，蒙上文曰字一言以述之。赉，予也。武王克商，大封于庙，所谓锡予善人也，故曰"善人是富"。《左传》云："善人富谓之赏，淫人富谓之殃。"周亲，至亲也。至亲不如仁人，文武用心如此，故能特富于善人。一人，武王自谓，犹称寡人也，此亦如汤之言，盖即罪在朕躬之意。权，称锤也。量，斗斛也。法度，礼乐制度。《书·尧典》言舜巡守者曰："同律度量衡，修五礼。"《书·皋陶谟》陈于舜曰："无旷庶官。"盖自尧舜时为政已有然矣，而武王重正其纲，则四方之政由是而行。兴灭指诸侯而言，盖无罪之国既灭则当兴之也。继绝指卿大夫有采地者而言，亦以其先世之有功而无过也。《公羊传》云"善善及子孙"，斯兴灭继绝之道也。逸民，谓有德而隐处者。《乐记》言武王克殷，封黄帝尧舜夏商之后，所谓兴灭继绝也；释箕子之囚，复商容之位，所谓举逸民也。兴之继之举之，民之所好好之也，得其民得

其心也。重民，国之本也。重食，民之命也。重丧，民孝当慎终也。重祭，民生当报本。盖民为首重，其下三者则因民以重焉。孟子云："养生丧死无憾，王道之始也。"故圣王用其公义，政教公平，则民悦服也。宽非姑息，信非自是，敏非欲速，公非挟众，皆执中也。此与《阳货第十七》子张问仁章语意大同小异，夫子述之，要之为仁心仁德之所敷布，帝王治法实不外此。简朝亮、唐文治

〇此章记孔子雅言所述之要，盖皆书辞也，二帝三王之道其要存于斯矣。尧舜不传不肖子而禅让以至禹也，禹传贤子而其后汤武革命焉，皆执天理之中，本天心而得民心，其绝无私伪者也，于是乎天下皆安，斯可不述其要而为万世告哉！《论语》未尝言中，而惟于二十篇之末以明之，孔子之道不外一中，后来子思作《中庸》遂权舆于此。云尧授舜，言祈天永命之道而推本于执中，其旨微矣。中之为义，从方所得名而实不落方所，其在道体亦然浑然至善，中而已矣。圣人为天地立心，为生民立命，为万世开道统，亦准诸此而已矣。圣人立天命人心之极，而修道以立教者，更无偏倚之私过不及之谓，允执其中也。中而曰执者，对天之历数言，则中为对越之本，如执圭玉之执。然又曰允执者，昭其信也，允执其中，中斯无矣。圣人凭空拈出中字，不说心不说事不说工夫，其要归于从容中道，所谓"诚者，天之道也"。至舜以命禹阐执中之旨，曰"人心惟危，道心惟微，惟精惟一，允执厥中"，求中于心而中外非物，求心于危微而心不坠有无，求执中之功于精一而执非沦于把捉，所谓"诚之者，人之道也"，尽人所以合天也。虞廷十六字有功于万世，心学大矣。然增十六字于四字之上，不加毫末，故曰心一也。形而下者谓之器，形而上者谓之道。人心易溺故惟危，道心难着故惟微。道器原不相离，危者合于微，而危微者合于危而微，两物一件合人与道

言心，而心之妙始见，其蕴始尽。所以更圣贤千言万语阐发无尽，治心之功不尽。乃其要只在精与一，精以析人心道心之几，而一则以致其精也。两心杂糅处正患不精，不精便不一，精而一之则人心道心妙合无间，而心性流行之妙无往而非中矣。此虞廷授受心法也。观舜亦以命禹，则禹以是传之汤，汤以是传之文武，亦一而已矣。《汤诰》《周书》举其隐然有上畏天命下悯民穷之意，只此便是尧舜真血脉，便是执中无方。合而观之，一理不具非中也，一物不该非中也。宽则得众信则民任敏则有功公则说，其帝王一中之化乎。按朱子中以事言，愚谓离心无事，事之中亦就心上看。如尧舜揖让本于公天下之心，汤武征诛本于救天下之心，方是中道，岂以揖让征诛为中乎？中即是理，理无内外而心其本也。故虞廷首以人心道心发明其旨，可谓深切著明矣。《四书训义》云："古之帝王惟此以宅心而出治，而吾夫子之立教也，亦以此尽学者之心。"简朝亮、刘宗周

20.2 子张问于孔子曰："何如斯可以从政矣？"子曰："尊遵五美，屏摒四恶，斯可以从政矣。"

○尊，行也。屏，摒除。曰从政，必有所问之意也。如子贡问何如斯可谓之士，非不知士，乃求夫子论古今士品之高下也。黄氏《后案》："观《中庸》哀公问政，及此经答为邦、答为政各章，夫子之论治，大纲条目可以见矣。"程树德

子张曰："何谓五美？"子曰："君子惠而不费，劳而不怨，欲而不贪，泰而不骄，威而不猛。"子张曰："何谓惠而不费？"子曰："因民之所利而利之，斯不亦惠而不费乎？择可劳而劳之，又谁怨？欲仁而得

仁，又焉贪？君子无众寡，无大小，无敢慢，斯不亦泰而不骄乎？君子正其衣冠，尊其瞻视，俨然人望而畏之，斯不亦威而不猛乎？”

〇惠而不费，所谓有孚惠心者也。当真实为民起念，将“民之所利”四字看得亲切，直向盘古鸿荒看到三代圣人心事一片，“因而利之”四字方是天开地辟功用。王肃曰“利民在政，无费于财”，是也。劳而无怨，所谓佚道使民者也。孟子云“以佚道使民，虽劳不怨”，盖知所择矣。如使民以时，老幼不服役，择人择时择事，一任所宜。故择只是于可劳之事删之又删，至于不可删者，乃真利归于民者耳，又谁怨？欲而不贪，所谓欲仁而得仁者也。欲有多途，有欲财色之欲，有欲仁义之欲，欲仁义者为廉，欲财色者为贪。故朱子曰治己治人，其理一也。君子之欲仁也，以天下为一家，中国为一人，又焉贪？泰而不骄者，能众能大我之泰也，无敢慢于寡小是不骄也。无敢慢者，敬也。人无众寡，人无小大，敬则于骄其何有？敬则有礼，不愧于人，其心安焉，易所谓“履而泰然后安”也。威而不猛者，望而畏之是其威也，即之也温是不猛也。盖人以威临民易至于猛，今于衣冠之正，瞻视之尊，则见其修身之严矣。俨然之威，自修身之严而发之，故不猛也。简朝亮

子张曰：“何谓四恶？”子曰：“不教而杀谓之虐，不戒视成谓之暴，慢令致期谓之贼，犹之与人也，出纳之吝谓之有司。”

〇教化当先施，刑罚当后加。刑非先教，吕刑所以哀虐威庶戮也。视成，考成也。苟不豫戒而遽考其成功，则急遽无渐而谓之暴。致期，刻期也。缓于前而急于后，以误其民而必刑之，是贼害之也。出纳之吝，君子所鄙，如赈灾之类，出纳稽时，则以吝故而致人于死者，不知几

何，是故谓之有司，列四恶焉。

〇此章记孔子答子张问政之言，统帝王之道也。曰五美者，后儒言王道如精金美玉是也。才出于霸便是恶，一尊一屏，方是纯王之心，纯王之政。王道规模宏远，如天覆地载万物得所，绝不从驩虞起见，故首举不费之惠。至于劳民之政最易敛怨，王者以佚道使之而默动，其终事之情何怨之有。合之见杀之不怨，利之不庸，气象由是而窥王者之心。方淡然无营，失得勿恤，日转一元之生意于于穆之表而已，所谓欲仁得仁，欲而不贪也。仁则无一物之不体，无一事之不贯，便是无敢慢。盖严密之，极为安舒，何至以骄侈逸豫病天下乎。故泰而不骄，在心为无敢慢，在貌即为庄莅。正衣冠，尊瞻视，恭己之象也。德威惟畏，故威而不猛，自政说到心，又自心说到貌，具见王者过化存神之妙，虽平铺五事而血脉自贯，合之则王道之全矣。四恶总是一苛，迫近小气象，分明画出一霸道。在立教则为虐，在作事则为暴，在出令则为贼，在出纳则为有司，有一于此皆治之贼也，故曰恶。或言上三政是刚恶，下一政是柔恶，窃未然。四者总是不仁之恶，与上文相反。然霸者信赏罚，谨教令，如何以恶归之？只是霸者先诈力而后仁义，其心不过欲罔民以就其功利之私。就他条教犁然只是文具，仍是不教之杀不戒之成慢令之期有司之出纳而已。总之，从刑罚上起念便是暴，从期会上起念便是虐与贼，从出纳上起念便是有司，故归之霸者。夫子承尧舜禹汤文武之后，开万世之太平，商榷治道莫备于此。邵子曰：“仲尼祖三皇、宗五帝、考三王、逊五霸，于此可见，呜呼至矣。”刘宗周

20.3 孔子曰：“不知命，无以为君子也。不知礼，无以立也。不知言，无以知人也。”

〇知命者，始焉安分素位而已，进而上之，则穷理尽性以至于命。知礼者，始焉品节详明，不越秩序而已，进而上之，则非礼勿视听言动，作威仪之则，皆为定命之符矣。知言者，始焉辨善恶邪正而已，进而上之，则不特知今人之言，且有以知古人之言，不特知诸子百家之言，且有以知圣经贤传之言矣。唐文治

〇此章是孔子言圣学之始事也。盖《尧曰第二十》述古之要，二帝三王皆执中也，若善人若仁人若逸民，皆执中之君子也。上章论政之要，其政有美无恶焉，斯君子执中而从政者哉。《左传》曰："民受天地之中以生，所谓命也；是以有动作礼仪威仪之则，以定命也。"则可见君子执中者，无不知命矣；则可见定命而立者，无不知礼矣。《中庸》曰："舜其大知也与，舜好问而好察迩言，隐恶而扬善，执其两端，用其中于民，其斯以为舜乎。"则可见知以知人者，无不知言矣。故此章论学之要，盖君子学通乎政而能执中也。《中庸》曰"天命之谓性"，明乎性自中而发为和者，由天命也。天理之命，即天数之命因以定也，故《中庸》言君子者，曰"居易以俟命"。又曰"敦厚以崇礼"，其为君子中立而不倚者，岂无以使之然邪，礼贵和之得中也。《皋陶谟》陈于舜曰"在知人，在安民"，禹申其义曰"敷纳以言，明庶以功"，谓知言以知人也，故曰"何畏乎巧言令色孔壬"。学者未任安民，先思知人，其不愧君子知人之明者，岂无以使之然邪，察言而用其中也。《论语》以此三者连章终篇，所以见孔子明二帝三王之道也，此万世师也。简朝亮

主要参考书目

1. 朱熹：《论语集注》

2. 简朝亮：《论语集注补正述疏》

3. 马一浮：《复性书院讲录》

4. 马一浮：《泰和宜山会语》

5. 何晏：《论语集解》

5. 皇侃：《论语义疏》

6. 何晏著、邢昺疏：《论语注疏》

7. 程树德：《论语集释》

8. 刘宗周：《论语学案》

9. 唐文治：《论语大义》

10. 吕留良：《四书讲义》

11. 康熙：《日讲四书解义》

12. 蕅益、江谦：《论语点睛补注》

13. 戴望：《戴氏注论语小疏》

14. 陈祥道：《论语诠解》

15. 钱穆：《论语新解》

16. 柯小刚：《诗之为诗（卷一）》

17. 王夫之：《四书训义》

18. 王夫之：《读四书大全说》

19. 王夫之：《尚书引义》

20. 刘宝楠:《论语正义》

21. 黄式三:《论语后案》

22. 刘沅:《论语恒解》

23. 康有为:《论语注》

24. 李炳南:《论语讲要》

25. 刘逢禄:《论语述何》

26. 张居正:《四书直解》

27. 朱熹:《论孟精义》

28. 赵顺孙:《四书纂疏》

29.（日）三野象麓:《论语象义》

30.（日）田中履堂:《论语讲义并辨正》

31.（日）山本乐所:《论语补解》

32. 杨大受:《四书讲义切近录》

33. 陈澧:《东塾读书记》

34. 蒋伯潜:《四书新解》

35. 孙钦善:《论语新注》

36. 钟茂森:《论语讲记》

37. 高尚举:《论语误解勘正》

38. 高尚榘:《论语歧解辑录（上、下）》

39. 孙福万:《论语易解》

40. 刘强：《论语新识》

41. 姚中秋：《论语大义浅说》

42. 杨伯峻：《论语译注》

43. 杨逢彬：《论语新注新译》

44. 周应之：《论语述要》

45. 李泽厚：《论语今读》

46. 杨朝明：《论语诠解》

47. 李竞恒：《论语新劄》